쉽게 풀어 쓴

상담과 생활지도

김훈희 · 황영신

박영story

Preface **머리말**

저자들은 『쉽게 풀어쓴 상담과 생활지도』를 집필함에 있어 특별히 몇 가지 점에 주의를 기울였다. 먼저 제목이 시사하듯이 독자들의 이해를 돕기 위하여 실제적인 측면을 강조하였다. 적지 않은 기존 책들은 이론의 소개에 너무 치중하여 이론적 이해도 쉽지 않을 뿐만 아니라, 실제로 적용하기에는 상당한 어려움이 있었다. 이 책에서는 상담과 생활지도의 구체적인 예들과 활동을 가능한 많이 제시하고자 하였다. 둘째, 교양 또는 교직을 수강하는 대학생들이 쉽게 읽고, 내용을 이해할 수 있도록 각 장에 학습 목표와 주요 핵심어를 제시하였다. 셋째, 인간관계를 포함한 일상생활을 지혜롭게 살아가기 위해서, 또는 예비교사들이 교육 현장에서 좋은 교사가 되기 위해서 필수적인 상담과 생활지도와 관련된 기본 내용들에 초점을 두었다. 이 책의 이러한 특성 때문에 예비교사와 현직교사들에게 상담과 생활지도에 대한 실제적인 도움을 제공할 수 있을 것으로 생각한다.

이 책은 전체 4부로 구성되어 있다. 제1부는 상담과 생활지도의 이해로서 1장은 상담과 생활지도의 의미, 상담과 생활지도의 비교, 상담자의 자질과 윤리를 다루었다. 2장은 상담의 다양한 유형과 상담의 주요기법을 제시하였다. 제2부는 상담의 주요 이론들을 소개하였다.

3장은 정신분석 상담이론, 4장은 인간중심 상담이론, 5장은 행동주의 상담이론, 6장은 인지정서행동 상담이론을 제시하였다. 각 이론에서 강조하는 인간관과 상담의 목표, 상담자의 기능과 역할, 상담과정에서 내담자의 경험, 상담자와 내담자 간의 관계를 다루었다. 제3부는 상담의 실제로서 7장은 인간관계의 심리, 8장은 성취동기와 회복탄력성, 9장은 콤플렉스, 10장은 효과적인 의사소통방법, 11장부터 13장은 상담의 초기, 중기 및 종결단계를 제시하였다. 14장은 상담사례와 적용으로서 동화를 활용하는 방법, 학급운영을 통한 관리 전략, 집단괴롭힘에 대해서 소개하였다. 제4부는 발달단계별 생활지도로서 15장은 유아의 생활지도, 16장은 아동의 생활지도, 17장은 청소년 생활지도, 18장은 생활지도를 위한 부모상담 방법을 제시하였다.

이 책을 대학 강의의 교재로 활용할 때는 특히 제3부와 제4부에 수업 시간의 비중을 더 두기를 권유한다. 제3부를 통하여 학생들 자신에 대한 이해부터 출발함으로써 다른 사람들과의 관계, 그리고 상담실습에 대해 부록에 제시한 상담사례들을 활용하여 교사와 학생, 또는 상담자와 내담자의 역할 연습을 할 수 있다. 그리고 제4부를 통하여 예비교사들의 전공에 맞추어서 생활지도 방법을 고찰해 볼 수 있으며, 부록에 제시한 인성교육진흥법을 활용하여 학교현장의 생활지도와 관련한 전체적인 틀의 이해를 도울 수 있을 것이다.

끝으로, 어려운 시기에 이 책을 흔쾌히 출판하여 주시고 정성을 기울여주신 박영스토리의 관계자분들께 감사드린다.

2020년 8월 긴 장마가 끝나가는 어느 여름날에,

저자 일동

Contents 차례

01 상담과 생활지도의 이해

chapter 01 상담과 생활지도의 기초

02 상담이론

chapter 05 행동주의 상담이론

chapter 06 인지정서행동 상담이론

03 상담의 실제

" 쉽게 풀어 쓴
상담과 생활지도 "

PART
01

상담과 생활지도의 이해

상담과 생활지도의 기초

학습목표

1. 상담과 생활지도의 개념을 이해할 수 있다.
2. 생활지도, 상담, 심리치료의 특징을 비교할 수 있다.
3. 상담자의 자질과 윤리를 이해할 수 있다.

주요 핵심어

- 상담
- 생활지도
- 심리치료
- 상담자의 자질
- 상담윤리

❶ 상담의 개념

사전적 정의에 의하면 상담(counseling)은 상담자가 도움을 필요로 하는 사람에게 전문적 지식과 기능을 가지고 내담자 자신과 환경에 대한 이해를 증진시키며, 합리적이고 현실적이며 효율적인 행동양식을 증진시키거나 의사결정을 내릴 수 있도록 원조하는 활동이다.

상담에는 다음과 같은 특징이 있다.

① 모든 행동변화나 의사결정은 내담자가 원하는 것이어야 한다.
② 상담은 자발적 변화가 일어날 수 있는 조건을 제공하는 것이어야 하며 개인이 선택하고 결정할 권리를 존중해야 된다.
③ 합리적 계획, 문제해결, 의사결정, 환경적 압력에 대한 대응, 일상 행동습관 등과 같은 일상생활의 문제에 중점을 둔다.

상담(相談)의 사전적 의미는 '서로 의논하다', '서로 마주보고 이야기하다'이다. 영어에서 상담의 뜻인 counseling은 라틴어 'consulere'가 그 어원이며, '고려하다(consider), 반성하다(reflect), 숙고하다(deliberate), 자문하다(condult), 조언을 받다(to ask consult), 조언을 구하다(to ask counsel of)'라는 뜻이 내포되어 있다.

박성수(1998)는 상담을 '내담자와 상담자 간에 수용적이고 구조화된 관계를 형성하고 그 속에서 내담자가 자기 자신과 환경에 대해 의미 있는 이해를 증진하도록 함으로써 내담자 스스로 효율적인 의사결정을 하고 여러 심리적 특성을 긍정적인 방향으로 변화시키도록 도와 성장과 발전을 촉진하는 심리적 조력과정'이라 정의하고 있다.

전문적인 상담자와 일반 상담은 구별될 필요가 있다. 전문적인 공부와 경험, 훈련을 거친 전문적인 상담자는 일반 상담이 갖는 한계를 넘어설 수 있다. 일반적 상담과 전문적 상담을 구별하는 조건으로는 첫째, 상담자의 자격 여부이다. 상담을 전공한 자와 그렇지 않은 자는 인간을 이해하고, 문제를 다루고 적용하는 방법에 있어서 차이가 날 수 밖에 없으며, 상담 결과도 다를 수밖에 없다. 둘째, 내담자 호소에 대한 체계적 평가 여부이다. 일반 상담은 그저 들어주고 아파하는 차원이라면 전문적 상담은 내담자가 호소하는 문제에 대해 객관적 자료나 평가를 통해 체계적으로 접근한다는 것이다. 이 말은 내담자의 문제 해결에 있어서도 체계적이고 과학적이며 합리적이라는 의미이다. 셋째, 변화 유발을 위한 구체적 절차와 방법의 동원 여부이다. 전문적 상담에서는 내담자가 가진 문제가 동일할지라도 내담자가 처한 상황이나 여러 가지 정황을 고려하여 내담자의 변화를 촉진시키기 위해 적용하는 이론과 기법이 달라진다. 넷째, 규칙성 여부이다. 일반상담은 규칙 없이 그저 이루어지지만 전문상담은 상담초기의 구조화와 같은 과정을 통해 규칙성이 부여되고 그러한 규칙성에 따라 진행된다.

상담이 갖는 특성상 상담에 대한 정의가 이론과 학자에 따라 다양하지만 상담은 개인 대 개인의 관계이며, 전문적인 조력이 주어지는 관계이고, 언어적 수단에 의한 역동적인 상호작용이 일어나는 학습의 과정이며 사적인 관계라는 공통점을 내포하고 있다. 세 가지 상담의 요소를 가지고 상담에 대해 정의를 내려보면, '상담은 도움이 필요한 내담자가 전문적인 훈련을 받은 상담자와의 관계를 형성하여 생활과 정상의 문제를 해결하고, 감정, 생각, 행동과 같은 여러 측면의 인간적 성장을 위해 노력하는 합리적인 과정이다.

2 생활지도

1) 생활지도의 개념

생활지도를 의미하는 영어 guidance는 사전상의 의미로는 안내, 교도, 지도, 등을 뜻한다. 생활지도는 교육의 목적을 달성하기 위한 방법으로 학생들이 일상생활에서 해결해야 할 교육적, 직업적, 사회적, 신체적, 도덕적 문제를 자기 힘으로 해결할 수 있도록 돕는 활동이다. 또 학생들이 가지고 있는 흥미, 적성, 능력, 인격 등 인성적 특성과 잠재력을 발견하고 이해하게 하여 이를 최대한으로 발전시켜 나가며, 현명한 선택과 적응을 위해 조직적인 봉사가 이루어지고, 나아가서는 자기지도 및 자아실현을 돕기 위한 활동 과정이라고 할 수 있다.

2) 생활지도의 필요성

(1) 개인적 요구

① 통합된 전인적 존재로서 균형 있는 삶을 살아갈 수 있도록 도와줄 필요가 있다.

② 학생 개개인의 일상생활에서의 적응문제를 효율적으로 해결할 수 있게 도와줄 필요가 있다.

③ 학생의 문제행동을 올바르게 수정해 줌으로써 건전한 삶을 누리게 도와줄 필요가 있다.

④ 학생 개개인의 부적응을 예방하고 적극적인 이해를 통해서 학생의 성장·발달을 도와줄 필요가 있다.

(2) 사회적 요구

① 학교교육의 양적 팽창에서 야기되는 사회적 부적응을 예방하고 지도할 필요가 있다.

② 취업기회의 확대로 인한 적성의 발견과 직업선택의 지도를 할 필요가 있다.

③ 가족제도가 달라짐에 따라 가정문제에서 기인하는 부적응 문제를 지도할 필요가 있다.

④ 청소년의 일탈행동을 학교가 책임지고 예방하고 해결해 줄 것을 사회가 기대하고 있다.

3) 생활지도의 목적

(1) 직접적 목적

① 자신을 정확하게 파악하도록 돕는다.

② 자신의 능력을 최대한 발휘할 수 있도록 돕는다.

③ 자신의 문제를 스스로 해결할 수 있도록 돕는다.

④ 정확한 선택과 적응을 할 수 있도록 돕는다.

⑤ 성장과 생활의 기초를 닦을 수 있도록 돕는다.

⑥ 인격의 조화된 통합적 인생을 즐길 수 있도록 돕는다.

⑦ 사회에 공헌할 수 있도록 돕는다.

(2) 간접적 목적

① 학교나 교사의 자료수집 활동을 돕는다.

② 교사의 학교생활에 필요한 자료를 획득한다.

4) 생활지도의 원리

생활지도를 효과적으로 수행하기 위한 지침은 그 초점을 어디에 두느냐에 따라 달라질 수 있지만 일반적으로 통용될 수 있는 원리를 몇 가지 제시하면 다음과 같다.

첫째, 생활지도는 모든 학생을 대상으로 해야 한다.
둘째, 생활지도는 모든 연령층의 학생을 대상으로 해야 한다.
셋째, 생활지도는 학생의 전인적 발달에 초점을 두어야 한다.
넷째, 생활지도는 개인의 존엄성과 개성의 신장에 초점을 두어야 한다.
다섯째, 생활지도는 치료보다는 예방에 역점을 두어야 한다.
여섯째, 생활지도는 처벌이나 제재보다는 성장을 촉진해야 한다.
일곱째, 생활지도는 과학적인 근거에 기초를 두어야 한다.

5) 생활지도의 영역

(1) 활동별 영역

① 학생조사 활동

생활지도에서는 학생의 가정환경, 학업성취, 지적 능력, 학업 적성, 신체적·정신적 건강, 특수능력, 성격, 종교, 친구 관계, 장래 계획 등 학생의 이해에 필요한 각종 자료를 조사한다.

② 정보활동

정보활동은 학생들이 문제에 직면해 의사결정을 할 때 그 자신과 그 주위의 환경을 이해하는 데 필요한 여러 가지 사실과 자료를 제공해주는 활동이다.

③ **상담활동**

상담은 생활지도의 활동 중 가장 중핵적 활동과 기능이라고 할 수 있다.

④ **배치활동**

이는 학생이 더 나은 적응, 성장, 문제해결을 하도록 의사결정을 돕는 활동이다.

⑤ **협력활동**

생활지도는 학교의 담당교사가 직접 하는 경우도 있지만 학교 밖의 다른 사람에 의해 간접적으로 이루어질 수도 있다. 이를 위해서는 가정, 학교, 사회 간의 유기적인 협력 관계가 필요하다.

⑥ **추후지도 활동**

이는 이미 지도받았던 학생의 성장과 발달을 후에도 계속해서 돕는 활동이다.

(2) 내용별 영역

① **학업지도**

이는 교육적 측면의 지도로서 신입생 및 진급생에게 실시하는 새 교육 내용에 대한 안내, 교과목 선택 방법 지도, 효과적인 학습방법 지도, 학습부진 지도, 학습동기 유발 방법 등을 포함한다.

② 진로지도

학생 각자가 자신의 적성, 능력, 흥미, 환경적 조건에 따라 상급 학교 진학이나 직업의 선택, 계획, 준비, 적응을 돕는 활동이다.

③ 성격지도

개인의 심리적·인성적 문제를 다루어 적응에 도움을 주는 것이다.

④ 건강지도

건강지도에는 신체적 건강과 정신적 건강을 위한 지도가 모두 포함된다.

⑤ 여가지도

여가지도는 학생이 수면, 통학, 학교 수업, 자기 공부 외에 여타의 시간을 보람있게 보내도록 돕는 것으로 최근에 주목을 끌기 시작한 것이다.

⑥ 기타 문제의 지도

생활지도의 내용에는 그 외에도 경제적 문제나 장학금에 관한 문제, 종교 및 신앙에 관련된 문제, 학생회나 동아리 활동에 대한 지도 등도 포함된다.

6) 생활지도 실천의 원리

- **균등성**: 문제아·부적응아만이 아니라 모든 학생을 대상으로 한다.

- **적극성**: 소극적 치료보다는 적극적 예방에 중점을 두어야 한다.
- **전인성**: 개인의 일부가 아닌 전인발달에 도움이 되고 학습지도와 통합되어야 한다.
- **계속성**: 일회성으로 끝나는 것이 아니라 계속적 지도가 되도록 해야 한다.
- **과학성**: 과학적인 원리와 방법을 사용해야 한다.
- **협동성**: 교사, 카운슬러, 학생, 학부모, 지역사회의 협력이 요구된다.

7) 생활지도 활동의 계획 및 운영

각급 학교에서의 생활지도활동은 그 학교를 운영하는 학교 행정가와 전체 교직원들의 교육적 견해와 협조 여부에 따라 크게 달라진다. 각 학교의 전체적인 생활지도 계획은 생활지도 위원회가 수립하겠지만 실제적인 생활지도 활동의 수행과 운영은 주로 교도주임교사 또는 학교상담자가 담당하게 된다. 이때 학교가 설정해 놓은 생활지도 목표를 달성하기 위해서는 생활지도 활동의 수행에 필요한 각종 지원 및 인적조직의 구성에 학교 행정가와 일반 교직원들이 적극적으로 협조해 주어야 한다. 그러므로 한 학교의 생활지도 활동이 보다 잘 실행되기 위해서는 생활지도의 목표와 계획을 수립할 때, 학교 행정가와 일반교사 및 사무직원 등 학교의 다양한 구성원들이 함께 참여하여 협의과정을 거치는 것이 바람직 할 것이다. 생활지도 활동을 계획할 때 반드시 고려하여야 할 기본원칙을 정리해 보면 다음과 같다.

① 생활지도는 학교교육의 일부분이므로 생활지도 계획과 학교의 전체적 교육계획 간에는 상호조화와 균형이 이루어져야 한다.
② 생활지도 계획은 학생들의 발달단계에 맞게 합리적으로 짜여져야 한다.
③ 생활지도 계획은 학생들을 위해 무엇을 할 수 있는가에 대한 구체적인 활동계획으로 이루어져야 한다.
④ 생활지도 계획은 학교 교직원들의 능력과 흥미를 충분히 고려한 상태에서 그들 각자가 수행해야 할 활동과 책임을 분명하게 규정해야 한다.
⑤ 생활지도 계획은 학생들의 요구, 학부모의 희망, 지역사회의 요청, 사회정세의 변동 등에 부응할 수 있도록 역동적인 성격을 지녀야 한다.
⑥ 생활지도 계획은 여러 종류의 생활지도 활동들 간에 상호유기적인 관계를 맺도록 짜여져야 한다.
⑦ 생활지도 계획은 학교의 인적자원, 시설조건, 재정형편 등을 감안하여 무리가 생기지 않도록 작성되어야 한다.

3 상담과 생활지도, 심리치료의 비교

상담은 흔히 심리치료와 같은 의미로도 쓰인다. 그러나 상담은 정신질환이 없는 정상적 사람을 대상으로 하는 것임에 반해서 심리치료는 신경증이나 정신병 같은 이상행동(異常行動)을 주대상으로 하고 있다. 심리치료와 같이 그 이론적 배경이 정신분석학·행동주의 심리학·

인지심리학·생태심리학 등의 발달과 밀접하게 관련되어 있으며 그 대상문제에 따라서 성격상담·학업상담·진로상담 등으로 분류하기도 하고, 그 형태에 따라서 개인상담·가족상담·집단상담 등으로 분류하기도 한다.

구분	생활지도	상담	심리치료	정신치료
대상	소속 인원 전부	개인 내담자, 소집단	개인 내담자, 소집단	개인 환자, 소집단
목표	바람직한 생활과정과 성장·발달의 지도	구체적인 생활과제 해결: 감정·사고·행동양식의 변화	정서적 문제의 해결: 성격 구조의 '심층적 변화'	정신건강의 회복
다루는 문제	현실적 능력의 평가, 장래 계획	장애적 긴장·불안, 비능률적 행동습관, 비성취적 관념	신경증·성격장애, 우울증	DSM-V에 근거한 정신적 질환
담당자	일반교사, 전문상담교사	전문상담교사, 상담심리전문가	상담심리전문가, 임상심리전문가	정신과 의사
장소	교육장면 전체	상담실, 출장 장소	상담실, 출장 장소	진료실, 환자의 집, 병동
지속횟수	1-6회 정도	1-20회 정도	10-100회 정도	10회 이상
접근방법	정보, 자료 제공: 교양강좌, 토의집단	면접 중의 조언, 교육, 훈련, 분석	분석적 면접	약물요법, 문제환경으로부터 격리수용
기타	무료	무료/유료	유료	유료

출처: 박경애(2014). 상담심리학. 공동체, p. 18.

〈표 1-1〉 생활지도, 상담, 심리치료의 비교

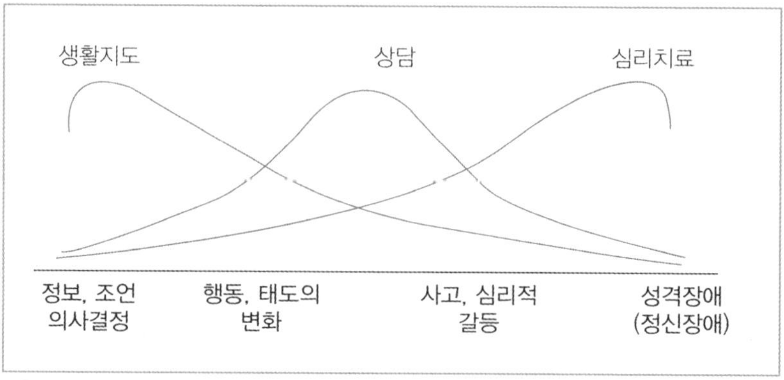

출처: 이장호, 1986: 8.

[그림 1-1] 생활지도, 상담, 심리치료의 관계

4 상담의 목표

1) 행동 변화

상담은 생산적이고 만족스러운 생활을 하는 데 도움이 되는 행동을 증가시키고, 효율적이고 행복한 생활을 하는 데 방해가 되는 행동은 감소시키거나 소멸시키는 것을 목표로 한다. 전문적으로 훈련받은 상담자의 도움으로 내담자는 훨씬 더 효율적으로 자신의 문제행동이나 태도의 변화를 추구할 수 있다.

2) 문제해결능력 신장

삶의 과정은 언제나 문제에 부닥치기 마련이다. 그러나 문제를 해결하는 능력에는 저마다 개인차가 있다. 상담자를 찾아오는 내담자는 스스로 문제를 해결하는 힘이 부족하여 상담자의 도움으로 자신의 문제를 해결하고 싶어하는 사람이라고 볼 수 있다. 따라서 상담의 목표는 내담자 스스로 문제를 해결할 수 있는 능력을 신장시켜서 자주적으로 자신의 인생행로를 개척해 나갈 수 있도록 조력하는 데 있다.

3) 인간관계 개선

내담자들의 문제는 많은 경우에 인간관계의 실패에 그 원인이 있다. 부모, 형제, 친구, 이성, 또는 직장 상사들과의 관계에서 문제가 생길 때 우리는 좌절감, 불행감, 패배감, 외로움, 절망감 등을 경험하게 된다. 어떤 경우에는 일 자체가 어려운 것이 아니라 그 일을 함께 해야 하는 사람들과의 관계가 우리를 피곤하게 하거나 괴롭힌다. 따라서 성공적인 삶을 살기 위해서는 다른 사람들과 건강하게 살아가는 법을 터득해야 한다. 그러므로 상담목표 중의 하나는 중요한 타인들과 의미있는 인간관계를 유지·발전시키는 방법과 태도를 학습하도록 돕는 데 있다.

4) 의사결정 촉진

우리의 일생은 끊임없는 선택의 연속이라고 할 수 있다. 하루에도 수없이 취사 선택을 통한 많은 의사결정을 하게 된다. 이런 관점에서 볼 때, 성공적인 사람들은 자기 자신과 처해있는 현실을 정확하게 파악해서 자신에게 적절한 의사결정을 하는 사람이다. 반면에, 실패하는 사람들은 자신에게 적합한 의사결정을 못하는 사람이라고 할 수 있다. 따라서 내담자가 자기자신과 자신의 현실을 제대로 이해하여 적절하고 합리적인 의사결정을 할 수 있도록 돕는 것이 상담의 목표이다.

5) 잠재능력 신장

내담자 중에는 자신의 타고난 잠재능력을 제대로 구현하지 못하고 극히 제한된 삶을 살며, 자신의 가능성을 사장시켜 버리는 이들이 많이 있다. 다시 말해 융통성이 부족한 사고나 비합리적 사고 때문에 자신을 제한하든 아니면 억압된 희노애락 대문에 무미건조한 삶을 살든 간에 인간자원을 제대로 계발하지 못하는 것은 안타까운 일이다. 따라서 상담의 목표는 개인의 타고난 잠재력을 충분히 발휘하여 최대한 실현하는 사람이 될 수 있도록 돕는 데 있다.

5 상담자의 자질과 윤리

다음은 한국상담심리학회의와 한국상담학회에서 제정한 상담사 윤리강령 중의 일부 내용이다(출처: http://krcpa.or.kr http://www.counselors. or.kr).

> 상담자는 전문가로서의 능력과 자질을 꾸준히 향상시키며 상담자의 역할을 하는 데 있어 내담자의 복지를 최우선 순위에 둔다. 상담자는 전문적인 상담 활동을 통해 내담자의 개인적인 성장을 넘어 국민의 심리적 안녕을 도모함으로써 사회적 공익에 기여한다. 이러한

책무를 다하기 위해 상담심리사는 전문성, 성실성, 사회적 책임, 인간 존중, 다양성 존중의 원칙을 따른다. 윤리강령의 준수는 내담자와 상담자 보호 및 상담자의 전문성 증진에 기여한다. 이를 위하여 상담자는 다음과 같은 윤리강령을 숙지하고 준수할 것을 다짐한다.

1) 전문가로서의 태도

가. 전문적 능력

(1) 상담자는 자신의 능력의 한계를 인정하고 교육과 수련, 경험 등에 의해 준비된 역량의 범위 안에서 전문적인 서비스와 교육을 제공한다.

(2) 상담자는 자신이 가진 능력 이상의 것을 주장하거나 암시해서는 안 되며, 타인에 의해 능력이나 자격이 오도되었을 때에는 수정해야 할 의무가 있다.

(3) 상담자는 문화, 신념, 종교, 인종, 성적 지향, 성별 정체성, 신체적 또는 정신적 특성에 대한 자신의 편견을 자각하고, 이를 극복하기 위해 노력해야 한다. 특히 위와 같은 편견이 상담과정을 방해할 우려가 있을 경우 자문, 사례지도 및 상담을 요청해야 한다.

(4) 상담자는 자신의 활동분야에 있어서 최신의 과학적이고 전문적인 정보와 지식을 유지하기 위해 지속적인 교육과 연수의 필요성을 인식하고 참여한다.

(5) 상담자는 자신의 전문적 능력에 대해 정확히 인식하고 정기적으로 전문인으로서의 능력과 효율성에 대해 자기점검 및 평가를 해야 한다. 상담자로서 직무를 수행하는 데 방해가 되

는 개인적 문제나 능력의 한계를 인식하게 될 경우 지도감독이나 전문적 자문을 받을 책무가 있다.

나. 성실성

(1) 상담자는 자신의 신념체계, 가치, 제한점 등이 상담에 미칠 영향력을 자각해야 한다.

(2) 상담자는 내담자에게 상담의 목표와 이점, 한계와 위험성, 상담료 지불방법 등을 명확히 알린다.

(3) 상담자는 능력의 한계나 개인적인 문제로 내담자를 적절하게 도와줄 수 없을 때, 전문적 자문과 지원을 받는 등의 적절한 조치를 취한 뒤, 직무수행을 제한할지 아니면 완전히 중단할지 여부를 결정해야 한다.

(4) 상담자는 자신의 질병, 죽음, 이동, 퇴직으로 인한 상담의 갑작스런 중단가능성에 대비하고 있어야 하며, 또한 내담자의 이동이나 재정적 한계 등과 같은 요인에 의해 상담이 중단될 경우, 이에 대해 적절한 조치를 취해야 한다.

(5) 상담자는 내담자가 더 이상 도움을 필요로 하지 않거나, 상담을 지속하는 것이 더 이상 내담자에게 도움이 될 가능성이 없거나, 오히려 내담자에게 해가 될 것이 분명하다면 상담 관계를 종결해야 한다. 내담자가 다른 전문가를 필요로 할 경우에는 적절한 과정을 거쳐 의뢰하거나 관련 정보를 제공한다.

(6) 상담자는 개인의 이익을 위해 상담전문직의 가치와 품위를 훼손하는 행동을 해서는 안 된다.

(7) 상담자는 자신이 지도감독 내지 평가 하거나 기타의 권위를 행사하는 대상, 즉 내담자, 학생, 수련생, 연구 참여자 및 피

고용인을 물질적, 신체적, 업무상으로 착취하지 않는다.

(8) 상담자는 자신의 기술이나 자료가 다른 사람들에 의해 오용될 가능성이 있는 활동에 참여해서는 안되며, 이런 일이 일어난 경우에는 이를 바로잡거나 최소화하는 조치를 취한다.

2) 사회적 책임

가. 사회와의 관계

(1) 상담자는 사회의 윤리와 도덕기준을 존중하고, 사회공익과 상담분야의 발전을 위해 최선을 다한다.

(2) 상담자는 필요시 무료 혹은 저가의 보수로 자신의 전문성을 제공하는 사회적 공헌 활동에 참여한다.

(3) 상담비용을 책정할 때 상담자들은 내담자의 재정상태를 고려하여야 한다. 책정된 상담료가 내담자에게 적절하지 않을 때에는, 대안적 서비스를 받을 수 있도록 돕는다.

(4) 상담자는 상담자 양성에 도움이 되는 다양한 전문적 활동에 참여한다.

나. 고용 기관과의 관계

(1) 상담심리사는 자신이 종사하는 기관의 목적과 방침에 공헌할 수 있는 활동을 할 책임이 있다. 기관의 목적과 방침이 상담자 윤리와 상충될 때에는 이를 해결하기 위해 노력해야 한다.

(2) 상담심리사는 근무기관의 관리자 및 동료들과 상담업무, 비밀보장, 직무에 대한 책임, 공적 자료와 개인자료의 구별, 기록

된 정보의 보관과 처분에 관하여 상호 협의해야 한다. 상호 협의한 관계자들은 협의 내용을 문서화하고 공유한다.

(3) 상담심리사는 자신이 속한 기관의 효율성에 제한을 줄 수 있는 상황에 대해 미리 알려주어야 한다.

다. 상담 기관 운영자

(1) 상담기관 운영자는 기관 내에서 이루어지는 제반 상담활동을 관리 감독함에 있어, 내담자의 권리와 복지를 최우선으로 고려해야 한다.

(2) 상담기관 운영자는 방음, 편안함, 주의집중 등을 고려하여 상담 및 심리평가에 적합한 독립된 공간을 제공해야 한다.

(3) 상담기관 운영자는 상담자를 포함한 피고용인의 권리와 복지 보장 및 전문성 제고를 위해 최선의 노력을 다 할 책임이 있다.

(4) 상담기관 운영자는 업무에 적합한 전문성을 갖춘 상담자를 고용하고, 이들의 증명서, 자격증, 업무내용, 기타 상담자와 관련된 다른 정보 등을 정확하게 파악하고 관리하여야 한다.

(5) 상담기관 운영자는 직원들에게 기관의 목표와 활동에 대해 알려주어야 한다.

(6) 상담기관 운영자는 고용, 승진, 인사, 연수 및 지도 시에 성별, 장애, 나이, 성적 지향, 성별 정체성, 사회적 신분, 외모, 인종, 가족형태, 종교 등을 이유로 차별적인 행동을 해서는 안 된다.

(7) 상담기관 운영자는 고용을 빌미로 상담자가 원치 않는 유료 상담, 유료 교육, 내담자 모집을 강제해서는 안 된다.

라. 다른 전문직과의 관계

(1) 상담자는 함께 일하는 다른 전문적 집단의 특성을 존중하고, 상호 협력적 관계를 도모한다.

(2) 공적인 자리에서 개인 의견을 말할 경우, 상담자는 그것이 개인적 의견에 불과하며 상담자 전체의 견해나 입장이 아님을 분명히 해야 한다.

(3) 상담자는 내담자가 다른 정신건강 전문가의 서비스를 받고 있음을 알게 되면, 내담자로 하여금 상담 사실을 그 전문가에게 알리도록 권유하고, 긍정적이고 협력적인 치료관계를 맺도록 노력한다.

(4) 상담자는 내담자 의뢰나 소개와 관련한 비용을 수취하거나 요구하지 않는다.

마. 홍보

(1) 상담자는 전문가로서의 자신의 자격과 상담경력에 대해 대중에게 정확하게 홍보해야 하며, 오해를 일으킬 수 있거나 거짓된 내용을 전달해서는 안 된다.

(2) 상담자는 일반인들에게 상담의 전문적 활동이나 상담 관련 정보, 기대되는 상담효과 등을 정확하게 알려주어야 한다.

(3) 상담자는 출판업자, 언론인, 혹은 후원사 등이 상담의 실제나 전문적인 활동과 관련된 잘못된 진술을 하는 경우 이를 시정하고 방지하도록 노력한다.

(4) 상담자가 워크숍이나 상담 프로그램을 홍보할 때는 참여자의 선택을 위해서 정확한 정보를 제공해야 한다.

(5) 상담자는 상담자의 품위를 훼손하지 않도록 책임의식을 가지고 홍보해야 한다.

(6) 상담자는 홍보에 활용하기 위하여 내담자에게 소감문 작성이나 사진 촬영 등을 강요하지 않는다.

(7) 상담자는 자신이 실제로 상담 및 자문 활동을 하지 않는 상담기관이 자신의 이름을 기관의 홍보에 사용하지 않도록 해야 한다.

3) 내담자의 복지와 권리에 대한 존중

가. 내담자 복지

(1) 상담자의 일차적 책임은 내담자의 복지를 증진하고 존엄성을 존중하는 것이다.

(2) 상담자는 내담자의 잠재력을 개발하여 건강한 삶을 영위하도록 도움을 주며, 어떤 방식으로도 해를 끼치지 않는다.

(3) 상담자는 상담관계에서 오는 친밀성과 책임감을 인식해야 한다. 상담자의 개인적 욕구충족을 위해서 내담자를 희생시켜서는 안 되며, 내담자로 하여금 의존적인 상담관계를 형성하지 않도록 노력해야 한다.

(4) 상담자는 직업 문제와 관련하여 내담자의 능력, 일반적인 기질, 흥미, 적성, 욕구, 환경 등을 고려하면서 내담자와 함께 노력하지만, 내담자의 일자리를 찾아주거나 근무처를 정해줄 의무가 있는 것은 아니다.

나. 내담자의 권리와 사전 동의

(1) 내담자는 상담 계획에 참여할 권리, 상담을 거부하거나 상담 개입방식의 변화를 거부할 권리, 그러한 거부에 따른 결과에 대해 고지 받을 권리, 자신의 상담 관련 정보를 요청할 권리 등이 있다.

(2) 상담자는 상담을 시작할 때 내담자가 충분한 설명을 듣고 선택할 수 있도록 적절한 정보를 제공해야 하고, 상담자와 내담자 모두의 권리와 책임에 대해서 알려줄 의무가 있다. 이러한 사전 동의 절차는 상담과정의 중요한 부분이며, 내담자와 논의하고 합의된 내용을 적절하게 문서화한다.

(3) 상담자가 내담자에게 설명해야 할 사전 동의 항목으로는 상담자의 자격과 경력, 상담 비용과 지불 방식, 치료기간과 종결 시기, 비밀보호 및 한계 등이 있다.

(4) 상담자는 내담자에게 상담 과정의 녹음과 녹화 가능성, 사례지도 및 교육에의 활용 가능성에 대해 설명하고, 내담자에게 동의 또는 거부할 권리가 있음을 알려야 한다.

(5) 내담자가 미성년자 혹은 자발적인 동의를 할 수 없는 경우, 상담자는 내담자의 최상의 복지를 고려하여, 보호자 또는 법정 대리인의 사전 동의를 구해야 한다.

(6) 상담자는 미성년인 내담자를 상담할 때, 필요하면 부모나 보호자가 상담에 참여 할 수 있음을 내담자에게 알린다. 이 경우, 상담자는 부모 혹은 보호자의 참여에 앞서 그 영향을 고려하고 내담자의 권익을 보호하도록 한다.

다. 다양성 존중

(1) 상담자는 모든 인간의 기본적인 권리, 존엄성, 가치를 존중하며 성별, 장애, 나이, 성적 지향, 성별 정체성, 사회적 신분, 외모, 인종, 가족형태, 종교 등을 이유로 내담자를 차별하지 않는다.

(2) 상담자는 내담자의 다양한 문화적 배경을 이해하려고 적극적으로 시도해야 하며, 상담자 자신의 고유한 문화적 정체성이 상담과정에 어떤 영향을 주는지 인식해야 한다.

(3) 상담자는 자신의 고유한 가치, 태도, 신념, 행위를 인식하고, 내담자에게 자신의 가치를 강요하지 않는다.

4) 상담관계

가. 다중 관계

(1) 상담자는 객관성과 전문적인 판단에 영향을 미칠 수 있는 다중 관계는 피해야 한다. 가까운 친구나 친인척, 지인 등 사적인 관계가 있는 사람을 내담자로 받아들이면 다중 관계가 되므로, 다른 전문가에게 의뢰하여 도움을 준다. 의도하지 않게 다중 관계가 시작된 경우에도 적절한 조치를 취해야 한다.

(2) 상담자는 상담할 때에 내담자와 상담 이외의 다른 관계가 있다면, 특히 자신이 내담자의 상사이거나 지도교수 혹은 평가를 해야 하는 입장에 놓인 경우라면 그 내담자를 다른 전문가에게 의뢰한다.

(3) 상담자는 내담자와 상담실 밖에서 연애 관계나 기타 사적인 관계(소셜미디어나 다른 매체를 통한 관계 포함)를 맺거나 유지하지 않는다.

(4) 상담자는 내담자와의 관계에서 상담료 이외의 어떠한 금전적, 물질적 거래를 해서는 안 된다.

(5) 상담자는 내담자의 선물로 인해 발생할 수 있는 문제를 숙고해야 한다. 선물의 수령 여부를 결정함에 있어서 상담 관계에 미치는 영향, 선물의 의미, 내담자와 상담자의 동기, 현행법 위반 여부 등을 신중하게 고려해야 한다.

나. 성적 관계

(1) 상담자는 내담자 및 내담자의 보호자, 친척 또는 중요한 타인에게 자신의 지위를 이용하여 성희롱 또는 성추행을 포함한 성적 접촉을 해서는 안 된다.

(2) 상담자는 내담자 및 내담자의 보호자, 친척, 또는 중요한 타인과 성적 관계를 가져서는 안 된다.

(3) 상담자는 이전에 연애 관계 또는 성적인 관계를 가졌던 사람을 내담자로 받아들이지 않는다.

(4) 상담자는 상담관계가 종결된 이후 적어도 3년 동안은 내담자와 성적 관계를 맺지 않아야 한다. 그 후에라도 가능하면 내담자와 성적인 관계는 갖지 않는다.

5) 정보의 보호 및 관리

가. 사생활과 비밀보호

(1) 상담자는 상담과정에서 알게 된 내담자의 민감한 정보를 다룰 때 특별히 주의해야 하고, 상담과 관련된 모든 정보의 관리에 있어 개인정보 보호와 관련된 법을 준수해야 한다.

(2) 상담자는 사생활과 비밀유지에 대한 내담자의 권리를 최대한 존중해야 할 의무가 있다.

(3) 내담자의 사생활 보호에 대한 권리는 존중되어야 하나, 때로 내담자나 내담자가 위임한 법정 대리인의 요청에 의해 제한될 수 있다.

(4) 내담자의 사생활 보호가 제한되는 경우라 하더라도, 상담자는 내담자의 사생활 침해를 최소화하기 위해 노력해야 하고, 문서 및 구두 보고 시 사생활에 관한 정보를 포함시켜야 할 경우 그 목적과 밀접한 관련이 있는 정보만을 포함시킨다.

(5) 상담자는 강의, 저술, 동료자문, 대중매체 인터뷰, 사적 대화 등의 상황에서 내담자의 신원확인이 가능한 정보나 비밀 정보를 공개하지 않는다.

(6) 상담자는 상담 기관에 소속된 모든 구성원과 관계자들에게도 내담자의 사생활과 비밀이 보호되도록 주지시켜야 한다.

나. 기록

(1) 상담기관이나 상담자는 상담의 기록, 보관 및 폐기에 관한 규정을 마련하고 준수해야 한다.

(2) 상담자는 법, 규정 혹은 제도적 절차에 따라, 상담기록을 일정기간 보관한다. 보관 기간이 경과된 기록은 파기해야 한다.
(3) 공공기관이나 교육기관 등은 각 기관에서 정한 기록 보관 연한을 따르고, 이에 해당하지 않는 경우에는 3년 이내 보관을 원칙으로 한다.
(4) 상담자는 상담의 녹음 및 기록에 관해 내담자의 동의를 구한다.
(5) 상담자는 면접기록, 심리검사자료, 편지, 녹음 파일, 동영상, 기타 기록 등 상담과 관련된 기록들이 내담자를 위해 보존된다는 것을 인식하며, 상담기록의 안전과 비밀보호에 책임을 진다.
(6) 상담자는 내담자가 합당한 선에서 기록물에 대한 열람을 요청할 경우, 열람할 수 있도록 한다. 단, 상담자는 기록물에 대한 열람이 내담자에게 해악을 끼친다고 사료될 경우 내담자의 기록 열람을 제한한다.
(7) 상담자는 내담자의 기록 열람에 대한 요청을 문서화하며, 기록의 열람을 제한할 경우, 그 이유를 명기한다.
(8) 복수의 내담자의 경우, 상담자는 각 개별 내담자에게 직접 해당되는 부분만을 공개하며, 다른 내담자의 정보에 관련된 부분은 노출되지 않도록 한다.
(9) 상담자는 기록과 자료에 대한 비밀보호가 자신의 죽음, 능력상실, 자격박탈 등의 경우에도 보호될 수 있도록 미리 계획을 세운다.
(10) 상담자는 상담과 관련된 기록을 보관하고 처리하는 데 있어서 비밀을 보호해야 하며, 이를 타인에게 공개할 때에는 내

담자의 직접적인 동의를 받아야 한다.

다. 비밀보호의 한계

상담자는 아래와 같은 내담자 개인 및 사회에 임박한 위험이 있다고 판단될 때 내담자에 관한 정보를 사회 당국 및 관련 당사자에게 제공해야 한다.

(1) 내담자의 생명이나 타인 및 사회의 안전을 위협하는 경우, 내담자의 동의 없이도 내담자에 대한 정보를 관련 전문인이나 사회에 알릴 수 있다.

(2) 내담자가 감염성이 있는 치명적인 질병이 있다는 확실한 정보를 가졌을 때, 상담심리사는 그 질병에 위험한 수준으로 노출되어 있는 제 삼자(내담자와 관계 맺고 있는)에게 그러한 정보를 공개할 수 있다. 상담자는 제삼자에게 이러한 정보를 공개하기 전에, 내담자가 자신의 질병에 대해서 그 사람에게 알렸는지, 아니면 스스로 알릴 의도가 있는지를 확인한다.

(3) 법원이 내담자의 동의 없이 상담자에게 상담관련 정보를 요구할 경우, 상담자는 내담자의 권익이 침해되지 않도록 법원과 조율하여야 한다.

(4) 상담자는 내담자 정보를 공개할 경우, 정보 공개 사실을 내담자에게 알려야 한다. 정보 공개가 불가피할 경우라도 최소한의 정보만을 공개한다.

(5) 여러 전문가로 구성된 팀이 개입하는 상담의 경우, 상담자는 팀의 존재와 구성을 내담자에게 알린다.

(6) 비밀보호의 예외 및 한계에 관한 타당성이 의심될 때에 상담

심리사는 동료 전문가 및 학회의 자문을 구한다.

라. 상담 외 목적을 위한 내담자 정보의 사용

(1) 교육이나 연구 또는 출판을 목적으로 상담관계로부터 얻어진 자료를 사용할 때에는 내담자의 동의를 구해야 하며, 각 개인의 익명성이 보장되도록 자료 변형 및 신상 정보의 삭제와 같은 적절한 조치를 취하여 내담자에게 피해를 주지 않도록 한다.

(2) 다른 전문가의 자문을 구할 경우, 상담심리사는 사전에 내담자의 동의를 구해야 하며, 적절한 조치를 통해 내담자의 사생활과 비밀을 보호하도록 노력한다.

마. 전자 정보의 관리 및 비밀보호

(1) 전자기기 및 매체를 활용하여 상담관련 정보를 기록·관리하는 경우, 상담심리사는 기록의 유출 또는 분실 가능성에 대해 경각심과 주의의무를 가져야 하며 내담자의 정보보호를 위해 적극적인 노력을 해야 한다.

(2) 내담자의 기록이 전산 시스템으로 관리되는 경우, 상담심리사는 접근 권한을 명확히 설정하여 내담자의 신상이 드러나지 않도록 조치를 취한다.

6) 심리평가

가. 기본 사항

(1) 심리평가의 목적은 심리검사를 활용하여 내담자의 자기이해 및 의사결정을 돕고 치료계획을 수립하는 데 있다.

(2) 상담심리사는 규정된 전문적 관계 안에서만 심리검사를 활용한 진단, 평가 및 개입을 한다.

(3) 심리평가에 대한 상담심리사의 결과해석, 소견 및 권고는 충분한 정보와 근거를 바탕으로 이루어져야 하며, 상담심리사는 이에 대한 내담자의 알 권리를 존중한다.

(4) 상담심리사는 심리검사의 결과나 해석을 오용해서는 안 되며, 전문적 자격을 갖추지 않은 사람에 의한 심리검사의 개발, 출판, 배포, 사용에 대해서는 적절한 조치를 취한다.

(5) 상담심리사는 내담자 혹은 내담자의 법정대리인의 동의가 있는 경우에만 내담자의 개인정보가 포함된 심리평가 관련 자료를 공개한다. 단, 공개 대상은 자료를 해석할만한 충분한 자격을 갖춘 전문가로 제한한다.

02 상담의 유형과 주요기법

학습목표

1. 상담의 여러 유형을 파악할 수 있다.
2. 상담 유형별 특징을 설명할 수 있다.
3. 상담의 주요 기법들을 설명할 수 있다.

주요 핵심어

• 집단상담 • 가족상담 • 진로상담 • 학습상담 • 매체 활용 상담

상담의 유형을 나누는 방법에는 다양한 기준이 있다. 내담자의 인원수(인적구성)에 따라 개인상담, 집단상담으로 나눌 수 있고, 상담이 진행되는 기간에 따라 장기상담, 단기상담으로 나눌 수 있다. 대상(연

령)에 따라 아동상담, 청소년 상담, 성인상담, 노인상담, 가족상담으로 나눌 수 있다. 또한 상담과정에서 활용하는 매체에 따라 미술심리상담, 놀이심리상담, 음악심리상담 등으로 나눌 수 있으며, 내담자가 가진 문제 유형에 따라 진로상담, 학습상담, 비행상담, 중독상담 등으로 나눌 수 있다(〈표 2-1〉 참고).

이러한 상담 유형들 중에서 몇 가지 상담유형에 대하여 개념을 중심으로 소개하면 다음과 같다.

1 상담의 유형

1) 집단상담

집단상담은 1970년대 초에 우리나라에서 처음으로 실시되었다. 1990년대에 이르러서는 집단상담에 대한 사람들의 관심이 높아져서 학교를 비롯하여 교회, 산업체, 상담센터 등의 다양한 곳에서 집단상담이 이루어지고 있다. 이렇게 짧은 기간 내에 집단상담이 활성화된 이유는 개인상담이 충족시켜 줄 수 없는 사람들의 여러 가지 다양한 욕구를 충족시켜 줄 뿐만 아니라 집단원 간의 상호작용을 통하여 사람을 효과적으로 도와줄 수 있기 때문이다.

집단상담은 심리적 문제가 심각하지 않은 사람들 6~12명 정도가 모여 집단을 형성하고 이들이 전문적인 상담자와 함께 신뢰 있고 허용적인 분위기 속에서 자기 이해와 수용 및 개발을 촉진하는 상호작용을 통하여, 개인의 태도와 행동을 변화시키고 문제를 해결하며 나아가 잠재능력의 개발을 꾀하는 활동이다(천성문 외, 2006, p. 325). 집단상담은 자신을 있는 그대로 내보일 수 있는 신뢰 있고 허용적인 분위기를 형성하여, 집단원이 자신의 삶을 바람직한 방향으로 변화시키거나 자기를 이해하고 자신의 문제를 해결하게 한다. 집단상담에서는 아무런 조건이나 제약 없이 집단원과 진솔한 대화를 나누면서 내가 어떤 사람인가를 생각하고 자신의 참모습을 탐색해 보는 상담이다. 집단상담에 실제로 직접 참여하여 스스로 생각하고 느끼는 내용을 서로 주고 받는 과정을 통해서 변화를 체험할 수 있고 서로의 진정한 내면의 모습을 볼 수 있는 참만남의 시간이 될 수 있다.

집단상담은 상담이 진행되는 과정에서 집단원과의 만남을 통해 새로운 대인관계 기술을 연습하고 익혀서 그것을 실제에 적용할 수 있다. 집단원은 지도자나 다른 집단원의 피드백을 통하여 자신의 모습을 새롭게 지각하게 될 수 있다. 또한 지도자나 다른 집단원의 모델링을 통해 바람직한 태도를 본받을 수 있으며, 자신과 비슷한 관심사를 가지고 있는 다른 사람을 관찰하여 자신의 문제에 대응하는 방법을 배울 수 있다.

집단상담은 다음과 같은 장점이 있다(천성문 외, 2006).

첫째, 집단상담은 개인상담에 비하여 경제적이다. 집단상담은 짧은 시간 동안 많은 사람에게 도움을 줄 수 있어서 시간과 노력을 크게 줄일 수 있다. 둘째, 집단상담을 실제적이고 현실적이다. 집단상담은 개인상담에 비해 실제 상황과 비슷한 특징을 지니고 있다. 셋째, 집단상담 참여자는 집단 경험을 통해서 자기 자신과 타인에 대하여 책임을 지는 태도를 기를 수 있다. 같은 의견이나 결정이라 해도 동료집단의 강화에 의하여 이루어지면 보다 큰 책임감과 참여의식을 갖게 된다. 집단 구성원은 집단의 상호작용에 기여하거나 집단 과제를 수행함으로써 자신의 행동에 대한 책임을 회피하는 습관을 고칠 수 있게 된다. 넷째, 집단상담은 참여자에게 문제해결 행동을 보다 구체적으로 계획하고 실천할 수 있게 한다. 집단 구성원은 집단에서 문제해결 행동을 실험하고 다른 구성원의 피드백을 통해서 다양한 각도에서 자신의 행동에 대한 평가와 조언을 들을 수 있다. 다섯째, 집단상담은 수용적이고 촉진적이다. 내담자들은 개인상담보다 집단상담을 좀 더 쉽고 편안하게 받아들이는 경향이 있다. 개인상담을 받는 내담자는 자신의 문제가 실제보다 심각하거나 비정상적이라고 믿어 부정적인 영향을 미칠 수 있다. 그러나 집단상담은 다른 참여자와 함께 함으로써 자신만 특별히 남들과 다르다거나 이상하다고 생각하는 경향이 적어지게 된다.

그러나 집단상담은 모든 사람에게 적합한 것은 아니며, 특정 내담자의 문제를 충분히 다루지 못할 가능성이 많다. 집단상담에서는 참여자의 개인적인 문제를 깊이 다루기 보다는 전체 집단의 공통적 관심사나 문제에 대한 논의를 한다. 집단상담은 개인상담에 비해서 비밀을 유지하기 어려운 측면이 있어 집단원의 자기노출을 감소시키는 원인이 될 수 있다. 때로는 집단상담에서는 집단원이 부정적인 집단 압력에 의해서 희생될 우려가 있다. 집단 구성원의 동조 압력 등 집단 압력은 개인의 주도성, 자율성을 억제할 수 있다.

2) 가족상담

가족상담은 가족의 문제를 가족관계의 상호작용에서 찾고, 그 속에서 문제를 해결하고자 하는 것이다. 가족의 문제는 가족 중 한 사람만의 문제에 의해 생기는 것이 아니다. 마치 풍선에 너무 세게 바람을 불어넣었을 때 풍선이 터지는 원리와 같다. 풍선이 터지는 이유는 풍선이 약해서라기 보다는 풍선 속의 공기 압력이 높아졌기 때문이다. 풍선 내부의 공기 압력이 점점 높아지다가 어느 시기에 이르면 풍선 전체 면 중에 가장 약한 부분이 터지게 된다. 이와 마찬가지로 가족의 내적, 외적 압력이 증가하게 되면 가족원 중 가장 약한 사람이 심리적인 문제를 나타내게 되고, 이 때문에 가족의 문제가 생겨난다는 시각에서 접근하는 상담 방법이 가족상담이다.

가족상담에서는 풍선 내부의 압력으로 풍선이 터진 것과 같이, 개인이 가진 문제는 가족관계 속에서 생겨난 가족의 문제라 보고 가족 간의 상호작용에 변화를 주어 개인의 문제를 해결하려고 한다. 즉, 개인적인 정신 내적 과정의 의미를 부인하지는 않지만 개인적인 행동이 가족사회적 체계 안에서 일어날 때 더 잘 이해된다는 것이다. 가족문제를 바라볼 때 유의해야 할 점은 가족 구성원 중에서 심리적인 문제를 가진 한 개인은 그 개인만의 문제가 아니라 가족 전체의 문제를 증상으로 표현하고 있다는 것이다. 즉 이러한 증상을 가진 개인은 가족 전체의 역동 속에서 만들어진 문제를 대변하고 있다. 따라서 개인상담을 통하여 문제를 가진 한 개인만을 변화시키기 보다는 가족을 하나의 체계로 보고 가족체계를 변화시킴으로서 현재 문제시되는 내담자의 증상을 사라지게 할 수 있다.

상담과정 중에 상담자는 가족이 가족 생활주기에 따른 발달적 과제를 잘 이행할 수 있도록 부모 역할에 대한 교육적 개입을 할 수 있다. 상담자는 부모의 잘못된 가치나 일방적이고 강제적인 태도는 자녀를 더욱 반항적으로 만들 수 있다는 것을 알고 부모의 태도와 방식이 변하도록 하는 부모역할 훈련에 대해 교육을 할 수 있다.

3) 진로상담

학생들은 발달단계에 따라 자신이 설정한 진로 목표에 접근해 가고, 그 목표를 달성해 나가는 과정에서 진로 성숙이나 진로 결정, 직업에 대한 정보 등에 대한 도움을 필요로 한다. 상담자는 다양한 진로상담 활동을 통해 학생들의 체계적인 진로 준비를 도와주어 학생들이 앞으로 자신의 적성과 능력에 맞는 일을 선택하고 책임감을 지닌 성인으로서 생활해 나갈 수 있도록 해야 한다.

진로(career)란 한 개인이 생애 동안 일과 관련해서 경험하고 거쳐가는 모든 체험을 의미한다(김계현, 1995, 재인용). 진로상담은 개인의 진로 발달을 촉진하거나 진로 계획, 진로와 직업의 선택과 결정, 실천, 직업 적응, 진로 변경 등의 과정을 돕기 위한 활동이다(김봉환 외, 2000, 재인용). 진로상담은 학생들의 바람직한 진로 발달을 위해 교과활동을 통한 진로교육과 함께 그들이 당면하는 진학, 직업선택과 관련하여 다양한 진로 정보를 제공하고, 자기이해, 자기탐색, 직업탐색의 과정, 진로계획 및 진로 의사결정을 돕는 데 역점을 두는 것이다(장석민, 1988, 재인용).

진로상담은 청소년들의 고민 사항으로 가장 높은 비중을 차지하는 것이 진로문제이기 때문에 필요하다. 또한 노동시장 환경의 급속한 변화에 따라 5~6년 후에는 노동시장에 진입할 청소년들에게 이러한 변화를 정확하게 인식하고 수용하도록 해야 하기 때문에 필요한 것이다.

진로상담은 학생들에 대한 지지활동, 진로에 대한 인식활동, 진로에 필요한 구체적인 기술 습득 등의 기본 요소로 이루어져 있다. 첫째, 지지활동은 상담자가 학생들이 새로운 환경에 적응하는 과정이나 진로과업을 수행하는 과정에서 일어날 수 있는 다양한 어려움에 대처해 나갈 수 있도록 지지해줌으로써 학생들의 진로 발달을 도울 수 있다. 둘째, 진로인식은 아동과 청소년이 빠르게 변화해 가는 사회에 적응해 나갈 수 있도록 진로에 대해 생각하고 준비 해 나갈 수 있도록 돕는 것이다. 초등학생의 진로 인식을 높이기 위해서는 바른 생활 태도와 습관을 형성하게 하고, 희망을 키우며, 관련 있는 진로에 대한 일반 정보를 제공하는 진로 지도 및 교육과정을 포함해야 한다. 그리고 학생들이 성장해 감에 따라 진로와 관련된 정보를 습득하는 방법을 배우고 합리적인 결정을 내리며 관련된 기술을 습득하도록 도와야 할 것이다. 셋째, 진로에 필요한 구체적인 기술의 예로는 취업면접, 이력서 작성, 자기소개서 작성 등이다. 상담자는 학생들이 진로와 관련된 기술을 습득하도록 돕는 프로그램을 제공하고 사회활동에 필요한 구체적인 기술을 가르침으로써 학생들이 필요한 기술을 익히게 한다. 이 과정에서 상담자는 진로와 관련된 중요한 기술을 파악하고, 그것을 단계적으로 연계하여 가르칠 수 있는 방법을 가지고 있어야 한다.

4) 학습상담

학생들은 누구나 공부를 잘하고 싶어 하지만 성적은 일등부터 석차가 정해질 수 밖에 없으며, 공부를 잘하는 학생들이 있으면 못하는 학생들도 있다. 특히 청소년 시기는 타인의 평가에 민감하게 영향을 받을 수 있으므로 낮은 학업수행은 자신의 전반적인 학습능력을 부정적으로 평가하여 학습된 무기력에 빠질 가능성이 높일 수 있다. 학생들이 학교생활에 잘 적응할 수 있도록 돕고, 학업에 대한 스트레스나 학업 문제를 해결할 수 있도록 하기 위해서 학습상담이 필요하다. 학습상담(academic counseling)은 요약 학습과 관련된 과제를 이해하고 수행하여 사회적 적응을 도와주는 활동이다. 학습상담은 전체적인 교육 활동 속에서 개별 학생이 의욕적으로 학습에 전념하고 스스로 학습방법을 개선하고 향상시키도록 돕는 활동이다.

학습문제로 상담을 받으러 온 내담자들은 그동안의 학업성적 저하와 반복되는 실패 경험에 의해 실망감과 좌절감, 분노와 불안감 등을 겪었을 가능성이 많다. 따라서 상담자는 이러한 내담자의 심정을 충분히 공감하고 수용하는 것이 필요하다. 더불어 학습과 관련하여 학생이 가진 문제가 무엇이며, 언제 그 문제가 발생되었는지, 인지적·정의적·환경적 요인이나 학습 전략의 측면에서 학생이 지닌 강점과 약점이 무엇인지 등을 파악하여야 한다.

내담자의 학습이 부진한 이유가 파악되면 그 이유에 따른 적절한 개입이 이루어져야 한다. 학습전략이나 기술 등 변화가 가능한 영역을 교육 또는 훈련하여 학습에 대한 긍정적인 태도를 갖도록 하여야 한다. 또한 부모와의 긍정적인 관계를 형성하도록 도움을 주어 부모가 학생의 학습수행을 적절하게 지지해 줄 수 있도록 한다.

5) 비행상담

발달단계상으로 볼 때 청소년기는 자아정체감의 혼란, 급격한 신체적 변화 등을 겪는 시기이다. 청소년들이 가진 독립의 욕구는 독자적으로 행동하고자 하는 욕구로 때에 따라 고의적인 반대행동을 하기도 한다. 청소년들의 이러한 심리적인 어려움이 가정과 학교에서 수용되고 이해된다면 그들은 청소년기에 겪는 여러 가지 스트레스나 문제를 잘 해결하면서 정상적인 성장을 계속하게 된다. 그렇지 못하면 청소년들은 그들을 이해해 줄 수 있는 사람들을 다른 곳에서 찾게 된다. 그들은 비슷한 문제를 겪고 있는 또래와 어울려 행동할 때 만족감을 느끼며, 그룹을 형성하게 된다. 이러한 또래집단을 통하여 그들은 심리적 지지를 얻고 위안을 받지만 이 집단의 반사회적인 압력을 거절하지 못하는 것이 청소년 비행으로 나타난다. 또한 어떤 형태로든지 비행으로 심리적 문제에 의한 갈등을 표현하기도 하는 것이다.

청소년 비행상담은 청소년이 지켜야 할 법률적·관습적 가치 규범을 어기는 청소년을 대상으로 사회적으로 바람직한 적응력 향상, 인격적 성장의 촉진, 비행 원인 탐색 및 해결, 바람직한 의사결정 능력 배양 등을 목적으로 하는 상담이다. 여기에서 비행이란 지켜야 할 법률적·관습적 가치 규범을 어기는 행동을 의미한다. 청소년 비행은 담배, 마약 등 금지된 약물 복용, 가출, 폭력, 도벽 및 성폭력, 성매매 등이 해당된다.

청소년 비행상담을 할 때는 청소년의 발달단계에 따른 특성을 충분히 고려해야 한다. 청소년기는 급격한 신체적, 정서적, 심리적, 사회적 변화를 겪으므로 정서적으로 기분의 변화가 잦고 심리적으로 불안하며 행동은 과격하고 극단으로 흐르기 쉽다. 이러한 청소년기의 발달 특성으로 누구나 충동적으로 비행을 할 가능성이 있다.

그런데 한 번 비행을 한 청소년은 한 번으로 그치지 않고 다른 비행의 유혹에 쉽게 빠져들 수 있다. 그들은 자신들의 마음을 잘 이해해 주고 받아주는 또래들이나 사람들과 어울려 비행집단을 형성하게 되고, 공부에 흥미를 잃게 되기도 한다. 이런 과정에서 교사나 부모와의 갈등이 깊어지면서 계속 다른 여러 가지 사회문제를 일으킬 수 있다.

청소년 비행상담은 개인, 가족, 친구, 학교 등 복합적인 요인들이 비행에 영향을 미칠 수 있으므로 청소년 개인은 물론 가족, 또래집단,

학교, 지역사회를 포괄하는 광범위한 지원망을 구축하여 통합적으로 진행되어야 한다. 상담을 통해 청소년들이 더 이상 비행을 하지 않고 정상적인 발달을 이루어 갈 수 있도록 심리적 문제를 탐색하고 문제 해결을 도와주어야 한다. 또한 학생 개인의 측면에서 비행경험은 올바른 자아정체감 형성에 부정적 영향을 주기 때문에 긍정적인 자아정체감을 형성할 수 있도록 하여 다음 비행이 발생하지 않도록 해야 한다. 청소년 비행상담은 심각한 비행을 사전에 방지할 수 있는 예방 차원의 상담 및 교육이 더욱 중요할 것이다.

6) 매체(보조자료)를 활용한 상담

최근 들어, 전통적인 대화식 상담 방법에 다양한 비언어적인 방식을 도입하여 상담이 활발하게 이루어지고 있다. 상담과정에 노래하고, 춤추고, 놀이를 하고, 영화를 보고, 그림을 그리고, 책을 읽는 활동을 활용하는 것인데, 다양한 내담자의 상황에 적합한 활동이 이루어짐으로써 상담의 효과를 높일 수 있다. 상담자는 내담자가 보조 자료를 활용하여 표현하는 활동을 통해 그들의 내면세계에 보다 쉽게 접근할 수 있고, 내담자는 보조 자료를 사용함으로써 전통적인 대화 방법보다 상담에 대한 긴장과 불안을 덜 느끼면서 상담과정에 집중하게 되므로 상담이 효과적으로 진행될 수 있다는 이점이 있다. 여기에서는 미술, 음악, 놀이, 독서를 활용한 상담을 설명하였다.

미술심리상담(Art Therapy)는 미술 활동을 통해 감정이나 내면세계를 표현하고 기분의 이완과 감정적 스트레스를 완화시키는 방법이다. 또한 말로써 표현하기 힘든 느낌, 생각들을 미술 활동을 통해 표현하여 안도감과 감정의 정화를 경험하게 하고 내면의 마음을 돌아볼 수 있도록 하며 자아 성장을 촉진시키는 방법이다. 천성문 등(2006)은 내담자가 그림이나 미술작품을 통해 자신이 가진 심리적 문제를 표현하고 상담자는 이를 활용하여 내담자의 문제 해결을 돕는 것이라고 하였다.

말로써 감정이나 경험을 표현하기 어려워하는 아동은 미술이라는 방법으로 정서를 표현할 수 있다. 심리적 충격을 안겨 주는 사건들을 경험한 아동들에게 큰 도움이 될 수 있다. 고통스러운 일을 겪은 아이들은 그림을 그리거나 만들기를 통해 심리적인 안정을 얻을 뿐만 아니라 자신이 경험한 것에 대해 더 자세히 전달하고 정리할 수가 있다. 학대를 받거나 폭력적인 사건을 경험했을 때 말하는 것 자체가 공포나 불안을 일으킬 수 있는데 미술은 그러한 아동의 불안을 감소시키면서 감정을 표현할 수 있게 한다. 미술심리상담은 우울증이나 외상 후 스트레스 증후군, 불안, 적응의 어려움을 경험하는 아동의 심리상담에 유익하다. 또한 미술심리상담은 아동뿐만 아니라 성인, 노인에서도 유용하게 사용될 수 있다. 말로써 자신의 어려움을 표현하는 것을 어려워하거나 꺼려할 경우 미술 활동은 어른에서도 유용한 매개체가 될 수 있다.

음악심리상담(Music Therapy)은 치료적인 상황에서 체계적으로 내담자에게 음악을 듣게 하거나 적절한 연주 행동을 하게 함으로써 개인의 신체적, 심리적, 정서적 통합과 바람직한 행동 변화를 가져오게 하는 등의 치료적 효과를 보게 하는 상담방법이다. 그 효과는 내담자의 기분뿐만 아니라 신체적 기능에까지도 작용하는데, 음악을 통해서 심신의 건강이 심리적 원인에 의해서 영향 받는다는 것을 이해시키고 음악의 기능을 통해 건강을 회복, 증진시키기는 것이다.

음악심리상담 프로그램은 개인적인 표현과 정서적 욕구를 위하여 안전한 환경과 구조를 마련한 것이어서 내담자의 고통스러운 정서를 표현하게 하고 받아 주기 위한 그릇이라 할 수 있으므로 자신을 되돌아보는데 안정감을 가지게 하고 현실을 그대로 받아들이도록 도와준다. 장애아동들의 문제 가운데 하나는 언어적인 수준에서의 소통이 매우 곤란하다는 것인데, 이때 비언어적 전달 수단으로서의 음악이 상담자와 아동을 서로 결부시키는 유효한 매체로서 기능을 한다.

놀이심리상담(Play Therapy)은 아동의 심리적 갈등을 해소 및 치료하기 위한 목적으로 놀이를 이용하는 방법이다. 발달 단계나 적응상에서 어려움을 나타내는 아동들의 정서 및 행동을 다루고 성장을 돕기 위해 놀이를 활용하는 것으로서 단순히 노는 것만으로 상담을 하는 것은 아니고, 상담자와의 상호 대인관계를 통해 아동은 감정의 정화가 일어나거나 고통이 감소될 수 있는 것이다. 아동은 성인에 비해 언어를 통해 정서상의 갈등을 표현하기 어려우므로 자연스럽고 편안한 놀이를 통해 내적 긴장, 불안, 과거에 경험한 사건, 공격성 및 두려움을 표현하며 해결할 수 있다. 놀이심리상담을 통해 아동은 중요한 대상과의 관계 형성을 촉진시키며, 자신의 발달 수준에 따른 행동 및 사고의 특성과 갈등을 적절하게 처리할 수 있다.

놀이 치료의 대상은 보통 2~12세 사이의 아동으로, 정상적인 발달을 하는 대부분의 아동들뿐만 아니라 정서 장애, 행동 장애, 소아 학대 및 정신적 충격의 피해 아동, 부모의 이혼 및 발달 장애, 신체적 장애를 가진 아동들에게 효과가 있다.

독서심리상담(Bibliotherapy)은 문제, 진단, 그에 관한 처치 등을 이해하는 데 유익한 도서를 매개체로 하는 상담에 대한 총칭으로 특정한 문제를 가지고 있는 내담자가 선정한 다양한 문학 작품을 매개로 하여 상담자와 토론, 글쓰기, 역할극 등의 상호작용을 통해 자신의 문제를 해결해 나가는 방법이다. 독서심리상담은 고대의 가장 오래된 도서관인 테베의 도서관에는 '영혼을 치유하는 곳'이라는 현판이 있었고, 알렉산드리아의 도서관에서는 책을 '영혼을 치유하는 약'이라고 부르기도 하였다. 고대 그리스인은 문학의 힘에 대한 대단한 믿음이 있었다. 이러한 역사적인 사례들은 고대로부터 책이 가지고 있는 치료적인 효과를 입증하는 기록이다.

문학 작품들에는 인쇄된 글, 영화나 비디오 같은 시청각 자료, 노랫말, 자신의 일기 등 글쓰기 작품들이 모두 포함될 수 있다. 적용대상으로는 정서불안이나 우울증, 알코올 중독과 같은 심각한 문제를 가지고 있는 사람들뿐만 아니라, 정상적으로 발달해 가면서 겪는 갈등이나 문제를 가지고 있는 사람들도 포함될 수 있다.

독서심리상담은 책을 읽는 동안 책 속의 주인공을 통해 자신과 비슷한 문제를 경험한 다른 사람이 있음을 자각함으로써 자신만이 당면한 문제가 아니라는 것을 알게 되어 자신을 있는 그대로 긍정적으로 인식하는데 도움을 준다. 독서심리상담에서 가장 중요한 요소는 독서와 독서 이후의 토의이다. 상담자의 역할은 내담자가 책을 읽고 그 내용을 충분히 이해하고 수용할 수 있도록 토의를 하고 상호작용하는 것이다.

분류	유형	특성
인적 구성	개인상담	▪ 내담자 1인 대상 ▪ 대부분 정신건강, 성격, 관계 문제를 다룸 ▪ 주로 개인상담을 기반으로 상담 이론, 기법, 절차 개발
	집단상담	▪ 10명~15명 내외로 구성된 집단을 대상으로 상담 ▪ 상담사를 리더 또는 촉진자로 명명 ▪ 집단 구성원간의 상호작용, 집단역동 중시 ▪ 프로그램의 사전계획 수준에 따라 구조화 또는 비구조화 집단으로 구분
	커플상담	▪ 부부, 커플(결혼 예정, 이혼한 전 부부, 동거, 연애 등), 이혼을 전제로 조정기간을 갖는 부부 등의 갈등 문제를 다룸

		▪ 처음부터 2인을 만나는 경우, 1인을 상담하거나 2인을 만나는 경우 등 다양
	가족상담	▪ 가족 전체를 상대로 상담하는 방법 ▪ 개인 역동보다 가족체계의 영향력에 초점 ▪ 가족 전원의 참여를 절대 원칙으로 삼는 접근도 있음 ▪ 개인상담으로 시작해서 가족상담으로 전환되는 경우 많음 ▪ 2명 이상의 상담자가 팀으로 상담하는 경우도 있음
	집단교육 상담	▪ 비교적 큰 집단(보통 15인 이상, 학교의 경우 학급단위)에서 사전에 계획된 것을 교육하는 상담방법, 심리교육 등 ▪ 구조화 집단과 유사함
대상 / 연령	아동상담	▪ 시기: 학령전기, 초등학교 초기 ▪ 문제: 발달상 문제 ▪ 개입: 놀이, 미술, 모래, 진흙 등 언어 외의 매체사용 부모－자녀 관계 조율
	청소년상담	▪ 시기: 초등학교 후기～대학 초기(10세 전후～20세 전후) ▪ 문제: 청소년기 발달상 어려움, 학교생활, 교우 관계, 비행, 일탈, 부모－자녀 관계 문제 ▪ 개입: 언어적 개입, 부모－자녀 관계 개입
	성인상담	▪ 시기: 20대부터 성인기까지 ▪ 문제: 심리, 사회, 관계, 정신적 문제 ▪ 개입: 주로 언어적 상호작용
매체 / 의사소통 경로	면접상담	▪ 상담의 가정 전형적인 형태 ▪ 대부분이 개인·집단상담이 채택 ▪ 강력한 사회적 자극·학습을 통한 변화
	표현요법	▪ 예술적 표현을 통해 마음속의 감정표현 ▪ 남의 표현을 감상함으로써 공감 경험 ▪ 음악치료, 미술치료, 드라마치료, 동작치료, 글쓰기 치료
	놀이심리 상담	▪ 인형(가족인형, 동물인형 등), 장난감, 그림도구, 모래, 어린이용 운동기구 등 다양한 놀이감으로 소통 촉진 ▪ 아동의 감정과 생각을 자유롭게 표현하도록 유도 ▪ 언어적 표현의 한계를 극복하는 하나의 방법 ▪ 상담자는 아동에게 감정반영, 질문, 해석, 제안, 지시, 지지, 통제 등 제공

전화상담	■ 전화를 통해서 대화하는 상담방법 ■ 익명성을 보장하는 장점이 있음 ■ 국내기관: 사랑의 전화, 생명의 전화, 성폭력 전화, 여성의 전화, 노인전화, 청소년 전화 등 ■ 자살예방을 위한 hot-line에 많이 사용
전자통신 상담	■ 컴퓨터와 인터넷, SNS를 사용하는 상담 ■ 자신의 문제를 글로 정리할 수 있는 장점이 있음

〈표 2-1〉 상담의 다양한 유형

2 상담의 주요기법

상담은 상담자와 내담자가 상담관계를 바탕으로 주고 받는 사회적 영향이라 할 수 있다. 따라서 상담자가 내담자에게 하는 모든 반응은 내담자의 변화에 영향을 주는 기술이다(김종운, 2013).

1) 경청

경청이란 내담자의 말과 행동에 상담자가 주목하는 것이다. 상담자는 내담자가 말할 때 관심의 눈길을 보냄으로써, 내담자와 함께 하고 있음을 알리는 것이 중요하다. 내담자의 말과 행동에 선택적으로 주목함으로써 내담자의 특정 문제를 탐색하도록 돕는다.

2) 수용

수용이란 내담자에 대한 존중과 내담자가 하는 말에 대한 감정이입을 뜻한다. 예를 들면, "으음", "그렇구나, 계속 이야기해 보렴", "이해가 된다", "그렇겠구나" 등과 같은 표현을 한다. 상담의 초기 단계에 많이 사용한다. 그러나 내담자의 모든 말에 동의해야 한다는 뜻은 아니다.

3) 반영

반영이란 내담자의 메시지 속에 담겨 있는 감정 혹은 정서를 되돌려 주는 기법으로써 내담자 말의 내용 자체 보다는 그 내용 뒤에 숨어 있는 감정을 파악하고 그것을 다시 내담자에게 전달하는 과정이다. 내담자의 감정이나 정서에 초점을 맞춘다는 점을 제외하면 재진술과 유사하지만 내담자에게서 끌어내는 반응은 내용 되돌려주기인 재진술과 전혀 다르다(박성희, 2006). 예를 들면, "너는 … 라고 느끼고 있구나", 혹은 "너는 … 을 생각하고 있는 것 같다" 방식으로 말한다. 상담자는 내담자로 하여금 자신의 감정을 알아차리고 경험하게 함으로써 문제해결에 이르도록 돕는다.

4) 명료화

내담자의 말 중에서 모호한 점을 내담자가 확실하게 알도록 해주는 것이다. 상담자가 내담자의 반응을 이해할 수 없을 때는 분명하게 다시 말할 것을 요청하기도 한다. 예를 들면, "잘 이해하지 못하겠네.

좀 더 분명하게 말해 볼래", 또는 "예를 들어서 말해 볼래"와 같은 표현을 사용한다.

5) 질문

상담에서 질문의 목적은 내담자가 자신의 문제를 더욱 분명히 인지하도록 돕는 것이어야 한다. 질문에 대해 내담자가 자유롭게 답할 수 있는 개방적인 질문을 한다. 직접질문보다 간접질문이 바람직하며, 너무 많은 질문은 심문받는 느낌을 주기 때문에, 상담을 촉진할 수 있는 질문만 하는 것이 바람직하다.

6) 요약

요약은 내담자가 제시한 내용과 감정을 간략하게 묶어 정리하는 것이다. 상담에서 요약하기는 이전에 나눈 대화의 반복을 방지하고, 방향과 초점을 분명하게 해주기 위해서이다. 내담자의 말을 요약하는 것은 내담자의 말에 주목하고 이해하고 있음을 확신시켜준다.

7) 재진술

재진술은 내담자가 했던 말을 상담자가 다시 표현하는 것이다. 상담자는 내용의 재진술을 통해 내담자의 입장을 이해하려고 노력하고 있음을 알려주게 되며, 내담자가 한 말을 간략하게 반복함으로써 내담자의 생각을 구체화시키며, 내담자가 말하고 있는 바를 상담자 자신이 제대로 이해하고 있는지를 확인해볼 수 있다.

8) 직면

직면은 내담자가 모르고 있는 과거와 현재의 연관성, 행동과 감정 간의 유사점이나 차이점을 지적해 주고 그것에 주목하도록 하는 것을 말한다. 특히 직면은 내담자가 '의식하지 못하거나 인정하고 싶지 않은 부정적 감정을 드러내어 인식시켜 주는 데 중점을 둔다. 직면은 다음과 같은 경우에 사용한다.

① 생각과 말하는 것에 불일치가 있는 경우
② 말과 행동에 불일치가 있는 경우
③ 현실과 원하는 것 사이에 불일치가 있는 경우
④ 현실을 왜곡되게 지각하고 있는 경우
⑤ 자기파괴적 사고방식을 지니고 있는 경우
⑥ 자신을 위장하거나 변명하는 경우

9) 해석

해석은 자기 문제(감정, 행동)를 새로운 방법으로 볼 수 있도록 의미를 설명하는 적극적인 조력 과정이다. 내담자가 직접 드러내지 않는 느낌이나 사고를 그의 과거의 경험이나 진술 내용을 토대로 해석해준다. 예를 들자면, "네가 지각을 자주하는 것은 너를 인정해주지 않는 선생님들에 대한 항의의 표시로 보이는구나"로 해석해줄 수 있다.

10) 격려와 재보증

격려와 재보증은 내담자의 행동과 감정에 대하여 스트레스를 감소시키고 자신감을 세워주고 장래 보상에 대한 기대를 증진시키는 기법이다. 결과를 예언하거나 실제적인 확신을 주기 위해 사용한다. 예를 들면, “너는 그것을 할 수 있어”, “너는 좋은 방법을 찾을 수 있어”, “좋은 생각이야” 등으로 표현할 수 있다.

" 쉽게 풀어 쓴
상담과 생활지도 "

PART
02

상담이론

정신분석 상담이론

학습목표

1. 정신분석 상담이론의 인간관을 이해할 수 있다.
2. 정신분석 상담이론의 주요개념을 설명할 수 있다.
3. 정신분석 상담이론의 상담과정을 파악할 수 있다.

주요 핵심어

• Freud • 자아 • 초자아 • 원초아 • 의식 • 무의식 • 자아 방어기제
• 꿈 • 자유연상

1 인간관

Freud가 주장했던 인간에 대한 관점은 심리적 결정론으로 인간이 겪는 모든 정신적이고 행동적인 반응(증상)들은 어릴적 경험에 의해 결정된다고 보는 것이다. Freud에 따르면 인간은 출생 후 5세까지의 비이성적인 힘, 무의식적인 동기, 생물적이고 본능적인 욕구와 충동, 그리고 성(性) 심리적인 사건들에 의해 결정된다.

인간은 에너지의 조직체이다. Freud의 견해에 의하면 성격의 역동성은 정신에너지가 원초아, 자아, 초자아에 분배되는 방법들로 구성되고 있다. 에너지의 양(量)은 한정되어 있으므로 한 조직체계가 에너지를 확보하면 다른 두 조직체계는 희생된다. 행동은 이 정신에너지에 의해 결정되어지는 것이다.

Freud는 또한 본능의 역할을 강조했다. 모든 본능은 생득적(生得的)이고 생물적인 것이다. Freud는 성(性) 본능과 공격성 충동을 강조했으며 모든 인간의 행동은 쾌락의 획득과 고통의 회피를 욕망하는 것으로 결정되어진다고 보았다.

2 주요 개념

1) 성격의 구조

정신분석학적 견해에 따르면 인간의 성격은 세 가지 체계로 구성되어 있다고 한다. 세 가지 구조는 원초아, 자아, 초자아이다.

① 원초아(Id)

원초아는 성격의 가장 원초적인 체계로서 출생시 사람은 원초아만이 전부이다. 이 원초아는 정신 에너지의 원초적인 모체이며 맹목적이며 욕구적이고 강요적이다. 끓는 흥분의 도가니처럼 긴장을 참지 못하여 곧 해소시키는 작용을 함으로서 평형유지상태로 되돌아 간다. 긴장의 감소, 고통의 회피, 쾌락의 이득을 목적으로 하는 쾌락원리에 지배되는 원초아는 비논리적이며, 무도덕적이고 단 한가지의 생각—쾌락원리에 부합된 본능적인 욕구를 만족시키기 위한—에 의해 기능한다. 원초아는 결코 성숙하지 않으며 성격의 버릇없는 애송이인 채로 남아있게 된다. 원초아는 사고하지 않고 단지 바라거나 행동하기만 한다. 원초아는 무의식인 것이다.

② 자아(Ego)

자아는 현실적인 외부세계와 관계를 가지며 성격의 행정부로서 제어하며, 통제하고 또한 규제한다. 원초아, 초자아 및 외부세계에 대해 그의 주된 기능은 "교통순경"처럼 본능과 주위환경 사이를 조절하는 것이다. 자아는 의식을 통제하고 잠재의식에 대해 억압력을 행사한다. 현실원리에 따라 자아는 현실적이고 논리적인 사고를 하며 욕구충족을 위한 활동계획을 수립한다. 그러면 원초아에 대한 자아의 관계는 무엇인가? 자아는 원초아의 맹목적인 충동을 검토하고 조절하는 지성과 이성의 역할을 한다.

③ 초자아(Superego)

초자아는 성격의 도덕적인 부분 또는 사법부에 해당한다. 초자아는 사람의 도덕규범으로서 행동의 선악과 행동의 옳음과 그릇됨에 관한 것이 주관심사이다. 초자아는 현실보다는 이상(理想)을 대표하며 쾌락보다는 완성을 위해 노력한다. 그것은 부모로부터 자녀에게 전승되는 사회의 전통적 가치와 이상(理想)을 대표한다. 그 기능은 원초아의 충동을 억제하고, 자아가 현실적인 목표대신 도덕적인 목표를 가지며 완전을 위해 노력하도록 설득하는 것이다. 그래서 초자아는 부모와 사회기준의 내면화로서 심리적인 보상과 처벌에 관련된다. 보상은 긍지와 자애감정이며 처벌은 죄책감과 열등감의 감정이다.

2) 의식과 무의식

Freud의 가장 위대한 공헌이라면 무의식의 개념과 의식의 단층들에 관한 것으로 이들은 행동과 성격의 문제를 이해하는 데 열쇠가 된다. 무의식은 직접 연구할 수 없으며 행동으로부터 추리된다. 무의식 개념을 정립할 수 있는 임상학적 증거는 다음의 내용을 포함한다.

a) 무의식적 욕구, 염원 갈등들의 상징적 표현인 꿈
b) 아주 익숙한 이름을 잊어버리는 것과 같은 망각과 실언
c) 암시로 인한 최면 후의 행동(post-hypnotic suggestions)
d) 자유연상법으로부터 연상된 자료

Freud에 있어서 의식은 정신 총체의 한 엷은 조각이다. 마치 수면 아래에 있는 빙산의 큰 부분처럼 정신의 더 큰 부분은 의식의 표면 아래에 존재한다. 자각할 수 없는 무의식은 모든 경험, 기억 그리고 억압된 재료들을 저장한다. 접근할 수 없는, 즉-자각할 수 없는-욕구와 동기들은 또한 통제영역 밖에 존재한다. Freud는 대부분의 심리

적 기능은 자가의 바깥영역에 존재한다고 믿었다. 그러므로 정신분석학적 요법의 목적은 무의식적 동기를 의식화하는 것이다. 왜냐하면 사람은 동기를 의식할 수 있을 때만이 선택을 행사할 수 있기 때문이다. 무의식의 역할을 이해하는 것은 정신분석학적 행동유형의 본질을 파악하는 데 있어서 주요하다. 무의식은 비록 자각할 수는 없다 해도 행동에 영향을 준다. 무의식의 과정은 노이로제 증상과 모든 행동 형태의 근원이다. 이러한 견지에서 치유(治癒)는 건전한 기능을 방해하는 증상의 의미, 행동의 원인, 억압된 요소들을 밝혀 내는 것들로 이루어진다.

3) 불안

불안은 정신분석학적 인간관을 이해하기 위한 필수적인 개념이다. 불안은 무엇을 하기 위해 동기를 유발하는 긴장상태를 말한다. 그 기능은 절박한 위험을 경고하는 것, 즉 적당한 대책 없이는 자아가 전복될 때까지 위험은 증가될 것이라는 것을 자아에게 알리는 것이다. 자아가 이성적이거나 직접적인 방법으로 불안을 조절할 수 없을 때 자아는 비현실적인 방법에 의존하게 되는데 이것은 다음에 나오는 자아방어 지향적인 행동이다.

불안에는 세 가지 종류가 있는데 현실적인 것, 신경증적인 것, 그리고 도덕적인 것이다. 현실불안은 외부세계로부터 오는 위험에 대한 두려움이다. 그리고 불안의 정도는 실제위협에 대한 두려움의 정도에 비례한다. 신경증 불안은 본능이 통제되지 않아 개인이 벌을 받을 어떤 일을 하게끔 하는 것에 대한 두려움이다. 도덕적 불안은 자신의 양심에 대한 두려움이다. 잘 발달된 양심을 가진 사람은 그가 자신의 도덕률에 위배되는 일을 할 때 죄책감을 느끼게 된다.

4) 자아방어 기제

상담자가 저항이나 방어문제를 다룰 때 일반적인 자아방어의 성질과 기능을 이해하는 것은 필수적이다. 자아방어 기제는 개인이 불안에 대처하는 것을 돕고 상처입은 자아를 방어해 준다. 자아방어 기제들은 반드시 병적인 것은 아니며 만일 직면한 현실을 회피하기 위한 생활 양식이 되지 않는다면 적절한 가치를 지닌 것이 된다. 개인이 구사하는 방어기제는 개인의 발달수준과 불안정도 여하에 달려있다. 방어기제는 두가지 공통적인 특성을 갖는데 현실을 거부하거나 왜곡시키는 것과 무의식의 수준에서 작용하는 것이다. 몇 가지 일반적인 자아방어 기제를 간단히 언급하자면 다음과 같다.

① **부정**(Denial): 위협적인 현실에 대하여 "눈 감음"으로써 불안에 대항하여 방어하는 것이다. 이것은 사람이 불안을 야기시키는 현실의 어떤 국면을 실제로 수용하기를 거부하는 것이다. 사랑하는 사람의 죽음에 대한 불안은 가끔 죽음의 사실을 부인하는 것으로 나타난다. 전쟁이나 그 밖의 재난과 같이 비참한 사건들처럼 흔히 수용하기에는 너무나 고통스러운 현실에 대해 사람들은 스스로 눈가림을 하는 경향이 있다.

② **투사**(Projection): 자신이 수용할 수 없는 특성들을 타인에게 돌리는 것이다. 사람은 자신이 싫어하고 수용할 수 없는 것들을 다른 사람에게서 본다. 그래서 인간은 타인의 "죄의 길"을 비난하고 그런 악한 충동을 가진 것을 부인한다. 악하다고 생

각되는 자신의 충동을 인식하므로 수반되는 고통을 피하기 위해 인간은 이 현실로부터 자신을 분리시킨다.

③ **고착화**(Fixation): 다음 단계를 밟는 것이 불안으로 가득차 한 발달단계에만 집착하게 되는 것이다. 과도하게 의존적인 어린이는 고착형태로서 방어를 나타낸다. 즉 불안이 자립성을 학습하지 못하도록 방해한다.

④ **퇴행**(Regression): 요구가 그다지 많지 않은 초기발달단계로 후퇴하는 것이다. 예를 들면, 학교에서 어린이가 공포감을 느낄 때는 운다든지, 손가락을 빤다든지, 숨는다든지 교사에게 매달리는 것과 같은 유아의 행동에 빠지게 된다. 또한 가정에서 새 아이가 태어나면 어린이는 성숙지 못한 행동형태로 되돌아갈 수도 있는 것이다.

⑤ **합리화**(Rationalization): 상처받은 자아를 교묘히 변명하기 위하여 좋은 구실을 만드는 것이다. 또는 어떤 실망되는 현실에 그다지 큰 상처를 입지 않기 위한 자아기만이다. 예를 들면 사람들이 직장에서 자기가 신청한 지위를 확보치 못했을 때 실은 그 지위를 얻지 못해서 기쁘다는 온갖 구실들을 종종 늘어 놓거나 또는 실연당한 어떤 사람이 사실은 그 상대방이 별스러운 존재가 아니었으며 마침 그 사람을 차버리려고 하던 참이라고 스스로를 설득시킴으로 상처입은 자아를 달래려 하는 것 등이다.

⑥ **승화**(Sublimation): 차원이 높고 사회적으로 수용되는 돌파구를 사용하여 원초적인 충동을 발산하는 것이다. 예를 들면 공격적인 충동을 사회적으로 인정되는 경재적인 운동활동을 통해 발산시킴으로 공격적인 감정을 표출하는 방법을 발견하게

되고 운동시합에서 우수한 성적을 냄으로써 부수적인 보너스로 종종 상까지 받기도 하는 것이다.

⑦ **대치**(Displacement): 원래의 사물이나 사람을 취득하기 어려울 때 다른 사물이나 사람에게로 에너지가 향하는 것이다. 즉 화가 난 어떤 아이가 부모에게 화풀이를 하고 싶으나 더 안전한 목표인 동생이나 만일 동생이 없을 경우에는 집에서 키우는 동물을 걷어 차는 것이다.

⑧ **억압**(Repression): 위협적인 충동과 생각으로 압도당할 때 자아를 방어하는 데 가장 기본적으로 사용하며 신경증적 장애의 기초가 된다. 외상(外傷) 또는 불안을 자극하는 내용을 망각하는 것이기도 하며 수용할 수 없는 현실을 무의식 속으로 밀어 넣거나 고통스러운 사실을 의식화하지 않도록 하는 것이다.

⑨ **반동 형성**(Reaction-Formation): 무의식적 염원에 정반대되는 행동을 하는 것으로 더 깊은 감정이 위협을 받을 때 이런 감정을 부인하기 위해 반대되는 행동으로 은폐하는 것이다. 예를 들면 아이를 내쫓고 싶은 감정을 가진 부모가 죄책감 때문에 그 아이를 과잉보호하고 지나치게 사랑하게 될 수도 있으며, 지나치게 친절하고 상냥한 사람의 경우, 억압된 증오심과 부정적인 감정을 숨기고 있는지도 모른다.

3 상담과정

1) 상담의 목표

정신분석적 상담의 목표는 내담자의 무의식을 의식화함으로 그의 성격구조를 재형성시키는 것이다. 상담과정은 유아기 경험을 재생시키는 데 초점을 둔다. 과거의 경험은 성격의 재구성을 위한 목적으로 재구성되고, 논의되고, 분석되며 해석된다. 정신분석적 상담은 무의식을 알도록 하는 정의적(情意的) 차원을 강조한다.

2) 상담자의 기능과 역할

정신분석학의 특성은 상담자가 내담자에게 자신의 감정이나 경험을 거의 나누지 않기 때문에 주로 내담자가 상담자에게 감정이나 생각을 투사시킨다. 상담을 위한 자료가 되는 것은 내담자가 투영한 것으로 상담자는 이를 해석하고 분석한다.

상담자는 내담자가 자각, 솔직성, 그리고 현실적인 방법으로 불안을 다루며 충돌적이고 비이성적인 행동을 통제하려고 조력하는 데 주로 관심을 기울인다. 상담자는 먼저 내담자와 상담관계를 설정해야 하며 다음으로 경청하고 해석하는 것에 많은 시간을 소요해야 한다. 내담자의 저항에 대해 특별한 주의를 기울여야 하며 내담자가 주로 이야기하는 동안 상담자는 경청하고 어느 시점에서 적당한 해석을 해야 할지를 알아야 한다. 이것의 기능은 무의식적 사실을 발견해 내는 과정을 가속시키려는 데 있다. 상담자는 내담자의 이야기에서 결함과 모순에 유의하며 내담자를 주의깊게 관찰하며 상담자에 대한 내담자의 감정에 관한 단서에 계속 민감해야 한다. 성격 구조와 심리적인 역학관계를 이해하는 맥락 속에서 상담자는 내담자에게 이런 과정들의 의미를 가르쳐 내담자가 자신의 문제에 대하여 통찰력을 갖게 하고 변화하는 방법들에 대한 자각을 증가시키며 그의 인생을 더 합리적으로 통제할 수 있게 하는 것이다.

3) 상담과정에서 내담자의 경험

내담자는 집중적인 장기 상담과정에 자신을 기꺼이 맡길 수 있어야 한다. 전형적으로 내담자는 3년 내지 5년동안 매주 몇 번씩 상담을 받는다. 상담 시간은 보통 한 시간 이상 계속된다. 상담자와 몇 회기의 상담시간을 가진 후 자유연상 활동을 위해 내담자는 편안한 자세를 한다. 그리고 내담자는 마음에 떠오른 것은 무엇이든지 다 말한다. 이 자유연상법의 과정은 "기본 규칙"으로 알려져 있다. 소파에 누워 있는 동안 내담자는 그의 감정, 경험, 연상, 기억, 그리고 환상들을 상담자에게 이야기한다. 소파에 누워있는 것은 내담자의 마음의 반영을 깊게 하고 그의 내적 갈등이나 심리적 산물에 접근하려는 것을 방해할 수 있는 자극을 감소시킨다.

내담자는 상담비, 일정시간의 상담, 집중적인 상담과정에 전력할 것에 대하여 상담자와 합의하며 이야기하는 것에 동의해야 한다. 왜냐하면 내담자의 말은 정신분석학적 상담에 있어서 필수적이기 때문이다. 일반적으로 상담자는 내담자에게 분석기간 동안 생활양식에 근본적인 변화가 없도록 요구한다.

상담기간 동안 내담자는 어떤 단계들을 통해서 진척을 보게 된다. 이 단계들은 상담자와 성장관계를 형성하고 상담위기를 경험하고, 자신의 과거와 무의식에 대한 통찰력을 얻게 되고 저항을 전개시키고, 상담자와 감정전이 관계가 발달되고, 상담이 심화되고, 저항감과 숨겨진 여러 요소들을 "탐색"(working through)하고 상담을 종결시키는 것이다.

4) 상담자와 내담자와의 관계

내담자와 상담자와의 관계는 정신분석적 접근의 핵심인 감정전이 과정으로 개념 지워진다. 감정전이는 내담자가 그에게 영향력을 끼친 사람들과의 과거 관계에서 생겨난 "미결사항"(unfinished business)을 상담자에게 넘기도록 허용한다. 상담과정은 내담자의 과거를 재구성하고 재생시키는 것을 포함하며 상담과정에서 유아기의 감정과 갈등은 무의식의 깊은 곳에서부터 표면화 되어진다. 내담자는 감정적으로 퇴행하게 되는데 내담자의 어떤 감정들은 신뢰감 대 불신감, 사랑 대 증오, 독립심 대 의존심, 자율성 대 수치감, 죄책감과 같은 갈등으로부터 발생된다. 감정전이는 내담자가 사랑, 성욕, 적개심, 불안감, 그리고 원한과 관계된 유아기의 강력했던 갈등을 재생시켜 그것들을 재현시키고, 재경험하고, 상담자에게 부속시킬 때 일어난다. 내담자는 상담자를 처벌하고, 요구하며 통제하는 권위자로 보게 된다. 예를 들면, 내담자는 엄하고 사랑없는 부친에 대하여 해결하지 못한 감정을 내담자의 눈에 엄하고 사랑없이 보이게 되는 상담자에게로 전이시킨다. 적대감은 부정적인 감정전이의 결과이지만 내담자는 상담자에 대하여 긍정적인 감정전이, 예를 들면 상담자와 사랑에 빠진다든가 상담자의 양자가 되기를 원한다든가, 혹은 다른 여러 방법으로 전능한 상담자의 사랑, 수용, 그리고 승인을 구하게 되기도 하는 것이다.

효과적인 상담이 되려면 감정전이 관계가 "형성되어져야" 하되 이 형성을 위한 노력과정은 내담자의 과거와 현재의 경험이 병행되는 내용탐색을 포함한다. 내담자에게는 그의 일상생활에서 핵심적인 갈등과 방어들이 나타내는 다양한 방법들을 깨달을 수 있는 많은 기회들이 주어진다. 이 노력과정의 주된 자원은 감정전이 관계로서 이것이 강도 있게 구축되려면 시간이 소요되고, 이 관계를 이해하고 해소하려면 더욱 많은 시간이 요구되므로 이 노력은 전체 상담과정에서 장기간을 요구한다.

만일 상담자가 자신의 갈등으로 파생되는 왜곡된 관념을 발달시킨다면 역감정전이가 일어난다. 이것은 싫어하는 감정이나 과잉애착 또는 과잉관여로 구성될 수 있다. 역감정전이는 분석적 진척을 방해할 수 있다. 왜냐하면 상담자 자신의 반응과 문제가 내담자를 다루는 길을 막을 수 있기 때문이다. 상담자는 내담자를 향한 자신의 감정을 자각하여 그 방해효력을 경계해야 한다. 상담자는 내담자의 분노, 사랑, 아첨, 비판, 그 외 강력한 감정들을 받을 때 비교적 객관적이 되어야 한다. 상담자도 인간이며 무의식적 영향과 비해결된 문제의 영향을 받게 되므로 역감정전이는 상담관계에서 불가피한 부분으로 보아진다. 대개의 정신분석 훈련 프로그램에서 상담자 후보자는 내담자로서 자신에 대한 집중적인 분석과정을 겪게 된다. 상담자는 자신의 주된 갈등을 해결해서 자신의 욕구와 문제를 상담상황으로부터 분리시킬 수 있을 정도로 발전되었다고 보아진다. 만일 상담자가 불가피한 역감정전이를 해소할 수 있는 능력이 없다면 개인적인 분석을 더 계속하도록 요구된다.

상담관계, 특히 감정전이 상황에서 노력의 결과로써 내담자는 자신의 무의식적인 심리역학을 통찰할 수 있게 된다. 억압된 욕구에 대한 자각과 통찰은 성장과정의 기초가 된다. 내담자는 자신의 과거경험과 현재생활 사이의 관련성을 이해할 수 있게 된다. 정신분석학적 상담이론은 이런 자각이 자동적으로 내담자의 상태를 변화시킬 수 있다고 생각한다.

인간중심 상담이론

학습목표

1. 인간중심 상담이론의 인간관을 이해할 수 있다.
2. 인간중심 상담이론의 주요특징을 설명할 수 있다.
3. 인간중심 상담이론의 상담과정을 파악할 수 있다.

주요 핵심어

• Rogers • 신뢰감 • 공감적 이해 • 진실성 • 무조건적 긍정적 수용

1 인간관

인간성에 관한 인간중심 이론의 견해는 인간이 근본적으로 부정적인 경향을 가졌다는 개념을 부정하고 있다. 어떤 견해들은 만약 인간이 사회화되지 않는다면, 인간은 본성적으로 자신과 타인에게 비합리적이며 파괴적이라 가정하는 반면에, Rogers는 인간에 대해서 깊은 신뢰를 보여준다. 그는 인간은 완전히 기능을 발휘하려고 노력하며 바로 그 중심에 적극적인 선(善)을 가짐으로써 사회화되고 발전해 나가는 존재로 보고 있다. 간단히 말하면, 인간은 신뢰할 가치가 있으며 근본적으로 협동적이며 건설적이기 때문에 공격적인 충동을 단속할 필요가 없다는 것이다.

이러한 인간성에 대한 긍정적인 견해는 내담자 중심 요법을 시행하는데 중요한 의미를 갖는다. "인간은 부적응으로부터 건강한 심리적 상태로 나아가는 내재적인 능력을 가지고 있다"라는 철학적 견해 때문에 상담자는 상담과정의 일차적인 책임을 내담자에게 둔다. 인간중심 상담이론에서는 가장 잘 아는 권위자로서의 상담자라는 개념과 단지 상담자의 지시만을 따르는 수동적인 환자로서 내담자라는 개념도 거부한다. 따라서 상담은 내담자의 자각력과 결단력에 근거를 둔다.

2 인간중심 상담이론의 특징

Rogers는 인간중심 상담이론에 대해 상담을 위한 고정적이고 완성된 이론으로 제시하지는 않는다. 그는 다른 사람들이 그의 이론을 확고부동한 이론이나 법칙으로서가 아니라 상담과정이 어떻게 발전하는가에 대한 일련의 잠정적인 원리로서 보기를 원했다. Rogers(1974)는 다른 이론과 인간중심 상담이론을 구별하는 특징을 묘사했는데 그것은 다음과 같다.

인간중심 상담이론은 현실에 좀 더 완전하게 맞설 수 있는 내담자의 능력과 책임감에 중점을 둔다. 자신을 가장 잘 아는 내담자는 자신에게 더 타당한 행동을 선택할 수 있다.

인간중심 상담이론은 내담자의 현상적인 세계를 강조한다. 정확한 공감과 내담자의 내적 준거를 이해하려고 노력하는 것으로, 상담자는 주로 내담자의 자아 인식과 세계에 대한 인지에 관심을 둔다.

이와 같은 심리요법의 원리들은 모든 사람, 즉 "정상적인 사람", "신경증적인 사람", "정신질환을 진단받은 사람"에게 모두 적용된다. 심리적 성숙성을 향한 충동은 인간 본성에 깊히 뿌리 박고 있다는 개념에 근거가 인간중심 상담이론 원칙은 심리적인 부적응의 정도가 심한 사람 뿐만 아니라 비교적 정상적인 수준에서 기능을 발휘하는 사람들에게도 적용된다.

인간중심 상담이론에 따르면, 심리요법은 모든 건설적인 인간관계의 단 하나의 본보기에 불과하다. 내담자가 혼자서 할 수 없는 것을 할 수 있도록 도와주는 상담자과의 관계 속에서 또한 그 관계를 통하여 치유적인 성장을 경험한다. 이것은 수용적이고 공감적인 상담자와의 관계 속에서 가능한 것이다.

Rogers는 상담자의 속성으로서 진실성, 소유욕이 없는 온정과 수용성, 그리고 정확한 공감과 같은 태도들은 내담자에게 일어나는 상담의 효과를 위한 필요 충분 조건이 된다. 인간중심 상담이론에서 상담자는 내담자와의 관계에서 지금–여기(here-now)서의 경험에 초점을 둔다.

아마 인간중심 상담이론은 심리 요법에 대한 다른 어떠한 접근방법보다도 상담과정에 대한 연구와 결과에 관한 연구를 통하여 발전되어 왔다고 볼 수 있을 것이다. 이 이론은 고정된 것이 아니라 상담관찰의 수 많은 연륜을 거듭하여 자라 왔으며, 인간 본성과 상담과정에 대한 이해를 증진시키는 새로운 연구결과로서 계속 변화될 것이다.

그러므로, 인간중심 상담이론은 일련의 기법도 아니고 확정된 이론도 아니다. 상담자가 보여주는 일련의 태도와 신념에 기초하며 상담자와 내담자가 그들의 인간성을 보여주며 성장 경험에 참여하는 것을 중요시한다.

3 상담과정

1) 상담의 목표

Rogers(1961)에 따르면, '내가 누구냐?'라는 질문이 대부분의 사람들에게 심리요법을 받게 한다. 사람들은 '내가 나의 참다운 자아를 어떻게 발견할 수 있을까? 나는 내가 진심으로 되고자 원하는 바대로 될 수 있을까? 나는 어떻게 나의 겉사람의 배후에 있는 것을 파악하고 자아로 되돌아 갈 수 있을까?'라는 질문을 추구하는 듯하다고 한다.

상담의 기본적 목적은 개인인 완전한 기능을 발휘하는 사람이 되도록 도와줄 수 있는 환경을 제공하는 것이다. Rogers(1961)는 자기실현을 위해 나아가는 사람의 특성을 다음과 같이 서술하였다.

① **경험에 대한 개방성**: 내적, 외적인 모든 감각과 느낌이 왜곡되거나 장애를 받지 않고 유기체의 신경계에 전달된다. 완전히 기능하는 사람은 갖가지 긍정적, 부정적인 정서들을 보다 더 강렬하게 경험한다는 점에서 방어적인 사람보다 더 '정서적인 사람'으로 묘사될 수 있다.

② **실존적인 삶**: 존재하는 어느 순간에서나 충분한 삶을 영위한다. 모든 경험은 이전에는 결코 비슷한 방법으로 존재하지 않았던 것처럼 새롭고 신선하게 느껴진다. 건강한 성격은 순간에 일어나는 모든 것을 쉽게 받아들이며, 각각의 경험 속에서 다음에 올 경험에 부응할 수 있다.

③ **자신의 유기체에 대한 신뢰**: 유기체적 감각 전체의 느낌을 믿고 이에 따른다. 건강한 사람은 경험에 대해 완전히 개방되어 있기 때문에 결정을 내려야 하는 상황에서 유용한 모든 정보에 접근할 수 있다. 모든 관련된 요소들이 신중하게 고려되어 그 상황의 모든 측면을 가장 잘 만족시키는 결정에 도달한다.

④ **자유 의식**: 심리적으로 건강한 사람일수록 선택과 행동에 더 많은 자유를 누린다. 건강한 사람은 사고와 행동의 대안들 중에서 제약이나 금지 없이 자유롭게 선택할 수 있다.

⑤ **창조성**: 모든 경험에 개방하고 자신의 유기체성을 신뢰하며 결정이나 행동에 융통성이 있는 사람은 매우 창조적이다. 건강한 사람은 자기 실존의 모든 영역에서 독창적 사고를 하고 창의적으로 자신의 삶을 표현한다. 또한 자신의 행동에 자발적이며 자기를 둘러싼 풍요로운 삶의 작용에 반응하여 변화하고 성장하고 발달한다.

이제까지 서술된 상담 목표는 상담이 진행되는 방향을 이해하기 위한 일반적인 토대를 제공하는 보편적인 것이었다. 인간중심 상담이론에서 상담자는 내담자를 위하여 특수한 목표를 선택하지 않으며, 내담자 중심적인 이론의 초석이 되는 것은 내담자 자신이 목표를 설정하고 명백히 하는 능력을 가진다는 것이다. 그러나, 많은 상담자들은 상담에 있어서 내담자 스스로가 그의 특수한 목표를 결정하도록 하는 것이 어려움을 경험하게 될 것이다. 내담자 그들 자신의 방향을 발견하는 개념에 대하여 말만 하는 것은 쉽지만, 내담자가 자기 자신에게 경청하고 그들 자신의 지시를 따르도록 격려하는 것—특별히 상담자가 원하지 않는 선택을 내담자가 했을 때—은 내담자에게 대한 상당한 존경심과 상담자 자신의 용기를 필요하게 된다.

2) 상담자의 기능과 역할

인간중심 이론은 상담의 지식, 이론, 기법보다도 상담자의 태도가 내담자에게 성격 변화를 일으키게 한다는 것을 지적하고 있다. 기본적으로 상담자는 그 자신을 변화의 도구로써 활용해야 하며, 내담자와 개인 대 개인의 수준에서 만나게 될 때 그의 "역할"은 역할 없는 그 무엇이 되어야 한다. 상담자의 기능은 연속적인 과정을 따라서 내담자의 성장을 촉진시키는 상담 분위기를 조성하는 것이다.

이처럼, 인간중심 상담자는 자각하기를 거부당했거나 곡해된 내담자의 생의 영역을 탐구하기에 필요한 자유를 내담자가 경험할 수 있도록 도와주는 관계를 조성하여야 하며 그 속에서 내담자는 덜 방어적이 되며 그 자신과 세계속에 있는 가능성에 대하여 더 개방적이 된다.

가장 우선적이며 중요한 것은, 상담자는 내담자와의 관계에 있어서 기꺼이 진실해지려고 해야 한다는 것이다. 편견된 진단의 범주 속에서 내담자를 이해하려는 대신에 상담자는 경험의 기초가 되는 순간순간에서 내담자와 만나 내담자의 세계에 들어감으로써 내담자를 돕는다. 상담자의 진지한 배려, 수용성, 그리고 이해하려는 태도를 통하여 내담자는 그의 방어적인 태도와 고정된 인식을 버리고, 개인의 기능을 좀더 높은 수준에서 발휘할 수 있는 방향으로 나아가게 된다.

3) 상담에 있어서 내담자의 경험

인간중심 이론에서 상담의 변화는 상담에 있어서 내담자의 경험과 상담자의 기본적 태도에 대한 내담자의 경험과 상담자의 기본적 태도에 대한 내담자의 인식에 좌우된다. 만약 상담자가 자아탐색에 도움이 되는 분위기를 조성한다면, 내담자는 상담 초기에 그의 자각에 의하여 부인된 많은 감정을 경험하고 탐색하는 기회를 가지게 될 것이다. 아래의 문장은 상담에 있어서 내담자의 경험에 대한 일반적인 개요이다.

내담자는 불일치의 상태에서 상담자에게 찾아온다. 즉, 불일치성은 내담자의 자아인식과 현실에 있어서의 경험 사이에 존재한다. 예를 들면, 어떤 대학생에 장차 의사가 되기를 희망하고 있다. 그러나 학교 성적의 대부분이 평균 이하이기 때문에 의과대학에 들어갈 수 없다. 내담자는 자신을 어떻게 보이기를 원하느냐(이상적인 자아개념)와 그의 학교 성적이 나쁘다는 현실 사이의 불일치로 불안과 갈등을 경험할 수 있으며, 그것이 상담을 받기에 필요한 동기를 제공할 수도 있다. 내담자는 자신에게 문제가 있다는 사실과 또는 적어도 변화를 위한 가능성을 탐색하기 원하는 그의 현재 심리적 적응에 충분히 불안을 느끼고 있다는 사실을 인식해야 한다.

내담자는 상담을 시작할 때 자신의 고민에 대하여 상담자가 해답과 지시를 제공해 주기를 기대하거나, 마술적인 해결을 제공하는 전문가로 보려고 할 것이다. 내담자가 상담을 받고자 하는 이유 중의 하나는 무력함과 무기력함의 느낌과 결단을 내리거나 효율적으로 그들 자신의 생을 지시할 수 없는 무능함 때문일 수 있다. 내담자는 상담자의 가르침을 통하여 그 "길"을 발견하고자 할 것이다. 그러나, 인간 중심 이론의 체계 속에서는 내담자가 상담자와의 관계에 있어서 자기 자신이 책임을 져야한다는 것을 곧 이해하게 되며, 자신을 더 잘 이해하기 위하여 이 관계를 활용함으로써 더욱 더 자유롭게 될 수 있다는 것을 알게 된다.

상담의 초기단계에서 전형적으로 나타날 수 있는 내담자의 행동과 감정을 제시하면, 고정된 신념과 태도, 많은 내적인 갈등, 중심성의 결여, 자신의 감정을 그대로 느끼지 못하는 것, 자아의 더 깊은 부분과 소통하지 않으려는 마음, 친밀성에 대한 두려움, 자아에 대한 근본적인 불신, 분열감, 감정과 문제를 외면화하려는 경향 등으로 특징지워질 수 있다. 상담자에 의해서 조성된 치유적 분위기 즉, 안전하고 신뢰할 수 있는 환경 속에서 내담자는 그의 개인적인 세계의 숨겨진 부분을 탐색해 볼 수 있다. 상담자 자신의 진실성, 내담자의 감정을 조건없이 받아들이려는 수용성 등은 내담자가 점차적으로 방어하는 자의 위치에서 탈피하여 문제 타결을 위해 맞설 수 있게 할 것이다.

상담이 진행됨으로써 내담자는 그의 감정의 범위를 더욱 폭넓게 탐색할 수 있다. 이제 내담자는 두려움, 불안, 죄책감, 수치심, 증오, 분노, 그리고 너무나 부정적으로 보았으므로 자아 구조 속에 수용하거나 결합할 수 없었던 다른 감정들을 표현할 수 있게 된다. 이제 내담자는 압박감을 덜 받게 되며, 덜 왜곡하며, 그리고 자아에 관계된 모순과 혼동의 느낌을 수용하고 통합하려는 방향으로 더 나아가게 된다. 점점 내담자는 부정적이거나 긍정적이거나 간에 숨겨져 왔던 자아의 국면을 발견한다. 내담자는 모든 경험에 더욱 개방적으로 되고 덜 방어적이 되며, 순간에 느끼는 감정에 보다 더 접촉하게 되고, 과거에 덜 얽매이게 되고 덜 결정론적이며, 더 자유롭게 결단을 내리게 되고 점점 자신의 생을 효율적으로 다스리는데 자신을 믿는 방향으로 나아간다. 이러한 상담과정을 통하여 내담자가 경험하는 것은 자신을 심리적인 감옥에 가두었던 결정론적인 속박을 벗어버리는 것과 같은 것이다. 점차 증대되는 자유로 내담자는 심리적으로 더욱 성숙되고 더욱 자기 실현화되어 갈 것이다.

4) 상담자와 내담자의 관계

Rogers(1961)는 인간중심 상담이론의 기본적 가설을 한 문장으로 요약하였다. "만약 내가 어떤 형태의 관계를 제시할 수 있다면 상대자는 성장과 변화를 위하여 그 관계를 활용할 능력을 그 자신 속에서 발견할 것이며, 그리고 개인적 발전이 일어나게 될 것이다". 또 Rogers는 더 나아가서 "중요한 긍정적인 인격의 변화는 관계 상황이외에서는 일어나지 않는다"라고 가정하였다.

상담관계의 특징은 무엇인가? 내담자가 인격변화를 일으키는 데 필요한 자유를 경험하기에 적당한 심리적 분위기 조성을 위해 도움이 되는 내담자 중심 상담자의 결정적인 태도는 무엇인가? Rogers(1967)에 따르면, 다음의 여섯 가지 조건이 내담자의 성격 변화를 일으키는 필요충분조건이라고 한다.

① 상담자와 내담자는 유대관계를 통하여 래포를 형성한다.
② 우리가 내담자라고 부르는 첫 번째 사람은 불일치의 상태에 있고 상처받기 쉽고 불안한 상태에 있다.
③ 우리가 상담자라고 부르는 두 번째 사람은 두 사람의 관계에 있어서 일치성이 있거나 통합되어 있다.
④ 상담자는 내담자에 대하여 무조건적인 적극적 관심을 표현한다.
⑤ 상담자는 내담자의 내적 준거에 대하여 공감적 이해를 경험한다. 그리고 내담자에게 이러한 경험을 전달하려고 노력한다.
⑥ 상담자가 내담자에게 전달하는 공감적 이해와 무조건적인 적극적 관심은 상담에 있어 최소한의 결과물이 된다.

Rogers는 이 외의 다른 어떤 조건도 필요치 않다고 가정하였다. 만약에 이 여섯 가지의 조건이 어떤 기간동안 존재한다면 건설적인 성격 변화가 일어날 것이다. 이 조건들은 내담자의 유형에 따라 변하는 것이 아니며, 더욱이 그것들은 다른 상담이론적 접근에 필요 충분하며, 모든 개인적 관계에도 적용된다. 상담자는 어떤 전문화된 지식을 가질 필요는 없다. 정확한 심리적 진단은 필요하지 않으며, 그것이 효율적인 심리 상담을 저해하는 경우가 더 빈번하다. Rogers는 그의 이론이 충격적이며 급진적이라는 것을 인정하였다. 그의 이론은 그 당시 대단한 논쟁을 일으켰다. 왜냐하면, Rogers는 다른 상담자들이 일반적으로 효율적인 심리치료에 필요한 것으로 간주하는 많은 조건들을 필수적이 아닌 것으로 주장하였기 때문이다.

상담 관계의 핵심 부분을 이루는 상담자의 세 가지 인격적인 특성 또는 태도는 일치성 혹은 진실성, 무조건적 적극적 관심, 정확한 공감적 이해이다.

(1) 일치성 혹은 진실성

Rogers의 최근 저서에 따르면, 세 가지 특성 가운데서 일치성이 가장 중요하다. 일치성은 상담자가 진실하다는 것을 뜻하는데, 즉 상담할 동안에 상담자는 진지하고 완전하고 신뢰할 만하다는 것이다. 그는 거짓된 태도가 없고, 그의 내면적 경험과 그 경험의 외면적 표현은 일치하며, 내담자와의 관계에 있어서 일어나는 감정과 태도를 솔직히 표현할 수 있다. 진지한 상담자는 자발적이며, 부정적이거나 긍정적이거나 간에 그에게 나타나는 감정이나 태도에 솔직하다. 부정적인 어떤 감정을 표현(그리고 수용)함으로써 상담자는 내담자와의 정직한 대화를 촉진할 수 있다. 개인 대 개인의 관계를 통하여 상담자는 내담자의 성장뿐만 아니라 자신의 성장과 자기 실현화에 대하여도 노력한다. 진실성을 통하여 상담자는 좀 더 큰 진실성에 대해 투쟁하는 인간의 본보기 역할을 한다. 일치의 상태는 상담 관계에서 상담자가 화내고, 실패하고, 좋아하고, 매력이 있고, 관심을 가지고, 싫증나고, 귀찮게 구는 것 등 다른 여러 종류의 감정을 표현하는 것을 필요로 하게 될 것이다. 그러나 이것은 상담자가 모든 느낌을 충동적으로 나누어 가져야 한다는 것을 의미하는 것은 아니다. 왜냐하면, 자아 개시는 적절해야 하기 때문이다. 그리고 이것은 상담자가 싫증을 내고 성을 내는 원인이 내담자가 아니란 것을 의미한다. 그러므로 상담자는 그 자신의 감정에 대하여 책임을 져야만 하고, 내담자와 충분히 함께 할 수 있는 능력을 저지하는 완고한 감정이 무엇인지를 탐색해야 한다.

물론 상담의 목표는 상담자가 내담자와 자기자신의 감정을 계속 토론한다는 것은 아니다. 그러나, 내담자 중심 요법은 비조작적이며,

진실한 개인적 관계의 가치성을 강조하고 또한 의미있는 의사소통이 저해될 때 솔직하고 정직한 피드백의 잠재적 가치성도 강조한다. 이 요법은 또한 만약 상담자가 내담자에 대하여 느낀 것과 다른 방법으로 행동할 때 상담은 저해된다는 사실을 강조한다. 그러므로 만약에 상담자가 내담자를 싫어하거나 인정하지도 않으면서 수용하는 것처럼 가장한다면, 상담은 되지 않을 것이다.

상담자의 일치성 개념은 다만 완전히 자아 실현화된 상담자만이 상담에서 효율적일 수 있다는 것을 의미하는 것은 아니다. 상담자도 인간인 이상 그가 완전히 진실한 존재가 되기를 기대할 수 없는 것이다. 내담자 중심요법은 상담자가 내담자와의 관계에서 일치될 때 치유의 과정이 진행될 것을 가상한다. 일치성은 "전부이거나 전혀 아니거나"라는 의미가 아니라 연속선상에 존재한다.

(2) 무조건적 긍정적 관심

상담자가 내담자에게 전달해야 할 두 번째 태도는 내담자를 인격자로서 진심으로 성실하게 대하는 배려이다. 배려한다는 것은 내담자의 감정이나 생각이나 행위의 좋고 나쁨의 평가와 판단에 의하여 혼탁되지 않는다는 점에서 무조건적이다. 상담자는 수용에 있어서 규정을 정하지 않고 내담자를 존중하고 따뜻하게 받아들인다. 이것은 "어떤 때만 당신을 받아들이겠다"가 아닌 "나는 당신 그대로를 받아들이겠다"는 태도이다. 상담자는 내담자의 모습 그대로를 존중한다는 태도로서 의사전달을 하며 내담자가 상담자의 수용을 상실한다는 걱정이나 불안 없이 자유로이 자신의 감정과 경험을 이야기할 수 있도록 한다. 수용은 감정을 가지는 내담자의 권리를 인정하는 것이다. 그러나 모든 행동을 다 인정하는 것은 아니다. 모든 외현적 행동이 인정되거나 수용될 필요는 없기 때문이다.

상담자의 배려가 동정적이어서는 안된다는 사실이 중요하다. 만약 배려하는 것이 상담자 자신이 사랑받고 인정받으려는 필요성에 기인한다면 내담자의 변화는 저해된다. 상담자가 내담자를 더욱 배려하고, 따뜻하게 받아들일수록 내담자의 변화를 일으킬 수 있는 기회는 더욱 많아질 것이다.

(3) 정확한 공감적 이해

상담자의 주요과업 중 하나는 상담기간 중에 순간순간 상호작용을 통해 나타나는 내담자의 경험과 감정을 민감하고 정확하게 이해하는 것이다. 상담자는 내담자의 주관적인 경험, 특히 여기-지금의 경험을 느끼려고 노력한다. 공감적 이해의 목적은 내담자가 자기 자신에게 더욱 밀접히 다가서게 하고, 더욱 깊고 강한 감정을 경험하게 하며 내담자 안에 존재하는 불일치성을 인식하여 해결하도록 격려하는 것이다.

공감적 이해는 상담자가 객관적인 입장에 서서 내담자의 감정 속에 몰입되지 않고 그대로를 느끼는 것을 의미한다. 내담자가 경험하는 세계에서 자유로이 움직이므로 상담자는 내담자가 이미 알고 있는 것에 대한 이해를 전달할 뿐만 아니라 내담자가 단지 희미하게만 알고 있는 경험의 의미도 말할 수 있다. 정확한 공감의 높은 단계는 명백한 감정의 인식을 넘어서 내담자의 덜 분명하거나 덜 명료한 감정까지도 경험하기에 이른다는 사실을 아는 것이 중요하다. 상담자는 부분적으로 인식된 그의 감정에 대해 자각을 확산하도록 내담자를 돕는다.

공감은 단순한 감정의 반영 그 이상의 것이다. 공감은 내담자에게 반영하는 내용 이상의 것이며, 상담자가 일괄적으로 사용하는 인위적 기술 이상의 것이다. 단순한 객관적인 지식이 아니며, "나는 당신의 문제가 무엇인지 안다"라는 것은 내담자에 대한 외부적이고 평가적인 이해이다. 반면에 공감은 내담자와 더불어 내담자에 대한 깊고 주관적인 이해로서 내담자와 개인적 일체감인 것이다. 상담자는 자신의 감정을 내담자의 감정과 같은 것으로 부합시킴으로써 내담자의 주관적인 세계를 이해할 수 있게 된다. 그러나 상담자는 자신의 격리성을 잃지 않아야 한다. Rogers는 상담자가 자신의 정체감을 분리하지 않고 내담자가 현재 보고 느끼는 개인적인 세계를 경험하는 것을 파악할 수 있을 때 건설적인 변화가 일어나기 쉽다는 것을 믿는다. 상담자의 공감 정도가 클수록, 내담자가 발전하는 기회는 더욱 많아질 것이다.

05 행동주의 상담이론

학습목표

1. 행동주의 상담이론의 인간관을 이해할 수 있다.
2. 행동주의 상담이론의 주요특징을 설명할 수 있다.
3. 행동주의 상담이론의 상담과정을 파악할 수 있다.
4. 행동수정기법의 특징을 설명할 수 있다.

주요 핵심어

- Skinner
- 강화
- 이완훈련
- 체계적 둔감법
- 혐오자극
- 토큰법
- 상반행동

1 인간관

행동주의는 인간행동에 대한 과학적인 견해이다. 행동주의 이론의 기본전제는 행동은 질서있고, 방법들과 절차들을 관찰할 수 있는 자료에 한정시키는 것을 포함한다.

인간은 본질적으로 그들의 사회문화적 환경에 의해서 형성되고 결정되어진다. 인간의 모든 행동은 학습된 것이다. 인간성에 대한 행동주의자들의 견해는 인간은 환경에 의해 전적으로 결정되어지는 무기력한 운명론적인 존재로, 또 단순히 반응하는 유기체로 지나치게 간단히 설명됨으로서 자주 왜곡되어진다. 현대 행동주의적 상담은 엄밀히 말한다면 내담자의 선택하는 잠재력의 어떤 기능성까지 배제하는 결정론적이고 기계론적인 접근은 아니다. 다만 "초기 행동주의자들"은 자아결정론의 가능성을 전혀 허용하지 않았다. Nye(1975)는 B.F. Skinner의 "급진적 혹은 극단적인 행동주의"에 대한 논의에서, 이러한 초기 행동주의자들은 인간이 환경적 조건들에 의해서 지배된다는 것을 강조한다고 명백히 지적했다.

그들의 강력한 결정론적인 입장은 관찰할 수 있는 행동패턴의 탐구에 대한 확고한 신념(commitment)과 연결된다. 그들은 학습에 영향을 주는 관찰 가능한 여러 가지 요인들을 상세히 설명하고 인간은 외부의 환경에 의해 지배된다는 주장을 하였다. "초기 행동주의"의 견해에는 인간의 행동이 선택과 자유에 의해 결정된다는 가정을 허용할 여지가 없었다. 초기 행동주의 철학은 인간이 그 자신의 운명을 형성하는 자유행위자라는 개념을 거부하며 객관적인 세계의 과거와 현재의 상황들이 행동을 결정한다고 본다. 즉 환경이 인간 존재의 일차적인 형성자라는 것이다.

초기 행동주의 학자인 John Watson은, 건강한 아이라면 누구라도 환경의 형성을 통하여 그가 원하는 대로 — 의사, 법률가, 예술가, 걸인, 도둑으로 — 만들 수 있다는 것을 주장한 극단적인 행동주의자였다. 그리하여 Watson은 심리학으로부터 의식, 자아 결정론과 같은 개념들 그리고 어떤 다른 주관적 현상들을 배제했고, 관찰할 수 있는 행동조건의 심리학을 구축했다. Marquis(1974)는 행동요법은 인간문제들에 대한 기술적 해결방법을 발견하기 위해 과학적 정보를 적용하는 공학과 같다고 주장했다. 이것은 사람들이 어떻게 학습하며, 그들의 행동을 결정하는 조건이 무엇인가 하는 데 초점을 두게 되는 것이다.

2 주요 특성

다른 상담이론과 대조적으로 행동주의 상담이론은 다음과 같이 특정지워진다. (a) 명백하고 특정한 행동에 초점을 맞추고, (b) 상담목표가 정확하고 명백히 설명되어지며, (c) 특정한 문제에 적합한 독특한 상담과정의 형성과, (d) 상담의 결과에 대한 객관적인 평가를 하는 것이다.

행동주의 상담이론은 일련의 체계적인 개념에 기초하지 않을 뿐 아니라, 잘 발달된 이론에 근거하지도 않는다. 행동주의 이론에는 많은 기법들이 있으나, 개념들은 조금밖에 없다. 이것은 실험들에 기초한 귀납적인 접근이며 실험적인 방법을 상담과정에 적용한다. 상담자는 “이 사람이 변화하고자 하는 특수한 행동이 무엇이며, 그가 학습하기를 원하는 새로운 행동이 무엇인가?" 하는 질문을 할 수 있으며, 이 특수성은 내담자의 행동에 대한 주의깊은 관찰을 불가피하게 한다. 내담자가 변화하고자 원하는 행동은 특수한 것이기 때문에 모호하고 일반적인 서술은 인정되지 않는다. 문제행동은 결정하는 특수한 조건들이 확인되는 것 역시 중요하다. 왜냐하면 새로운 조건들이 행동을 수정하기 위해 형성될 수 있기 때문이다. 상담에서의 중요 관심사는 문제행동을 분리시켜서 그것을 변화시킬 수 있는 방법을 만들어 내는 것이다.

근본적으로 행동주의 상담이론은 부적합한 행동을 제거하고, 새로운 행동을 습득하도록 하기 위해 바람직한 행동을 강화하고 유지시키는 것을 목적으로 한다. 상담목표의 정확한 진술이 명시되며 목표의 일반적 진술은 인정되지 않고, 그 대신 내담자는 그가 변화하고자 하는 문제 행동의 종류에 대해 구체적 방법으로 진술하려 한다. 정확한 상담목표들을 설정한 후 상담자는 이러한 상담목표들을 달성하기 위한 가장 적합한 절차를 선택해야 한다. 여러 가지 다양한 테크닉을 이용할 수 있으며, 이것들은 특수한 문제의 상담에 있어서는 효과성이 다양하다. 예를 들면, 혐오기법(aversion technique)은 충동을 억제하도록 하는데 도움을 주고, 자기표현에 있어서나 개인적인 관계에서 소심한 사람은 자기주장 훈련(assertive training)을 통하여 유익을 얻을 수 있으며, 둔감법은 공포증 상담에 가장 유용할 것이고, 행동리허설(behavior rehearsal)은 새로이 습득한 행동들을 강화하는 데 유용할 수 있으며, 적극적 강화와 결합된 모델링(modeling)은 복합적인 사회행동의 습득에 적합한 것으로 보인다.

3 상담과정

1) 상담의 목표

상담의 목표는 행동주의적 상담에 있어서 중요한 구심적 위치를 차지한다. 상담목표들은 내담자가 선택하는데, 이것은 상담과정의 초기에 명확히 결정되어진다. 상담을 통한 계속적인 평가는 이러한 목표를 어느 정도 효과적으로 성취하였는지를 결정한다. 행동주의적 상담의 일반적인 목표는 학습을 위한 새로운 조건들을 조성해 내는 것이다. 그 이유는 부적합한 행동을 포함한 모든 행동은 학습된다는 데 있다.

행동주의적 상담의 목표들에 대한 몇가지 그릇된 개념들이 있다. 흔히 있는 그릇된 개념 중 하나는 그 목표가 단순히 불안의 증상들을 제거하는 것이라는 것과 또한 이러한 증상들이 제거되어서도 그 근본 원인을 상담하지 않았기 때문에 다시 새로운 증상들이 나타난다는 것이다. 대부분의 행동주의적 상담자들은 그들이 사용하는 접근법이 단순히 증상의 상담라고 생각하지 않았다. 왜냐하면, 그들은 상담자의 임무가 내담자의 부적절한 행동을 제거하고 보다 적절한 행동으로 부적응 행동에 대치하도록 내담자를 도와주는 것이라고 생각하기 때문이다. 상담의 초점은 현재 행동에 영향을 주는 요인에 주어지며 행동을 어떻게 변화시킬까에 주어진다.

또 다른 평범한 그릇된 개념은 내담자의 목표가 행동주의적 상담이론가들에 의해 결정되어지고 강요당한다는 것이다. 이것은 특별히 정신병원과 같은 상황에서라면 일리가 있을지도 모른다. 그러나, 현대 행동주의적 상담이론가들의 뚜렷한 경향은, 내담자가 목표의 선택에 관여하는 방향으로 움직이고 있으며, 상담목표들을 명백히 하고 그 목표들을 달성하기 위해서는 상담자와 내담자와의 좋은 우호관계가 필요한 것으로 보고 있다.

상담목표는 명료하고 구체적이며 이해하기 쉽고 또 내담자와 상담자에 의해 합의된 것이어야 한다. 상담목표를 결정하는 것은 상담자와 내담자 간의 상호협정으로 이루어지는데 이는 상담과정을 안내하는 계약이다. 상담자와 내담자는 상담과정에서 필요에 따라 목표를 변경할 수 있다.

행동주의적 상담자들은 광범위한 일반적 목표는 인정하지 않는다. 어떤 내담자의 상담 목표가 자아실현화에 있다고 가정해보자. 이러한 일반적인 목표는 내담자가 원하는 특수한 행동으로 탈바꿈되어야 하고 내담자가 바라는 특수한 행동으로 분석되므로 상담자와 내담자가 나아가는 방향과 목표에 도달하는 방법을 더 구체적으로 평가할 수 있어야 한다. 예를 들면, 자아실현화와 같은 광범위한 목표는 아래와 같은 몇 개의 좀 더 구체적인 부목표들로 세분화될 수 있다. (1) 적극적 행동이 요구되는 상황에서 내담자가 자신의 생각과 요구들을 좀 더 주장하고 표현할 수 있도록 도와주는 것, (2) 사회활동을 방해하는 비현실적인 공포들을 제거하도록 내담자를 도와주는 것. (3) 내담자가 인생의 중요한 결단을 내리는 것을 방해하는 내적 갈등을 해소시켜주는 것이다.

Krumboltz와 Thoresen은 행동주의 상담의 목표를 설정하는 3가지 기준을 제시하였다. (1) 목표는 내담자가 원하는 목표라야 한다. (2) 상담자는 내담자가 이 목표를 달성하도록 기꺼이 도와주어야 한다. (3) 내담자가 달성한 목표의 정도가 평가 가능해야 한다. 그러나 만약 내담자가 그의 문제를 설명함에 있어서 명확하지 못하고 단지 불분명한 목표만을 제시한다면 어떻게 할 것인가? Krumboltz와 Thoresen은 대부분의 내담자들이 그들의 문제를 간단하고 명료한 용어로 설명하지 않는다는 데 동의한다. 내담자의 관심사에 능동적으로 공감하면서 경청하는 것이 상담자의 업무이다.

상담자는 내담자의 생각과 감정들을 바르게 인식하였는지를 결정하기 위해 자신이 이해한 것을 재고하게 된다. 무엇보다도 상담자는 내담자가 현재 행동하는 방법 대신에, 어떻게 행동하기를 원하는지 방법을 잘 묘사할 수 있도록 도와야 한다. 내담자의 현재생활에서의 특수한 행동들에 초점을 맞춤으로써, 상담자는 내담자의 혼동을 성취가 가능한 구체적인 목표를 바꾸는데 도움을 준다.

2) 상담자의 기능과 역할

행동주의적 상담자는 상담에 있어서 능동적이고 지시적인 역할을 담당해야 한다. 왜냐하면 상담자는 과학적인 지식을, 인간의 문제를 해결하는데 적용하기 때문이다. 바라기는, 행동주의적 상담자는 부적합한 행동을 진단하고 새롭게 개선된 행동으로 인도하는 상담적인 절차를 처방할 때, 전형적으로 교사로서, 지도자로서, 전문가로서의 기능을 해야 한다.

상담과 관련한 연구문헌을 자세히 검토한 결과 Krasner(1967)는 누구를 막론하고 행동주의적 상담자의 역할은, 그의 학설적 입장과는 관계없이 참으로 "강화기계"의 역할이라고 주장했다. 상담자가 진실로 하고 있는 것이 무엇이라고 생각하든 간에 그는 기본적으로 적극적이고 소극적인 사회적 강화를 분배하는 일에 관여하고 있는 것이다. 상담자는 자기 자신을 가치판단에 있어서 중립적이라고 생각할지라도, 그는 내담자의 행동을 직접적으로 간접적으로 형성하게 된다. Krasner(1967)는 "상담자 혹은 영향을 주는 사람이 강화기계라고 보았다. 그는 내담자의 행동이 상담자의 강화 행동에 의해 교묘한 조작을 받게 되는 것이라고 주장하며 이것은 내담자 혹은 상담자가 의식 못하는 사이에 자주 일어난다고 했다. Krasner는 또한 대부분의 상담자들이 행동의 "지배자" 혹은 "조종자"라는 역할에 대하여 불편을 느낄는지 모르나, 이러한 용어는 상담자의 역할을 아래와 같이 표현했다. "상담자는 다른 사람의 행동과 가치관에 영향을 주고 지배할 수 있는 능력을 가지고 있으므로 상담자가 이러한 입장을 인정하지 않고, 계속해서 그의 행동이 그의 내담자에게 영향을 미치는 효과에 대해 무관심한다면 그것은 그 자체가 비윤리적인 것이다".

Goldstein(1972)도 상담자의 역할을 강화물이라고 지적했다. 그에 따르면, "상담자의 역할이란 내담자의 행동을 체계적으로 강화함으로서 사회적으로 적합한 행동으로 발견하게끔 조장하는 것이다". 상담자의 관심, 주의력, 인정(또는 무관심과 불인정)은 내담자의 행동을 강화하는 유력한 것들이다. 이러한 강화물들은 주로 대인관계적인 성질의 것으로서 흔히 상담자가 뚜렷이 의식하지 않고 행하는 언어적 또는 비언어적인 표현도 포함한다. Goldstein은 강화를 통해 내담자의 행동을 통제하는 상담자의 역할은 상담상황의 범위를 넘어, 실세계에서의 내담자 행동에까지도 미쳐야 하는 것이라고 마음의 표현에서 지적했다. "상담자는 내담자가 실제생활상황에서 수행한 어떤 반응들에 대해 보상하기도 하고 또 어떤 반응들에는 벌을 주기도 한다. 이러한 보상들은 인정, 흥미, 그리고 관심 등이며 … 이러한 강화는 내담자가 그의 생활에서 다른 사람에 의해 아직껏 정규적으로 강화받지 못한 행동 혹은 새로운 반응들을 시험해 보는 기간 중에 특히 중요한 것이다". 성공적인 결과를 얻지 못한 이유의 하나는 상담자가 새로이 전개되는 내담자의 행동을 충분히 강화하지 않았기 때문이다.

또 다른 중요한 기능은 상담자의 역할이 내담자의 모델링이 되는 것이다. Bandura(1969)는 직접적인 경험을 통해 일어나는 대부분의 학습 역시 다른 사람의 행동을 관찰함에 의해서 습득되어질 수 있다고 지적하며 내담자가 새로운 행동을 학습할 수 있는 기본과정의 하나가 상담자에 의해 제공된 모방, 혹은 사회적 본보기(modeling)를 통해서라는 점을 밝혔다. 한 인간으로서 상담자는 내담자에게 중요한 본보기 역할이 된다. 내담자는 상담자를 모방할만한 훌륭한 인물로 보기 때문에, 상담자의 태도, 가치관, 신념, 행동들을 가끔 본다기도 한다. 그러므로 상담자는 동일시 과정에서 결정적인 자신의 역할을 잘 자각해야 한다. 상담자가 내담자의 사고방식과 행동방식을 실제로 형성하고 영향을 미치는 힘에 관해 모르고 있다면 상담과정에서 상담자의 사람됨의 중요성이 핵심이 된다는 것을 부정하는 것이 된다.

3) 상담과정에서 내담자의 경험

행동주의 상담이론의 독특한 공헌 중 하나는 상담자가 잘 정의된 역할의 맥락 안에서 잘 정의된 절차의 체계를 사용할 수 있도록 제공한 것이다. 이것은 또한 내담자에게도 잘 정의된 역할을 부여하며, 상담과정에서 내담자의 자각과 참여의 중요성을 강조한다. 내담자는 목표의 선택과 결정에 적극적으로 참여해야 하고 행동을 변화시키려는 동기를 가져야 하며 상담기간과 그의 삶 모두에서 상담활동의 수행에 기꺼이 참여해야 한다.

4) 상담자와 내담자 간의 관계

어떤 비평가들은 상담자와 내담자 간의 관계를 기계적이고 조작적이며 극히 비인간적이라고 특징짓는다. 그러나 이 분야의 다른 학자들은 좋은 인간관계를 맺는 것이 상담과정의 필수요소라고 주장한다.

행동주의적 접근에서 상담자들이 관계 변인에 모두 중요한 역할을 할당하는 것은 아니다. 그러면서도 한편으로 따뜻함, 공감성, 진실성, 수용성 그리고 인정 등을 상담과정에서 일어나는 행동변화를 위한 필수조건으로 생각한다. 유능한 행동주의 상담자는 문제를 행동적으로 개념화하고 변화를 촉진시키는데 있어 내담자와의 관계성을 잘 사용하는 사람이다.

행동주의적 상담에서는 높은 수준의 기술과 감수성 그리고 내담자와의 작업관계를 형성하는 능력을 필요로 한다. 행동주의 상담자는 능동적이고 지시적이며 조언자 또는 문제해결자로서 기능을 하는 경향이다. 왜냐하면 내담자의 자연적 환경에서 행동변화를 이끄는 모델을 쓰기 때문에 개인적으로 내담자를 지지하는 것이 중요하다.

4 적용: 행동수정기법

1) 이완훈련

이완훈련은 사람들에게 일상의 삶에서 만들어지는 스트레스에 대처하는 법을 가르치는 방법으로 신체와 정신의 이완을 목적으로 한다.

기본적으로 이완 절차를 배운 후 내담자는 최대의 효과를 얻기 위해 매일 필수적으로 연습해야 한다.

야콥슨(Jacobson, 1938)은 점진적 이완훈련의 절차를 발달시키는 데 기여하였다. 이것은 그 후 계속 수정되어 왔으며 그 이완절차는 다른 행동기법과 결합되어 사용되고 있다. 이것은 상상적 둔감화 과정과 체계적 둔감화, 주장훈련, 자기관리 프로그램, 녹화된 강의, 최면, 명상 신체의 자발적인 훈련통제 및 자동암시를 통한 상상적 기능 등으로 구성되어 있다.

이완훈련은 스트레스와 불안에 관련된 문제에 많이 적용되며 고혈압, 기타 심장질환의 문제, 편두통, 천식, 그리고 불면증 등에 도움이 된다.

2) 체계적 둔감법

고전적 조건화 이론에 기초한 체계적 둔감법은 월페(Wolpe, 1958)가 제안한 방법으로서 공포와 불안을 없애는 데 쓰인다. 이 방법은 불안과 양립할 수 없는 이완반응을 이끌어 낸 다음 불안을 일으키는 경험을 상상하게 함으로써 불안유발자극의 영향을 약화시키는 방법이다. 그 절차는 첫째, 불안을 유발하는 자극의 위계표를 작성한다. 둘째, 근육이완훈련을 통해 긴장을 이완시키고 즐거운 생각을 하도록 한다. 셋째, 내담자가 눈을 감고 이완된 상태에 도달하면 작성된 불안의 위계표에서 가장 불안을 덜 일으키는 것부터 제시하고, 이것이 극복되면 다음 단계의 불안 유발자극을 제시한다. 이렇게 체계적으로 이완반응 훈련과 불안유발자극 제시의 반복을 통해 불안을 유발하는 자극을 모두 극복해 나가면 이 절차는 끝이 난다.

3) 혐오자극의 제공

혐오자극의 제공은 어떠한 증상이 나타날때마다 혐오스러운 자극을 내담자에게 제공함으로써 문제행동을 약화시키는 방법이다. 예컨대 알콜중독자에게 구토제가 섞인 술을 마시게 함으로써 술병만 보아도 진저리가 나게 만든다든지, 틱증상을 나타내는 사람에게 그 증상을 나타날 때마다 전기 충격을 주어서 그 증상을 감소시켜 나가는 방법 등이 이에 해당한다. 혐오자극의 제공은 벌의 일종이라고 할 수 있다.

4) 토큰법

토큰법은 스키너의 강화원리를 포함하여, 조작적 조건화의 원리를 적용시킨 행동주의 기법이다. 직접적으로 강화인자를 쓰는 대신에 후에 내담자가 원하는 다양한 물건과 교환할 수 있는 토큰을 보상으로 제공하는 것이다. 이 기법은 개인적으로 실시되기보다는 보통 교실에서나 빈둥거리는 청소년들이 있는 가정 그리고 정신과 병동과 같은 집단상황에 적용된다. 토큰법은 토큰이라는 강화인자를 갖고 적응행동을 발달시키려는 목적을 갖고 있다. 때로는 토큰을 뺏음으로써 바람직하지 못한 행동을 소거시키려는 목적으로도 사용된다.

토큰법이 지속적인 효과를 갖기 위해서는 점차로 내적 동기를 증가시키는 방법으로 사용되는 사회적 강화인자(언어적 칭찬 등)로 바뀌어 가야 한다.

5) 상반행동의 조성

상반행동의 조성은 문제행동과 상반되는 긍정적인 행동을 발견해 이를 강화함으로써 문제 행동이 나타날 빈도와 시간을 줄어들게 하며, 궁극적으로 문제행동이 나타나지 않게 하는 방법이다.

06 인지정서행동 상담이론

학습목표

1. 인지정서행동 상담이론의 인간관을 이해할 수 있다.
2. 인지정서행동 상담이론의 특징을 설명할 수 있다.
3. 인지정서행동 상담이론의 상담과정을 파악할 수 있다.

주요 핵심어

- Ellis
- REBT
- A-B-C이론
- 신념
- 통찰

1 인간관

REBT(Rational Emotive Behavior Therapy)는 인간은 합리적이고 올바른 생각과 비합리적이고 삐뚤어진 생각을 할 수 있는 가능성을 갖고 태어난 존재라는 가정에 기초한다. 인간은 본래 자기보존적이고, 행복, 생각하고 말하기, 사랑, 다른 사람과의 대화, 성장과 자기실현의 성향을 지니고 있다.

또한 인간은 자기파괴, 생각의 기피, 꾸물거림, 끊임없는 실수의 반복, 미신적 사고, 성급함, 완전주의와 자기비난, 성장 가능성의 회피 등의 성향도 갖고 있다.

인간은 오류를 잘 범한다는 가정하에 REBT는 내담자에게 그 자신은 실수를 잘하는 창조물임과 동시에 자신과 평화롭게 살 수 있는 방법을 배울 수 있는 존재임을 받아들이도록 도우려 한다. Ellis(1976)는 REBT의 기본 가정들을 다음과 같이 제시하고 있다.

- 사람은 외적 상황에 의해 조건지워지는 존재라기보다는 스스로 장애를 느끼기 때문에 조건지워진다.
- 사람은 이지러진 생각과 불필요한 장애를 스스로 만드는 생물학적이고 문화적인 경향이 있다.
- 사람은 그릇된 신념을 만들고 그것을 계속 유지하려는 유일한 존재이다.
- 사람은 자신의 인지적·정서적·행동적 과정을 변화시킬 수 잇는 능력을 지니고 있다. 즉 인간은 일상적인 행동유형과는 다른 반응을 택할 수 있고 혼란스럽게 되는 것을 거부할 수 있으며 자신의 남은 삶을 최소한 장애없이 지내기 위해 스스로 훈련할

수 있다.

Ellis(1984)는 인간은 자기와 대화할 수 있고(self-talking), 자기를 평가할 수 있으며(self-evaluating), 자기를 유지할 수 있는(self-sustaining) 존재라고 결론지었다. 인간은 단순한 선호(사랑, 인정, 성공에의 소망)에서 정서적·행동적 장애를 일으키며 그것들을 무서운 욕구로 잘못 생각한다. 그는 인간은 선천적으로 성장과 자기실현의 경향성을 타고 나지만, 이런 타고난 경향성이 잘못된 생각이나 학습된 자기패배적 사고유형으로 인해 성장을 거부한다는 것이다.

Ellis(1967)는 프로이드의 정신분석적 접근과 실존적 접근은 인간본성을 잘못 취급하고 있으며 따라서 이런 가정하에 기초한 방법들은 상담과정에 비효과적이고 부적합하다고 주장한다. 그는 인간본성에 관한 프로이드의 관점은 실존적 관점보다 더욱 잘못되었다고 논박한다. 그는 개인은 전적으로 본능에 의해 조종되는 생물학적으로 결정된 동물이 아니라고 주장한다. 오히려 인간은 독특하고 자신의 한계를 이해할 힘을 지녔으며 아동기에 무비판적으로 주입한 기본 관점과 가치를 변화시킬 능력과 자기패배적 경향에 도전할 능력을 갖고 있다고 본다. 인간은 자신의 신념체계에 도전해서 과거와는 다른 신념, 생각, 가치를 스스로 재구성할 수 있다. 그 결과 그들은 과거와는 다른 방식으로 행동하게 될 것이다. 따라서 그들은 새롭게 생각하고 행동하기 때문에 더 이상 과거의 조건에 얽매이는 수동적 희생자가 아니다.

Ellis는 자기실천의 경향을 실존적 관점에서 받아들이지 않았는데 이것은 인간은 어떤 방식으로 행동하려는 강한 본능적 경향성을 가진 생물학적 존재라는 사실 때문이다. 그래서 그는 인간은 일단 어떤 방식으로 생각하고 느끼면 자신의 행동이 자기패배적이라는 것을 알게 되더라도 그런 식으로 계속 행동한다고 주장한다. 그는 수용적이고 온화하며 진실한 상담자와의 실존적 만남이 인간으로 하여금 깊이 각인된 자기패배적인 행동유형에서 벗어나게 해준다는 가정은 옳지 않다고 생각한다.

2 기본 개념들

1) 정서장애에 대한 관점

"비합리적인 사고와 행동"으로 정의되는 신경증은 우리 모두를 어느 정도 괴롭히는 자연적인 인간의 상태이다. 그리고 이 상태는 우리가 다른 사람과 사회에서 살아나가야 하기 때문에 깊이 파묻히게 된다.

정신병리학에서는 원래 아동 자신의 비합리적인 신념이나 미신에 의해서뿐만 아니라 중요한 타인으로부터 비합리적 신념이 학습된다고 한다. 그리고 자기암시와 자기반복의 과정을 통해 그릇된 신념이 강력하게 스며든다. 그러므로 우리 내부에서 살아서 작용하는 기능장애적인 태도들은 부모의 반복적 주입보다는 어린시절에 주입된 그릇된 생각을 우리 스스로가 반복하기 때문인 것이다.

감정은 주로 인간 사고의 산물로 간주된다. 우리가 어떤 것을 나쁘다고 생각하면 우리는 그것에 대해 나쁘다고 느낀다. Ellis(1967)는 "정서적 장애는 장애상태에 있는 개인이 독단적이고 무력하게 믿는 비논리적이며 타당성이 없는 문장이나 의미로 구성되며 자기패배적인 감정을 드러내거나 행동으로 나타낸다"고 주장한다.

REBT에서는 가장 정서적인 장애의 핵심은 비난이라고 주장한다. 그러므로 만약 우리가 신경증이나 정신병을 고치려 한다면 자신이나 남을 비난하는 것을 멈추는 것이 좋다. 우리는 비록 자신이 불완전하다 하더라도 우리 자신을 수용하도록 해야 한다. 불안은 보통 "나는 내 행동이 마음에 안들어서 고치고 싶어" 하는 문장을 마음 속에서 반복하는 데에서 온다. 또는 "내 그릇된 행동과 실수 때문에 나는 타락한 인간이고 비난받아 마땅하며 마땅히 고통을 겪어야 해"라는 자기비난적인 문장을 마음 속에서 반복하는 데에서 온다. REBT에 의하면 이런 불안은 불필요하다. 비합리적 문장은 틀린 것이며 비난은 자신이 만들어 놓은 함정에 스스로 빠지는 것이다.

REBT에서는 사람은 비록 그것이 바람직스럽다 하더라도 인정받고 사랑받는 것이 반드시 필요한 것은 아니라고 주장한다. 상담자는 내담자에게 그가 중요한 타인에게서 인정받지 못하거나 사랑받지 못할 때 상처입지 않고 우울에 빠지지 않을 수 있는지를 가르쳐 준다. REBT에서는 사랑받지 못한 것을 극복하도록 하기 위해 슬픔을 깊이 경험하도록 직면시키며 사람의 마음 깊숙이 자리잡고 있는 우울, 마음의 상처, 자기 가치의 상실 그리고 증오의 모든 감정들을 극복하는 방법을 통해 내담자를 돕는다.

우리가 끊임없이 내면화시켜 자기패배적으로 이끄는 주요 비합리적인 신념들은 다음과 같다.

- 우리는 우리가 아는 중요한 사람들 모두에게서 사랑이나 인정을 받아야 한다.
- 우리는 모든 면에서 유능하고 적합하며 성취적이어야 한다.

- 어떤 사람이 악랄하고 정당하지 못하게 행동한다면 우리는 그를 비난하고 벌주어야 하며 그 사람을 나쁘고 사악하고 썩은 인간이라고 생각해야 한다.
- 우리가 심각하게 좌절되거나 부당하게 대우받거나 또는 거부당할 때 우리는 그것을 파국적인 것으로 보아야 한다.
- 정서적 불행은 외부의 압력에서 오는 것이며 우리는 자신의 감정을 통제하거나 바꿀 능력이 없다.
- 만약 어떤 것이 위험스럽고 두려운 듯하면 우리는 지레 겁을 먹고 불안해져야 한다.
- 자기훈련의 형태로 우리가 직면하는 삶의 어려움이나 책임성을 받아들이는 것보다는 회피하는 것이 훨씬 쉽다.
- 우리의 과거는 모두 중요하며 일단 우리의 삶에 강하게 영향을 주었으므로 현재 우리의 감정을 계속 지배해 나가야 한다.
- 우리의 미래는 현재보다 더 나아야 하므로 만약 우리가 생의 현실에서 훌륭한 문제해결의 방법을 찾지 못한다는 것은 두려운 일이다.
- 우리는 타성에 의해 또는 수동적으로 "자신을 즐기는" 것에 의해 최대의 행복을 맛볼 수 있다(Ellis & Harper, 1975).

2) 성격의 A-B-C 이론

우리가 이미 살펴본 바와 같이 REBT의 기본 주의는 정서장애(슬픔, 후회, 좌절의 감정과는 다른)는 주로 비합리적 사고의 산물이라는 것이다. 비합리적 사고는 전반적으로 "해야 한다", "하지 않으면 안된다"라는 요구에서 온다. REBT의 관점에서 보면 대부분의 상담자들은 마치 아동 초기의 경험을 변화될 수 없는 어떤 것으로 보고 과거사와 사건에

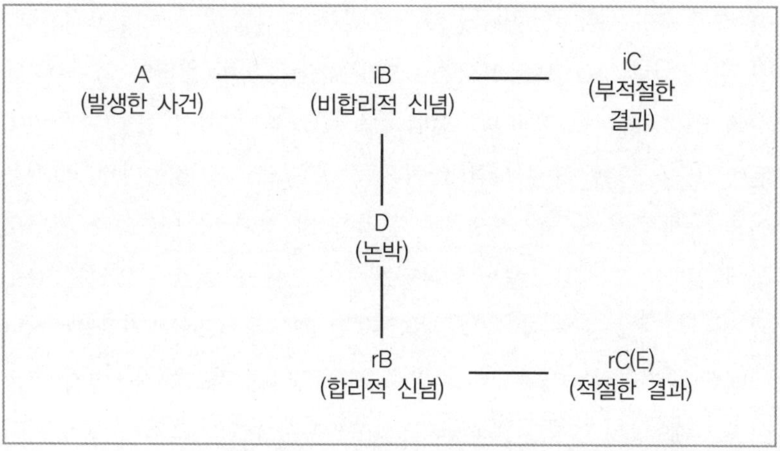

[그림 6-1] A-B-C 이론의 모형

초점을 두는 오류를 범한다는 것이다. 어떤 상담자들은 내담자의 생각과 표현과 감정을 너무 과장해서 보는 오류를 범하고 있다. 또 어떤 상담자는 내담자가 과거 사건과 현재의 감정에서 벗어나도록 추진한다. Ellis는 그런 방법들이 매우 생산적이지 못하다고 보는데 왜냐하면 정서적 결과는 감정이 밀집되어 표출되는 것이므로 쉽게 없어지는 것이 아니기 때문이다. 오히려 내담자와 상담자는 부정적 감정을 일으키는 원인이 되는 비합리적 신념들에 대해 논의해 보아야 한다. 그들은 비합리적이고 미숙하며 요구하기 좋아하고 추상적으로 생각하고 행동하기 때문에, 현실적이고 합리적이며 성숙하고 적절하게 생각하고 행동하는 방식으로 전환하도록 하기 위해 함께 작업한다. 이것은 삶의 상황에서 보다 적절한 반응으로 나타난다. 앞에 제시된 표는 논의되고 있는 다양한 상호작용의 구성요소들을 명확히 해줄 것이다.

성격의 A-B-C 이론은 REBT의 이론과 실제에서 핵심이다. A는 실재하는 사실, 사건, 또는 개인의 행동이나 태도이다. C는 정서·행동적 결과이거나 개인의 반응이다. 이 반응은 적절할 수도 있고 부적절할 수도 있다. A(실재하는 사건)는 C(정서·행동적 결과)의 원인이 아니다. 대신에 B는 A에 대한 개인의 신념으로서 C, 즉 정서적 반응의 원인이 된다. 예를 들어 어떤 사람이 이혼 후에 우울증을 겪는다면, 그것은 이혼 자체가 우울증을 일으키는 원인이 된 것이 아니고 그가 자신의 삶에 실패하고 배우자에게 거부당했으며 사랑을 잃었다고 믿는 잘못된 신념이 우울증을 일이키는 원인이 된 것이다. Ellis는 거부당하거나 실패했다는 신념(B지점에서)이 우울증을 일으키는 것(C지점에서)이지 결코 이혼 당했다는 그 사실 자체(A지점에서)가 우울증을 일으키는 것이 아니라고 주장한다. 따라서 인간은 자신의 정서반응이나 장애에 대해 책임을 져야 한다. 정서장애를 일으키는 직접적 원인이 되는 비합리적 신념을 어떻게 바꿀 수 있는가를 보여 주는 것이 REBT의 핵심이다(Ellis, 1979).

A–B–C의 다음은 D, 즉 논의이다. D는 내담자가 비합리적 신념을 바꾸도록 돕는 과학적 방법을 적용하는 부분이다. 논리적 원리들이 제시되며 이 원리들은 비현실적이고 증명할 수 없는 가설들(그릇된 신념들)을 깨뜨리는 데 사용된다. 이 논리·실증적인 방법은 내담자가 자기파괴적인 사고를 계속하는 것을 포기하도록 도와 준다.

정서장애는 어떻게 길러지나? 이것은 "나는 내 이혼에 대해 전적으로 책임이 있어", "나는 불행하게도 실패했어, 그리고 내가 하는 모든 것은 다 틀렸어"와 같은 비합리적 문장들을 반복하는 데 있다. Ellis는 반복해서 "당신은 당신이 생각하는 대로 느낄 것이다"라고 지적한다. 우울증이나 불안 같은 정서장애는 자기패배적인 신념체계에 의해 영속화된다. 이같은 신념체계는 개인이 과거에 통합했거나 만든 비합리적 생각에 기초한다. 비록 정서장애는 그런 감정들(우울, 불안, 적개심,

두려움 등)을 직접 맞닥뜨려서 제거하거나 수정할 수 있다고 하지만 그(1974)는 또 다음과 같이 첨가하고 있다.

> 내담자들의 정서장애를 변화시키는 데 도움이 되는 가장 빠르고 깊고 그리고 고상하고 지속적인 방법은 그들이 강하게 자신들에게 말하는 것을 명백히 보게 하는 것이다. A(그들의 실재하는 경험들)에 영향을 주는 자극, 즉 신념체계인 B를 보게 하고 어떻게 능동적이고 활발하게 그 비합리적 신념들을 논박(D에서)할 수 있는가를 가르친다.

D 다음으로는 E 또는 논박효과가 되는데 이것은 자기파괴적 생각에서 벗어나 보다 합리적인 인지와 현실적인 생의 철학, 자신과 다른 사람 또는 피할 수 없는 일상사의 좌절에 대해 폭넓은 수용이 이루어지는 단계이다. 물론 이같은 새로운 삶의 철학은 만약 원한다면 실질적인 측면 즉 구체적인 E를 갖게 한다. 그래서 이혼에 대한 우울증으로 자신을 경멸하거나 처벌하는 대신 "내가 결혼생활을 성공적으로 수행하지 못해서 이혼하게 된 것은 매우 유감이다. 그러나 그 대신에 나는 내가 하지 않았던 것, 할 수 없었던 것을 할 수 있게 되기 바란다. 그리고 이혼이 내 삶을 끝장내는 것이 아니기를 바란다. 왜냐하면 우리의 결혼 실패가 곧 내 삶이 실패한 것을 의미하는 것은 아니기 때문에 내 자신을 계속 책망하고 이혼의 책임을 전적으로 내가 수용하는 것은 어리석다"라는 합리적이고 경험적인 결론에 이르게 된다. REBT 이론에 다르면 상담의 결과는 우울증과 자기경멸의 감정이 제거되는 것이다.

요약하면 우리의 성격적인 기능장애를 변화시키기 위한 철학적 재구성은 다음 단계들을 포함한다.

① 자신이 문제를 만든다는 것을 충분히 자각하기
② 이런 장애를 의미있게 변화시킬 수 있는 능력을 자신이 갖고 있다는 생각을 수용하기
③ 정서장애는 비합리적 사고에서 기인된다는 것을 인식하기
④ 이런 비합리적 신념들을 명확히 자각하기
⑤ 격렬한 방법들을 사용하여 이런 어리석은 신념들을 논박하기
⑥ 만약 변화를 원한다면 비합리적 신념들과 그로 인해 생기는 감정과 행동의 장애와 반대되는 방식으로 생각하고 느끼며 행동하는 것이 좋다는 사실을 받아들이기
⑦ 남은 삶에서 부딪히게 될 장애를 변화시키거나 뿌리채 뽑아버리기 위해 REBT 기법을 실행하기(Ellis, 1979).

3 상담의 과정

1) 상담목표

인지정서행동적 상담에 이르는 많은 길들은 하나의 주요한 목표로 인도된다. 즉 "내담자의 핵심적인 자기패배적 신념을 극소화시키고 삶에 대해 보다 현실적이고 너그러운 철학을 갖게 하는 것"(Ellis, 1984)이다. 다른 중요한 목표는 자기의 삶에서 무언가가 잘못되었다는 데 대해 자신이나 다른 사람을 비난하는 경향을 줄이고 미래에 닥쳐올 장

애를 효과적으로 대처하게 하는 것이다.

REBT는 인간의 문제는 철학적인 뿌리를 갖고 있다는 가정에 기초해서 이런 뿌리를 철학적 재평가를 통해 바로잡으려고 한다. 그래서 REBT는 일차적으로 증상 제거를 목표로 하지 않는다. 이것은 주로 개인의 가장 기본적인 신념, 특히 장애를 가져오고 지속시키는 신념들을 검토하고 변화시키려는 의도로 고안되었다. 만약 내담자의 불안이 결혼 실패에 있다면 상담 목표는 그런 불안을 감소시키는 데 있다기보다 오히려 실패를 두려워하는 그의 과장된 신념에 대해 작업하는 데 있다.

다음은 REBT 상담자가 그의 내담자와 함께 작업해야 할 목표들이다.

① **자기에 대한 관심**(self-interest): 자기 자신에게 완전히 빠져버리지 않으면서도 정서적으로 건강한 사람은 자신에게 관심을 가질 수 있다.
② **사회에 대한 관심**(social-interest): 건강한 사람은 소외된 실존을 택하지 않고 사회집단에서 다른 사람과 효과적으로 사는 데 관심을 갖는다.
③ **자기지시**(self-direction): 정서적으로 건강한 사람은 다른 사람과의 행동이나 지지를 좋아할지도 모르지만 그런 지지를 요구하는 것은 아니다. 그들은 자신의 삶에 책임을 느낄 수 있으며 혼자서 자신의 문제를 독립적으로 해결할 수 있다.
④ **관용**(tolerance): 성숙한 개인은 다른 사람이 실수하거나 잘못하는 것을 허용하며 그런 행동을 경멸하지 않는다.
⑤ **유연성**(flexibility): 건강한 사람은 사고가 유연하며, 변화에

개방적이고 다른 사람들에 대해 고집스럽지 않은 관점을 갖고 있다.

⑥ **불확실성의 수용**(acceptance of uncertainly): 성숙한 개인은 자신이 불확실한 세상에 살고 있음을 인식한다. 비록 질서정연함을 좋아하지만 이런 질서나 확실성에 대한 감각을 투덜대며 요구하는 것은 아니다.

⑦ **이행**(commitment): 건강한 개인은 자기 외부의 어떤 일에 생기있게 빠져들 수 있다.

⑧ **과학적 사고**(scientific thinking): 성숙한 개인은 깊이 느끼고 확실하게 행동한다. 그러나 또한 자신과 결과에 대해 반성함으로써 그런 감정과 행동들을 조절해 간다.

⑨ **자기수용**(self-acceptance): 건강한 개인은 그가 살아 있다는 것만으로도 자신을 수용하며 자신의 가치를 외적 성취나 남과의 비교로 평가하지 않는다.

⑩ **반유토피아주의**(nonutopianism): 성숙하고 정서적으로 건강한 사람은 자신이 유토피아적인 실존을 할 수 없다는 사실을 받아들인다. 그는 자신이 얻고자 하는 모든 것들을 다 얻을 수는 없으며 원하지 않는 모든 것들을 다 회피할 수 없다는 것을 인식한다.

2) 상담자의 기능과 역할

위에서 제시한 목표들을 이루기 위해 상담자는 특수한 과제를 가진다. 첫번째 단계는 내담자가 자신의 비합리적인 신념들을 통합하는 것을 내담자에게 보여주는 것이다. 내담자는 합리적인 신념을 자신의 비합리적인 신념에서 분리하는 법을 배운다. 이런 자각을 기르기 위해 상담자는 내담자가 마치 진리인 것처럼 아무 비판없이 받아들인 자기 패배적 선전문구에 도전하도록 돕는 과학자로서 봉사한다. 상담자는 격려하고 설득하며 때로는 역선전을 하는 중개인으로서 내담자가 활동적으로 참여하도록 지시한다.

상담과정의 두 번째 단계에서 내담자는 자각의 단계를 넘어서게 된다. 이것은 내담자가 비합리적으로 생각하고 자기패배적인 의미와 철학을 반복함으로써 장애를 지속시킨다는 것을 보여 준다. 달리 표현하며 내담자는 이런 신념들을 재주입하기 때문에 그의 문제에 책임이 있다는 것이다. 상담자는 단지 그가 비논리적 과정을 밟고 있다는 것을 보여 주는 것만으로는 충분하지 않다. 왜냐하면 내담자는 "나는 이제 내가 실패에 대한 두려움을 갖고 있고 이 두려움이 과장되고 비현실적이라는 것을 안다. 그러나 난 아직도 실패를 두려워하고 있다!"고 말하게 되기 때문이다.

내담자가 단지 비합리적 사고와 감정을 인지하는 것을 넘어서게 하기 위해서 상담자는 다음과 같은 세 번째 단계를 다루어야 한다. 즉 내담자가 자신의 생각을 수정하고 비합리적 사고를 버리도록 도와야 한다. 인지정서행동적 상담에서는 내담자의 비합리적 신념은 너무 깊이 녹아들어가 있어서 내담자 스스로 그것을 변화시키기 어렵다고 본다. 그래서 상담자는 내담자에게 자기비난 과정의 악순환을 이해시켜야 한다.

네 번째이자 마지막 상담과정은 내담자로 하여금 미래에 닥칠 비합리적 신념의 희생자가 되는 것을 피하게 하기 위해 삶에 대한 합리적 철학을 기르도록 돕는 것이다. 단지 특수한 어떤 문제나 증상에만 대처해서는 새로운 비논리적 불안이 일어나지 않게 된다는 보장이 서지 않는다. 그래서 내담자가 내담자의 비합리적 사고의 핵심을 공격하고 내담자에게 합리적 신념과 태도를 어떻게 비합리적인 것에 대치할 수 있는지 가르쳐 주는 것이 바람직하다. 내담자가 보다 더 과학적이고 참을성있게 도리수록 그들의 장애는 점점 더 줄어들 것이다.

REBT의 구조에서 일하는 상담자는 다른 상담자들과 다르게 기능한다. REBT는 인지적이고 지시적인 행동과정이기 때문에 가끔 상담자와 내담자의 관계의 긴밀성을 최소화한다. 상담자는 주로 활활 타오르는 불꽃 같은 교육적 기능을 강조하는 기법을 사용한다. Ellis(1984)는 인지정서행동적 상담자가 하는 역할을 대충 다음과 같이 기술하고 있다.

- 내담자를 대부분의 장애행동에 동기가 되는 기본적인 몇 가지의 비합리적 사고에 고정시킨다.
- 내담자가 그런 자신의 신념들을 확인하도록 도전하게 한다.
- 내담자에게 그의 사고가 비합리적인 본질을 지녔음을 보여 준다.
- 내담자의 비합리적 사고를 공격하기 위해 논리적인 분석을 한다.
- 이런 신념들이 얼마나 비효율적이며 그의 미래에 어떻게 정서적·행동적인 장애를 가져다 주는지를 설명한다.
- 자기파괴적인 감정과 행동으로 이끄는 현재나 장래의 비합리적·비논리적 신념에 대해 어떻게 과학적인 사고방식을 적용하는가를 내담자에게 가르친다.
- 내담자가 자신의 감정에 대해 직접적으로 작업하고 장애에 대처해서 활동하도록 돕기 위해 여러 가지 정서적·행동적 방법들을 사용한다.

웨슬러와 웨슬러(R.A. Wessler & R.L. Wessler, 1980)는 전형적인 REBT의 단계에 대해 기술하고 있다. 첫단계에서는 초점을 래포를 형성하거나 내담자가 자유롭게 이야기하도록 격려해 줄 수 있는 내담자-상담자 관계를 만드는 데 둔다. 일단 협동적이고 상담적인 관계가 형성되면 관계의 측면은 별로 강조되지 않는다. 상담은 탐색의 목표가 되는 문제들을 확인함으로써 진행되어간다. 상담자는 "어떤 문제로 도움을 받고 싶은지요? 상담에서 가장 기대하는 것이 무엇인지요?"와 같은 개방적인 질문을 한다. 목표설정은 상담 초기의 주요 과제이다. 내담자는 단지 문제행동을 감소하거나 소거하는 것뿐만 아니라 획득하거나 증가시키고 싶은 감정, 신념, 행동들도 확인한다. 상담자는 "지금 당신이 하는 것과 어떻게 다르게 느끼고 생각하고 행동하고 싶어합니까?" 라고 물을 수도 있다.

상담자는 REBT의 기본 이론과 기법을 적용한다. 상담자는 내담자에게 비합리적 신념이 어떻게 부정적인 결과를 가져오는지를 보여주고 장애가 일어나는 인지적 과정에 대해 가르친다. 내담자가 비합리적 신념이 정서와 행동의 장애를 야기시킨다는 것을 이해하게 되면 상담자는 왜 그들이 그런 잘못된 낡은 관념에 집착하는지에 대해 검토하도록 요구한다.

내담자가 긍정적인 행동을 실천하고 정서와 태도의 변화를 유도하도록 과제가 주의깊게 고안되어야 한다. 이 과제는 상담의 후기에 제시하며 이를 통해 내담자는 자기패배적 사고를 논의하는 효과적 방법을 배운다. 상담의 종결 무렵에는 내담자는 과정을 다시 살펴보고 계획을 세우며 지속적이거나 잠재적인 문제를 다루는 전략을 확인한다.

요약하면 REBT 상담자는 자기경멸이 정서장애의 근본이라는 것을 내담자에게 가르친다. 이렇게 함으로써 자신을 평가하지 않도록 할 수 있다. 또한 힘든 작업과 과제이행을 통해 내담자는 감정과 행동의 장애를 가져오는 비합리적 신념을 스스로 제거할 수 있게 된다.

REBT는 다른 접근법들과 달라서 자유연상법의 가치, 꿈을 통한 작업, 개인의 과거사, 끊임없는 감정의 표현과 탐색, 전이현상 들을 중요하게 다루지 않는다. Ellis(1984)는 이런 요인들에 대해 시간을 너무 많이 바치는 것이 내담자의 장애는 상세화해 줄지 모르지만 내담자를 보다 나은 상태로 도와줄 수는 없는 "도락적인 상담"(indulgence therapy)이라고 믿었다. 즉 내담자에게 꼭 필요한 것은 아니지만 상담자 자신의 즐거움을 위한 것이라는 의미이다.

3) 상담과정에서 내담자의 경험

우리가 앞 부분에서 본 바와 같이 REBT에서 내담자의 역할은 학생 또는 학습자이다. 문제해결을 위해 어떻게 논리적인 사고를 적용시키는가를 내담자가 배우는 재교육 과정인 것이다.

상담과정은 현재의 내담자의 경험에 초점을 둔다. 인간중심적 상담이나 실존주의적 상담에서와 같이 REBT도 주로 지금-여기의 경험과 내담자가 인생초기에 얻은 사고와 정서의 유형을 변화시킬 수 있는 능력을 갖고 있다는 점을 강조하였다. 상담자는 내담자의 초기 개인사를 탐색하는 데 시간을 보내지 않으며 과거와 현재 사이에 관련을 짓는 일에 시간을 허비하지 않는다. 또한 내담자의 부모나 형제와의 초기 관계를 깊이 탐색하지 않는다. 내담자의 기본적인 삶에 관계없이 그의 비합리적인 사고에 강조점을 두고 그가 자신과 외부에 대해 자기패배적인 관점을 계속 갖고 있기 때문에 고통을 받는다고 보았다. 그런 비합리적인 철학을 그가 어디서, 왜, 어떻게 획득했는지는 두 번째 문제이다. 중심문제는 어떻게 내담자가 자기패배적인 메시지를 자각하고 그것에 도전하는가이다.

REBT 이론에 의하면 피상적인 통찰만으로는 성격변화에 이르기 어렵다. 왜냐하면 통찰은 개인이 가진 문제는 선행요인에 의해 발생된다고 보기 때문이다. 이런 종류의 통찰은 우리를 잘못 인도하는데 왜냐하면 현재 나타나는 사건들(A)이 행동장애를 가져오는 것은 아니기 때문이다. 오히려 개인의 혼란(C)의 원인은 자신에게 일어난 사건을 해석하는(B) 방식에 있다(Ellis, 1984).

따라서 REBT는 세 가지 수준의 통찰을 가정한다. 이 수준들을 도해하기 위해 어떤 남성 내담자가 부인을 두려워하는 장애를 갖고 이 상담을 한다고 가정하자. 그는 공격적인 부인으로 인해 위협을 느끼며 강한 부인에게 어떻게 대처해야 할지, 또 그녀가 그에게 어떻게 할지 두려워한다. 이 예를 우리는 세 가지 수준의 통찰로 분류할 수 있다. 첫째 수준에서는 내담자는 부인에 대한 그의 두려움에 선행 원인이 있다는 것을 자각한다. 이 원인은 예를 들면 그의 어머니가 그를 지배하려고 하지 말았어야 했는데 그랬었고 아직도 그렇게 하려고 해서 두렵다는 그의 비합리적 신념이다.

두 번째 수준의 통찰은 내담자가 과거에 받아들여서 계속 갖고 있는 비합리적 신념 때문에 아직도 여성에게서 위협을 느끼고 여성 앞에서 불편해 한다는 것을 인지하는 것이다. 그는 "여성들이 나를 파멸시킨다"거나 "그들은 내가 초인이기를 기대한다"거나 또는 다른 비합리적 신념을 계속적으로 자신에게 말하기 대문에 여성과 함께 있을 때 공포상태가 된다는 것을 직시해야 한다.

세 번째 수준의 통찰은 내담자가 역선전의 본질을 이용해서 자신의 비합리적 신념을 바꾸는 작업을 부지런히 하지 않으면 개선이 도기 어렵다는 것을 받아들이는 것이다. 따라서 그의 과제는 매력적인 여성에게 접근해서 그녀에게 데이트를 신청하는 것이 될지 모른다. 이럴 때 그는 자신의 비합리적 신념, 파국적인 예감 그리고 무언가 일어날 것 같다는 생각에 도전하는 것이 좋다. 단지 두려움에 대해 이야기하는 것만으로는 행동의 변화가 일어나기 어렵다. 중요한 것은 그의 비합리적 두려움을 깨뜨리는 일에 적극 참여하는 것이다.

REBT는 특히 두 번째와 세 번째 수준의 통찰, 즉 장애를 일으키는 생각과 감정을 지속시키는 것은 자기 자신이며 합리적·정서적으로 그것들에 직면하고 생각하며 제거시키기 위해 노력해야 한다는 내담자의 자각을 강조한다.

4) 상담자와 내담자 간의 관계

상담자와 내담자와의 인간관계의 문제는 REBT에서는 다른 상담법들과 그 의미가 구별된다. 인간중심적 상담에서의 무조건적·긍정적 수용의 개념과 가장 가까운 것은 REBT의 완전한 수용 또는 관용의 개념이다. 이 상담법에서의 기본관념은 내담자가 자기경멸을 하지 않도록 돕는 것이다. 비록 내담자는 자신의 행동을 평가하겠지만 상담목표는 내담자의 행동이 아무리 비효율적이라 하더라도 한 인간으로서 자신을 평가하지 않도록 하는 것이다. 상담자는 내담자를 평가하지 않고 하나의 인간으로서 완전하게 수용한다는 것을 보여줌과 동시에 내담자로 하여금 그의 비합리적 사고와 자기파괴적 행동에 도전하게 하는 것이다. 관계지향적인 상담과는 달리 REBT는 인간적인 따뜻함이나 공감적 이해가 상담자로부터 사랑받고 싶어하는 의존심을 길러 주므로 오히려 상담에 방해가 된다고 생각하기 때문에 이것들에 부가적인 점수를 부여하지 않는다. 사실 REBT 상담자는 내담자에게 애정을 주지 않으면서 불완전한 인간인 채로 수용하는 대신에 교시, 자서전 상담법, 그리고 행동수정 들의 과학적인 기법을 사용하여 상담한다.

그러나 일부의 REBT 상담자들은 Ellis가 한 것보다 래포와 협동적 관계를 만드는 것이 더 중요하다고 강조한다. 웨슬러와 웨슬러(1980)는 로저의 상담조건(무조건적 긍적 수용, 공감, 그리고 상담자의 진실성)이 변화를 위해 중요하다고 동의하면서 "우리는 또한 내담자의 변화를 위해 이 조건들이 중요하다고 믿는다. 그리고 이 조건들은 비지시적 상황에서 뿐만 아니라 지시적 상황에서도 의미가 있다. 만약 이런 조건들이 내담자에게 전달되지 않는다면 이 세상의 어떤 기법도 좋은 결과를 낳지 못할 것이다"라고 덧붙이고 있다.

내담자와 상담자 사이의 라포 형성은 상담목표를 극대화시키는 핵심요소이다. 웨슬러와 웨슬러는 적극적이고 지시적인 것이 내담자를 돕기 위해 그의 능력을 믿고 신뢰하고 존경하며 내담자에게 위임하는 상담관계와 상충하는 것이 아니라고 본다.

인지정서행동적 상담자는 자주 자신의 신념이나 가치를 기꺼이 개방한다. 어떤 상담자들은 "완전히 함께 하는 사람"이라는 의식을 갖고 내담자의 비현실성을 논박할 때 자신의 불완전함을 기꺼이 노출하고 공유하기도 한다. 이런 방법에서 전이는 권유되지 않으며 않으며 전이가 일어날 때 상담자는 흔히 공격적으로 된다. 내담자의 비합리적 신념 즉 상담자(또는 부모상)에 의해 사랑받고 보호받아야 한다는 비합리적 신념이 전이관계의 기초를 이루고 있다는 것을 상담자는 내담자에게 보여주려고 하며 이런 어리석은 신념을 내담자가 포기할 수 있도록 상담을 진행해 나간다.

“ 쉽게 풀어 쓴 상담과 생활지도 ”

PART 03

상담의 실제

07 인간관계의 심리

학습목표

1. 성장인의 특징을 설명할 수 있다.
2. 조해리의 마음의 창문과 인간관계유형을 설명할 수 있다.
3. 다른 사람과 교류하는 방식을 설명할 수 있다.

주요 핵심어

• 성장인 • Johari • 마음의 창문 • 교류분석 • Eric Berne
• 자기이해 • 자기수용 • 자기개방

1 성장인의 특성

인간으로서 성장한 사람, 즉 성장인은 어떤 사람인가? 성장인의 특성은 무엇인가? 이러한 물음에 대해 많은 학자들이 해답을 찾으려고 하였으며 유일한 답은 없다. 심리학자들은 대체로 이상적인 성장인을 건강한 성격(healthy personality)의 규명에서 찾고자 하였다. 예를 들면 심리학자들은 건전한 성격에 대해 다음과 같이 정의하였다(Schultz, 1977). G. Allport의 '성숙한 인간', C. Rogers의 '충분히 기능하는 인간', E. Fromm의 '생산적인 인간', A. Maalow의 '자아실현하는 인간', C. Jung의 '개별화된 인간', V. Frankl의 '자기초월적 인간', F. Perls의 '여기 – 지금 인간'이다. 여러 심리학자들이 '성장인'에 대해 공통적으로 제시하는 가장 대표적인 특성은 자기이해, 자기수용, 자기개방이라고 볼 수 있다(문선모, 2007).

첫째, 성장인은 있는 그대로의 자신를 정확하게 이해한다. 객관적인 자기지식이 풍부한 것이다. 자신을 이해한다는 것은 자신의 심신에 관한 여러 가지 상태, 대인관계의 질과 양, 가치관 및 이와 관련된 자기행동 등에 관하여 현실적으로 이해한다는 의미이다. 성장한 사람은 자신의 동기, 욕망, 감정, 행동의 이유 등을 잘 이해하며, 자신의 장단점을 현실적으로 평가하는 능력을 갖고 있을 뿐만 아니라 자신의 능력보다 훨씬 높거나 낮게 포부 수준을 설정하지 않는다. 인생을 자기가 원하는 바대로 자기중심적이거나 주관적으로 보는 것이 아니라 그대로의 모습으로 볼 수 있는 능력을 갖고 있다.

둘째, 성장인은 자신을 수용한다. 자기수용이란 자기자신의 느낌, 생각, 행동 등 여러 가지 심리적인 현상을 자신의 것으로 인정하고 받아들이며 책임을 지는 것을 뜻한다. 대부분의 사람들은 있는 그대로의 자기를 수용하기가 어려워서 은폐하거나 자신이 처해 있는 현실을 부인하려는 경향이 있다. 그러나, 성장인은 자신을 비난, 비하하거나 부정하지 않으며 자기자신에 관하여 그리고 사회에서 효과적으로 기능하는 자신의 능력에 관하여 남보다 열등하다고 생각하지 않는다. 대부분의 장면에서 다른 사람들과 동등하며 적합하다고 느끼며 자신을 존중한다. 있는 그대로의 자신의 모습에 대해 자기이해한 바를 자기수용하는 것이다.

셋째, 성장인은 자신을 개방한다. 자기개방이란 다른 사람에게 있는 그대로의 자신을 솔직하게 나타내 보이는 것을 말한다. '이것이 바로 나 자신이다. 이것이 바로 나의 현재의 느낌이고 생각이다'라고 다른 사람에게 자신을 개방하는 것이다. 우리는 자신을 이해하고 수용할 수 있을 때 남을 이해하고 수용할 수 있게 된다. 타인을 수용하고 신뢰할 수 있을 때 타인에게 자기자신을 그대로 개방하게 될 것이다.

그러나 조라드(S. Jourard)는 모든 사람은 두 가지 측면의 '나'를 가지고 살아가고 있다고 하였다. 한 측면은 '있는 그대로의 나'이고, 다른 한 측면은 남에게 보이기 위하여 꾸며진 '가식적인 나'이다. 사람들은 있는 그대로의 자기(私的 自己)를 감추고 가면을 쓰고서 자신이 아닌 다른 사람인 '…한 체'하는 역할놀이를 하면서 '있는 그대로의 자기'를 용납하고 수용하거나 남에게 개방하기보다는 거부하거나 은폐하려는 수단으로 남을 대하며 공적 자기(公的 自己)의 유지에 신경을 쓴다는 것이다.

우리는 왜 '있는 그대로의 나'를 숨기려고 하는 것일까? 포웰에 따르면, 우리가 남에게 '있는 그대로의 자신'을 은폐하고 가식적인 자신을 나타내려고 하는 유일한 이유는 만약 '있는 그대로의 자신'을 타인에게 이야기한다면 타인은 자신을 좋아하지 않을 것이며, 또 배척당하게 될지도 모른다는 것을 두려워한 나머지 그렇게 된다는 것이다. 이것은 우리가 다른 사람들을 신뢰하지 못하고 있다는 것을 의미한다. 그래서 우리는 있는 그대로의 자신을 숨기고 위장하기를 배운다. 그렇지만 그러고 있는 동안 우리는 진정한 의미에서 다른 사람과 서로 주고받음이 없는 외로움을 경험하게 될 뿐만 아니라 자기성장에도 방해를 받게 된다. 이와 같은 자기노출의 기피와 자기이해의 부족 등이 이유가 되어 건전한 인간관계의 발달이 잘 이루어지지 않게 되는 것이다.

조해리(Johari)의 마음의 창문(window of mind)은 인간의 두 가지 측면을 잘 설명해주고 있다. 이는 현대 미국의 심리학자인 조셉 루프트(Joseph Luft)와 해리 잉햄(Harry Ingham)에 의해 개발되었으며, 이들 두 사람의 이름을 합성하여 조해리(Joe + Harry = Johari)의 마음의 창문이라고 명명되었다.

		자신에게	
		알려짐	알려지지 않음
남들에게	알려짐	Free	Blind
	알려지지 않음	Hidden	Dark

[그림 7-1] Johari의 마음의 창문

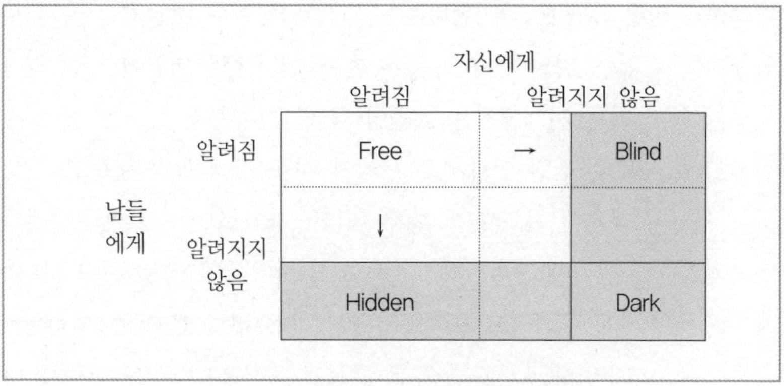

[그림 7-2] 성장인의 마음의 창문

조해리의 마음의 창문은 개방영역, 맹인영역, 은폐영역, 미지영역의 4영역으로 나누어진다.

첫째, 개방영역(open area)은 나도 알고 있고 다른 사람에게도 알려져 있는 나에 관한 정보를 의미한다. 두 사람 이상의 사람들이 서로 주고받을 수 있으며 함께 일하고 경험을 나눌 수 있는 참 만남의 영역이다. 이 영역이 넓을수록 개인의 현실세계와 더 많은 접촉을 하게 되고, 자유롭게 자기의 능력과 요구를 자기와 다른 사람에게 나타낼 수 있으며, 잠재력이 발휘될 수 있다.

둘째, 맹인영역(blind area) 또는 눈먼(알지 못하는) 영역은 다른 사람들은 잘 알지만 나는 모르고 있는 나의 정보를 의미한다. 이는 마치 맹인이 자기를 보지 못하는 이유와 같다고 하여 붙여진 이름이다. 사람은 이상한 행동습관, 특이한 말씨나 몸가짐, 독특한 성격과 같이 남들은 알고 있지만 자신은 모르는 자신의 모습이 있는데, 이를 맹인영역이라고 할 수 있다. 이른바 돈키호테형의 영역이다.

셋째, 은폐영역(hidden area)은 나는 알고 있지만 다른 사람에게는 알려지지 않은 정보를 의미한다. 즉, 나의 약점이나 비밀처럼 다른 사람에게는 숨기는 나의 부분으로, 이른바 햄릿형의 영역이다. 우리가 별로 친하지 않는 관계에서는 남들이 나에 대해서 잘 모르는 것이 정상적이며, 새로운 집단 안에서는 우리가 서로 간에 알지 못하고 신뢰하지 못하기 때문에 이 영역이 매우 넓다. 그러므로 이 부분은 관계가 밀접해질수록 범위가 좁아진다고 볼 수 있으며, 서로가 있는 그대로의 자기를 상대에게 알리려고 노력하는 것이 필요하다고 할 수 있다.

넷째, 미지영역(unknown area)은 남들은 물론 나 자신도 모르는 나의 부분을 의미한다. 예를 들면, 무의식이나 어린 시절의 경험 또는 심리적 외상 등은 남들이 모르는 것이 당연하지만 나 자신도 잘 모를 수 있다. 따라서 내가 모르는 것들을 가지고 있을 수 있는데 그러한 부분들이 미지영역이다.

사람마다 마음의 창문 모양이 다르다. 마음의 창문을 구성하는 네 영역의 넓이가 달라진다. 이렇게 다양하게 나타나는 창문 모양은 어떤 영역이 가장 넓은가에 따라 인간관계의 유형을 개방형(공개영역이 가장 넓은 사람), 자기주장형(맹인영역이 가장 넓은 사람), 신중형(은폐영역이 가장 넓은 사람), 고립형(미지영역이 가장 넓은 사람)으로 구분될 수 있다. [그림 7-2]에서 화살표는 장벽들을 물리치고 자유 영역이 넓혀지는 상황을 나타내고 있다. 감추어졌던 부분이 드러나게 되고 숨겨졌던 이야기들을 솔직히 털어놓게 되면 그의 멀었던 눈이 뜨이게 되고, 과거에 의식하지 못했던 자신의 행동들을 의식하게 되어 어두운 영역이 줄어들면서 성장인으로 나아갈 수 있는 것이다.

2 I'm OK, You're OK

교류분석(TA : Transactional Analysis)의 창안자인 에릭 번(Eric Berne)은 사람들이 다른 사람들과 교류하는 방식을 네 가지로 나누고 있다. 자신만을 인정하고 타인을 부정하는 방식, 자신은 부정하고 타인을 인정하는 방식, 자신과 타인을 모두 부정하는 방식, 그리고 자신과 타인을 모두 인정하는 방식이 그것이다. 토마스 해리스(Thomas A. Harris) 역시 인간의 행동을 결정하는 생활자세로서 에릭 번과 마찬가지로 네 가지 유형을 제시하고 있다. 이들의 견해에 따라 인간의 삶의 모습을 조명해 보면 다음과 같다.

첫째, 내 모습은 마음에 드는데 주변 사람의 모습은 마음에 들지 않는 자기긍정-타인부정(I'm OK-You're not OK)의 유형이다. 즉, 이 유형은 '나는 옳고 너는 틀렸다'는 생각이 지배적인 입장으로서, 자신의 실수를 남에게 전가시키고 희생이나 박해를 당했다는 기분으로 삶을 사는 투사적 삶의 입장이다. 이런 사람들은 자신의 모습에는 대단히 허용적이고 긍정적인 평가를 하는 반면에, 남의 모습에 대하여는 인색하며 부정적인 평가를 내린다. 자기에게 문제가 생겼을 때 이를 타인에게 책임을 전가시키고 그들을 힐책하고 비난하는 태도이며, 다른 사람과 자기 자신 사이에 거리를 두고 초연하려는 거만한 삶의 자세이다. 이런 사람들은 자신을 과대평가하는 경향이 있기 때문에 남의 이야기를 좀처럼 듣지 않으려 하며, 상대를 경멸하고 상대의 능력을 비하한다. 또한 이들은 자기보다 못한 사람들을 가차 없이 비난하고, 남의 이야기를 냉소적인 태도로 듣는다.

둘째, 내 모습은 마음에 안 드는데 남의 모습은 마음에 드는 자기

부정－타인긍정(I'm not OK－You're OK)의 유형이다. 즉, 이 유형은 '나는 틀렸고 너는 옳다'는 생각이 지배적인 입장으로서, 다른 사람과 비교해서 무력감을 느끼는 사람들이 공통으로 취하는 삶의 입장이다. 퇴행, 의기소침, 자살충동 등은 이러한 입장에서 유도되기 쉽다. 이런 사람들은 자신과 타인을 비교하여 스스로를 무능하다고 느끼며, 자신의 욕구나 가치관을 생각하기보다는 남의 요구에 맞추어 가려는 태도를 보인다. 이런 삶의 자세는 겉으로는 순응적이지만 속으로는 열등의식과 시기, 질투하는 마음을 품고 있어서 원만한 대인관계를 지속적으로 형성하는 데에 도움이 되지 못한다. 이런 사람들은 주변 사람들이 모두 자기보다 더 나은 것처럼 생각하기 때문에 평가에 민감하고, 인정과 사랑을 받기 위해 자기주장을 포기하고 맹목적으로 순종하며, 따라서 진정한 행복감이나 자긍심을 경험하기가 어렵다.

셋째, 자신의 모습도 마음에 들지 않고 다른 사람의 모습도 마음에 들지 않는 자기부정－타인부정(I'm not OK－You're not OK)의 유형이다. 즉, 이 유형은 '나도 틀렸고 너도 틀렸다'는 생각이 지배적인 입장으로서, 삶의 의미를 상실하고 정신분열 증세를 보이거나 자살 및 타살의 충동을 느끼게 하는 삶의 입장이다. 이런 유형의 사람들은 자기 자신에 대한 희망도 세상에 대한 희망도 없이 하루하루를 비관적으로 살아간다. 이들은 자기 자신과 타인에 대한 불신으로 의미 있는 대인관계를 형성하지 못한다. 주위 사람들에게 자포자기한 사람이라는 인상을 주고, 세상에 대한 원망과 자신에 대한 불신감으로 주변 사람들과 자신을 파멸로 몰아간다. 이들은 자신을 믿지 못할 뿐만 아니라 다른 사람들도 마찬가지라고 생각하기 때문에 아무도 믿지 못하고 항상 고독하다.

넷째, 자신의 모습을 수용하면서 동시에 타인의 모습도 수용하는 자기긍정－타인긍정(I'm OK－You're OK)의 유형이다. 즉, 이 유형은 '나도 옳고 너도 옳다'는 생각이 지배적인 입장으로서, 정신적으로나 육체적으로나 건전하고, 사물을 건설적으로 대하고, 자신과 타인의 존재가치를 인정하며 신뢰하는 삶의 입장이다. 이런 유형의 삶의 자세는 스스로의 삶을 적극적이고 주도적으로 이끌어 줄 뿐만 아니라 타인의 삶에도 의미를 부여함으로써 어울려 더불어 사는 행복한 삶을 영위하는 데에 도움이 된다. 그야말로 상생(相生)의 윈－윈(win－win) 전략이다. 이런 사람들은 자기와 타인에게서 장점과 잠재력을 발견하고자 하며 자신감이 있다. 타인의 평가나 비난을 수용할 수 있기 때문에 쉽게 자존심이 상하지 않으며, 남들이 자기와 다른 주장을 하더라도 그럴 만한 이유가 있음을 인정한다. 자신이나 세상을 긍정적으로 바라보기 때문에 유머감각이 있으며, 주변 사람들로부터 너그럽고 융통성 있는 사람이라고 평가를 받는다.

요컨대 자기긍정－타인부정의 유형은 자기도취형이고, 자기부정－타인긍정의 유형은 패배형이고, 자기부정－타인부정의 유형은 염세포기형이며, 자기긍정－타인긍정의 유형은 원만형이라 할 수 있다. 여러분은 지금 어디에 속하는가? 아마도 대다수의 사람들은 이러한 네 가지 모습을 담고 살아갈 것이다. 때로는 자신과 세상을 모두 마음에 품었다가도 일순간 외면하고 싶어지기도 할 것이다. 타인과 세상의 모습이 아름답게 비춰지다가도 갑자기 추하고 탐욕스럽고 도저히 믿지 못할 대상으로 보이기도 할 것이다. 부모님에 대하여, 선생님에 대하여, 친구에 대하여, 연인에 대하여, 또한 그들과 더불어 살아가는 자기 자신에 대하여 어떻게 생각하는가? 자신과 타인을 긍정적으로 수용하지 못해 친구와 연인을 만나면서 고민하고 갈등하는 사람이 있다면, 자신이 속한 삶의 유형을 엄밀히 분석해 보자. 물론 네 가지 모두의 모습을 담고 있겠지만 어느 유형이 보다 더 지배적인가? 네 번째 유형이 축소되고 나머지 세 유형이 지배적이라면 행복과 기쁨을 느끼는 삶의 시간은 그만큼 적을 것이고 대인관계에 있어서 부적응을 초래할 것이다.

③ 함께 생각하기(워크시트)

(1) 다음은 15개의 상반되는 두 형용사를 짝지어서 그 성질의 정도를 7등분한 것이다. 당신의 행동 특성이 실제로 해당하는 곳에 ν 표시를 한 다음, 매우 정직한 결론을 내려보자.

	3	2	1	0	−1	−2	−3	
(1) 다정한								냉정한
(2) 선한								악한
(3) 협동적								비협동적
(4) 강한								약한
(5) 정직한								꾸미는
(6) 안정된								불안정한
(7) 분명한								애매한
(8) 적극적								소극적
(9) 아름다운								추한

	3	2	1	0	−1	−2	−3	
(10) 능률적								비능률적
(11) 밝은								어두운
(12) 현명한								우둔한
(13) 자신있는								자신없는
(14) 유능한								무능한
(15) 가치있는								무가치한

(2) 자기가 긍정적으로 평가하는 행동 목록 작성하여 공개하기: 자기가 긍정적으로 평가하는 행동 목록을 구체적 행동 계열로 작성해 본다.

① 나는 ______________________ 때, ______________________ 한다.

② 나는 ______________________ 때, ______________________ 한다.

③ 나는 ______________________ 때, ______________________ 한다.

(3) 자기가 부정적으로 평가하는 행동 목록 작성하여 공개하기: 자기가 부정적으로 평가하는 행동 목록을 구체적 행동 계열로 작성해 본다.

① 나는 ______________________ 때, ______________________ 한다.

② 나는 ______________________ 때, ______________________ 한다.

③ 나는 ______________________ 때, ______________________ 한다.

(4) 조해리의 창 진단

NO.	내용	전혀 아니다	아니다	보통이다	그렇다	매우 그렇다
1	나는 잘 몰랐을 경우에는 이를 바로 인정한다.	①	②	③	④	⑤
2	나는 납득하기 어려운 지시를 받을 경우 지시한 이유를 물어본다.	①	②	③	④	⑤
3	나는 다른 사람의 잘못을 지적할 필요가 있을 때에는 직접 말한다.	①	②	③	④	⑤
4	나의 의견에 대해 남들이 어떻게 생각하는지 물어본다.	①	②	③	④	⑤
5	나의 느낌을 솔직하게 표현한다	①	②	③	④	⑤
6	다른 사람의 감정을 존중한다.	①	②	③	④	⑤
7	나는 걱정거리가 생길 경우, 터놓고 의논한다.	①	②	③	④	⑤
8	나 혼자 이야기를 계속하여 남을 짜증나게 하지 않는다.	①	②	③	④	⑤
9	남의 의견이 나와 다를 경우, 나의 생각을 말하고 함께 검토해본다.	①	②	③	④	⑤
10	나는 아이디어를 권장하고 대화를 독단적으로 끌고 가지 않는다.	①	②	③	④	⑤
11	내 잘못을 숨기거나 남의 탓으로 돌리지 않는다.	①	②	③	④	⑤
12	다른 사람의 충고를 잘 받아들인다.	①	②	③	④	⑤
13	달가운 일이 아닐지라도 남들이 알아야 할 사항이라면 알려준다.	①	②	③	④	⑤
14	진심으로 남의 이야기를 들어준다.	①	②	③	④	⑤
15	말하기 거북한 내용을 거리낌 없이 말한다.	①	②	③	④	⑤
16	나는 변명을 하지 않고 비판에 귀를 기울인다.	①	②	③	④	⑤
17	나는 있는 그대로를 나타내며 가식이 없는 편이다.	①	②	③	④	⑤
18	나에게 찬성하지 않는다고 남의 마을을 상하게 하지 않는다.	①	②	③	④	⑤
19	나는 확신하는 것을 굽히지 않고 말한다.	①	②	③	④	⑤
20	나는 다른 사람에게 그들의 생각을 발표하도록 권장한다.	①	②	③	④	⑤

출처: http://blog.naver.com/PostView.nhn?blogId=zzai84&logNo=221904225815

1	3	5	7	9	11	13	15	17	19	합계 (자신에게)
2	4	6	8	10	12	14	16	18	20	합계 (남들에게)

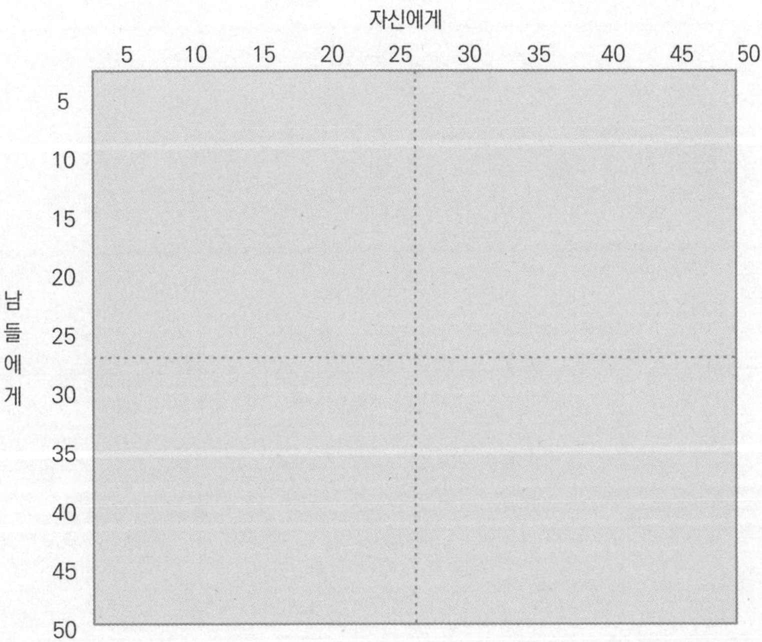

성취동기, 회복탄력성

학습목표

1. 성취동기를 정의할 수 있다.
2. 성취동기 높은 사람의 행동 특징을 설명할 수 있다.
3. 성취동기를 높일 수 있는 방법을 설명할 수 있다.
4. 회복탄력성을 정의할 수 있다.
5. 회복탄력성을 증가하기 위한 방법을 실천할 수 있다.

주요 핵심어

• 동기 • 성취동기 • 내적 의욕 • 회복탄력성 • 마음의 근력 • 유능감

1 성취동기

동기란 인간행동의 에너지이고, 행동의 활성을 증감시키며, 행동의 방향을 정해주는 심리적 요인으로서 자동차에 비유한다면 엔진과 핸들의 기능에 해당된다. 즉, 에너지와 방향이 동기 개념의 핵심적 요소이다. 아무리 자동차가 멋지게 만들어졌어도 엔진에 고장이 있거나 연료가 없으면 작동할 수 없듯이 마찬가지로 가장 잘 발달된 습관일지라도 적절한 활성화, 즉 동기유발이 이루어지지 않으면 기능하지 않는다. 이처럼 동기는 인간행동의 변수를 야기하는 근원이다.

획득된 동기 중에서 가장 집중적으로 연구된 동기가 성취동기(achievement motivation)이다. 성취동기란 도전적인 과제를 성취함으로써 만족을 얻으려고 하는 욕구로서, 학교상황에서는 학업성취에 대한 의욕 또는 동기라고 할 수 있다. 어떤 보상을 위해서가 아니라 단지 성취를 위해서 어떤 분야에서 수월성을 추구하는 사람들은 매우 높은 성취동기를 지닌 것으로 생각되고 있다. 도전적이고 어려운 과제를 성공적으로 수행하려는 욕구로서 학습자가 탁월한 업적을 이루고자 하는 동기이다. 학습자는 학습결과에 따르는 만족감과 즐거움 때문에 더욱 열심히 학습하게 된다. 성취동기가 높으면 학습에서 적절한 목적을 설정하게 되고, 따라서 학습과제 수행에서의 어려움을 극복할 수 있다. 그러나 성취동기가 낮으면 자신의 능력에 비해 지나치게 높거나 낮은 목표를 설정하게 되고 과제수행에서 적극적이지 못하는 결과를 나타내기도 한다.

높은 성취동기는 가족과 문화적 요인에 의해 육성되는 것으로 추측되고 있다. 만일 가정에서 성취, 독창성, 경쟁심이 격려되고 강화되거나 부모가 자녀의 실패에 화를 내지 않고 자녀 스스로가 문제를 해결하도록 한다면, 자녀는 좀 더 성취에 대하여 높은 욕구를 발달시키기 쉽다. 그리고 훌륭한 성취에 대해 인정받는 방법을 배우고, 또 자신의 행동이 환경에 영향을 줄 수 있다는 것을 배운 자녀들은 남보다 탁월해지려는 욕구를 가지고 성장하기 쉽다.

성취동기는 개인의 발전적, 성취적 행동을 결정하는 가장 중요한 심리적 특성일 뿐만 아니라 경제발전을 포함한 국가발전을 빠른 속도로 촉진시킬 수 있는 심리적 원동력이라는 점에서 중요성을 지닌다. 성취동기란 상식적으로는 훌륭한 일을 이루어 보겠다는 내적 의욕이라고 말할 수 있으나 엄밀하게는 어떠한 훌륭한 과업을 성취해 나가는 과정에서 만족하는 성취 그 자체를 위한 성취의욕이다. 이러한 성취동기가 높은 사람의 행동 특징은 [그림 8-1]과 같다.

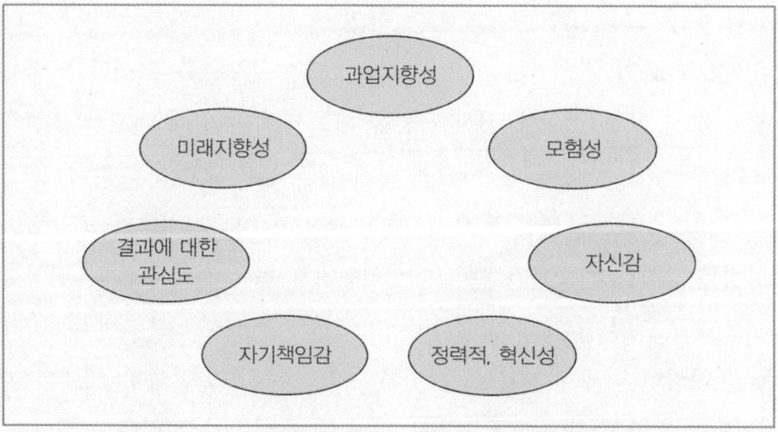

[그림 8-1] 성취동기가 높은 사람의 행동 특징

첫째, 일 자체를 좋아한다(과업지향성). 성취동기가 높은 사람은 어렵고 힘든 일, 자신의 능력을 과시할 수 있는 일에 흥미를 가지며, 그 일을 끝냄으로써 얻을 수 있는 보상이나 사회적 지위보다는 일 그 자체를 성취해 나가는 과정을 즐기고 만족스럽게 여기는 성향을 가지고 있다.

둘째, 적절한 모험을 즐겨한다(적절한 모험성). 성취동기가 높은 사람은 어느 정도의 모험성이 포함되는 일에 도전하여 스스로의 힘으로 성취해 내는 과정을 크게 만족해한다. 그는 아무런 모험성도 곤란도 내포하고 있지 않은 쉬운 일에는 흥미를 갖지 않는다. 그러나 그는 과업이 자기 능력에 비해 너무 어렵거나 지나치게 모험적일 때도 역시 흥미를 갖지 않는다. 즉, 성취동기가 높은 사람은 자신의 능력과 관련하여 적절한 모험수준을 즐긴다.

셋째, 일에 대하여 자신감을 갖는다(자신감). 성취동기가 높은 사람은 그렇지 못한 사람에 비해 과업수행에서 보다 높은 자신감을 가지고 있다. 그는 그의 짐작을 정당화할 수 있는 사실적 근거가 뚜렷하지 않은 경우, 과업의 성취가능성에 대한 주관적 판단, 즉 자신감을 더욱 높이 갖게 된다. 이전에 전혀 경험을 해보지 못한 일에 대해서도 성취동기가 높은 사람은 낮은 사람에 비해 일단 높은 자신감을 갖게 된다.

넷째, 새로운 일을 찾으려 한다(정력적 혁신성). 성취동기를 탁월한 성취를 하려는 의욕이라 한다면 성취동기가 높은 사람은 보다 정열적으로 그리고 열심히 일하는 사람이라고 할 수 있다. 그는 성취동기가 낮은 사람에 비해 자기가 하는 일에 보다 열중하고 더 많은 새로운 과업을 찾고 계획하여 이를 성취해 나가는 데에 온갖 정력을 동원한다.

다섯째, 일에 대한 책임감이 강하다(자기책임감). 성취동기가 높은 사람은 성취하려는 과업이 결과적으로 어떻게 되었든 자기가 계획하고 수행하는 일에 대해서 일체의 책임을 자기 자신이 진다. 자기의 과업이 실패했을 때에도 성공했을 때와 같이 자기의 책임으로 여기며, 책임을 남에게나 여건의 탓으로 돌리지 않는 것이 성취동기가 높은 사람의 행동성향이다.

여섯째, 일의 결과를 빨리 알려고 한다(결과에 대한 관심도). 성취동기가 높은 사람은 그가 수행하는 일의 종류를 불문하고 그 일이 어떻게 진행되고 있으며 예상되는 결과는 어떠한 것인가에 대하여 구체적이고 객관적인 정보를 계속 추구하여 정확한 판단을 하려고 한다. 예상되는 결과가 성공적이든 실패적이든 결과를 보다 정확히 알고 있을 때 성취동기가 높은 사람의 성취활동은 더욱 강화된다.

일곱째, 장기적인 미래에 대한 관심도가 높다(미래지향성). 성취동기가 높은 사람은 새로운 일을 이룩하기 위하여 언제나 장기적인 계획을 세우고 미래에 얻게 될 성취만족을 기대하면서 현재의 작업에 열중한다. 그는 미래에 이루어 놓을 성취과업과 성취만족을 기대하면서 현재에 당하는 고통 및 갈등과 끈기 있게 싸워 나간다.

2 회복탄력성

삶이란 항상 오르막과 내리막이 있기 마련이다. 불행하게도 사람은 누구나 역경의 사건이나 경험에 대처하지 않으면 안 될 때가 있다. 그러나 역경에 처했을 때 그것을 극복하기 위해 노력하고 결과적으로 살아남고 더욱더 강해지는 사람들이 있는가 하면, 이와 반대로 작은 역경에도 쉽게 좌절하고 무너지는 사람들도 있다. 그 이유가 무엇일까? 그것은 바로 회복탄력성의 차이이다.

회복탄력성(resilience)은 심리학, 정신의학, 간호학, 교육학, 유아교육, 사회학, 커뮤니케이션학, 경제학 등 다양한 분야에서 연구되는 개념이며, 극복력, 탄성, 탄력성, 회복력 등으로 번역되기도 한다.

회복탄력성은 크고 작은 다양한 역경과 시련과 실패에 대한 인식을 도약의 발판으로 삼아 더 높이 뛰어 오르는 마음의 근력을 의미한다고 할 수 있다. 물체마다 탄성이 다르듯이 사람에 따라 탄성이 다르다. 역경으로 인해 밑바닥까지 떨어졌다가도 강한 회복탄력성으로 되튀어 오르는 사람들은 대부분의 경우 원래 있었던 위치보다 더 높은 곳까지 올라갈 수 있다. 지속적인 발전을 이루거나 커다란 성취를 이뤄낸 개인이나 조직은 대부분의 경우에서 실패나 역경을 딛고 일어섰다는 점이 공통적으로 보여진다. 어떤 불행한 사건이나 역경에 대해 어떠한 의미를 어떻게 부여하고 인식하느냐에 따라 불행하거나 행복해지는 기로에 서게 된다고 생각해 볼 수도 있다. 세상일을 긍정적 방식으로 받아들이는 습관을 구축함으로써 부정적으로 상황을 인식해 과소비될 수 있는 감정적 에너지를 문제해결을 위한 집중에 보다 유용하게 사용 가능하다는 점에서 회복탄력성은 놀랍게 향상된다. 회복탄력성이란 인생의 바닥에서 바닥을 치고 올라올 수 있는 힘, 밑바닥까지 떨어져도 꿋꿋하게 되 튀어 오르는 비인지능력 혹은 마음의 근력을 의미한다.

예를 들면, 사람은 누구나 평생 하나 이상의 어려움이나 역경과 마주치게 된다. 하지만 이러한 스트레스적인 상황에 반응하는 방식은 사람마다 다르다. 어떤 사람은 스트레스를 극복하지 못하거나 아주 오랜 시간 극심한 어려움을 느낀다. 그리고 어떤 사람들은 같은 정도의 스트레스 상황에서도 그것에 덜 민감하게 반응하고 극복하는 데 더 짧은 시간이 걸린다. 또 예상하지 못한 건강상의 문제가 생기거나 행복한 삶을 지속하는 데 어려움을 느끼기도 하지만 대다수의 사람들은 일시적인 어려움이나 고통을 잘 이겨 내고, 자신의 삶과 다른 사람들과의 관계를 잘 유지한다. 이렇게 스트레스 상황을 겪은 후에 이전의 상태로 되돌아갈 수 있는 능력을 적응 유연성이라고 한다.

이러한 적응 유연성의 개념을 정의할 때 중요한 두 가지는 '스트레스적인 상황'과 그러한 상황에도 불구하고 나타나는 '유능감(competence)'이다. 여기서 말하는 유능감이란 특정한 영역에서 높은 수준의 성취를 이루는 것이 아니라, 주어진 환경에 효율적으로 적응할 수 있는 능력을 의미한다. 따라서 어린아이나 청소년의 적응 유연성은, 그들의 삶에서 어떤 어려움이나 두려움의 경험을 하고 있을 때 그것을 드러내어 표현할 수 있는가 하는 것을 보는 것이다. 적응 유연성이 확보된 어린아이나 청소년은 그러한 스트레스적인 상황에서도 자신의 어려움을 드러내어 언어 혹은 행동, 태도 등으로 이를 표현할 수 있다.

각종 자연재해, 신종 전염병, 정치·경제 위기 소식들이 끊이지 않는다. 이러한 급격한 사회적·환경적 변화와 한치 앞을 내다볼 수 없는 불확실성 속에서 우리는 누구나 커다란 불안과 스트레스에 시달리고 있다. 스트레스를 견디지 못하고 쉽게 근심하고 절망하는 사람들이 있는가 하면, 위기를 오히려 기회로 삼아 더 행복하고 밝은 미래를 스스로 만들어 가는 사람들도 있다. 미국 하버드대학교 의학박사이자 심리학자인 보리센코(J. Borysenko)는 이런 두 종류의 사람들 사이에 차이를 만드는 것은 바로 회복탄력성 때문이라고 하였다.

회복탄력성은 다시 튀어 오르거나 원래 상태로 되돌아온다는 뜻으로, 밑바닥까지 떨어져도 꿋꿋하게 되 튀어 오르는 능력을 일컫는다. 역경으로 인해 밑바닥까지 떨어졌다가도 강한 회복탄력성으로 되튀어 오르는 사람들은 대부분의 경우 원래 있었던 위치보다 더 높은 곳까지 올라간다. 물체마다 신축성과 유연성 등 그 탄성이 다르듯이 사람에 따라 탄성이 다르다. 어떤 불행한 사건이나 역경에 대해 어떤 의미를 부여하느냐에 따라 불행해지기도 하고 행복해지기도 한다. 세상일을 긍정적 방식으로 받아들이는 습관을 들이면 회복탄력성은 놀랍게 향상된다. 다시 말해서, 회복탄력성이란 시련이나 고난, 위기나 역경을 이겨내는 긍정적인 힘을 의미한다.

회복탄력성은 꼭 커다란 역경을 이겨내기 위해서만 필요한 힘이 아니다. 자잘한 일상사 속에서 겪는 수많은 스트레스와 인생의 고민과 인간관계에서의 갈등을 자연스럽게 이겨내기 위해서도 필요한 힘이다. 숱한 실험을 통해 확인되는 회복탄력성의 3대 요소는 자기조절 능력과 대인관계 능력 그리고 긍정적 정서라고 전문가들은 말한다. 자기조절 능력이란 스스로의 감정을 인식하고 그것을 조절하는 능력이고, 대인관계 능력이란 다른 사람의 마음과 감정 상태를 재빨리 파악하고 깊이 이해하며 공감함으로써 원만한 인간관계를 맺고 유지하는 능력이다. 그리고 긍정적 정서란 행복감, 안락감, 만족감, 사랑, 친밀감 등과 같은 긍정적 심리상태를 말하며 자신과 미래에 대한 낙관적 생각과 희망, 열정, 활기, 확신 등이 포함된다.

보리센코 박사는 똑같이 끔찍한 시련과 고난을 겪고도 이를 남보다 성공적으로 이겨낸 사람들, 곧 회복탄력성이 높은 사람들의 세 가지 공통적 특징을 다음과 같이 제시했다.

첫째, 회복탄력성이 높은 사람은 현실을 있는 그대로 받아들인다. 즉, 그들은 어려운 상황에 직면했을 때 이를 회피하려고 하지 않고 고개를 꼿꼿이 든 채 문제를 직시한다.

둘째, 회복탄력성이 높은 사람은 인생의 의미와 가치를 깊이 믿는다. 다시 말해, 살아야 할 굳건한 이유, 삶에 대한 확고한 신념을 가지고 있는 것이다.

셋째, 회복탄력성이 높은 사람은 브리콜라주(bricolage), 즉 주어진 상황에서 놀라운 주의력을 발휘해 순간적으로 새로운 것을 창조해내는 임시변통 능력이 뛰어나다.

회복탄력성을 높이기 위해 어떻게 해야할까? 그러한 방법으로 김주환(2011)은 다음과 같은 몇 가지를 제시하였다. 우선, 자신의 행복의 기본수준을 끌어올려야 한다는 것이다. 인생에서 일어나는 일들은 일시적으로 우리를 행복하게 혹은 불행하게 만들 뿐이다. 일정한 시간이 지나면 우리는 곧 다시 자신의 본래 행복 수준으로 되돌아오는 강한 탄력성을 지녔다. 심리학자들은 이를 '행복의 자동온도 조절장치'라 부른다.

원래 밝고 명랑한 사람은 이 기본 수준이 높고, 우울하고 침울한 사람은 기본 수준이 낮은 것이라 할 수 있다. 이 기본 수준을 중심으로 좋은 일이 있으면 일시적으로 더 행복해지고 나쁜 일이 있으면 더 불행해지지만, 결국 일정한 시간이 지나면 다시 자신의 기본 수준으로 되돌아온다. 긍정적 정서의 훈련을 통해 긍정적인 뇌로 변화시킨다는 것은 바로 이 행복의 기본 수준을 끌어올린다는 뜻이다. 행복의 기본 수준을 끌어 올려야만 긍정적 정서의 지속적인 향상이 가능해지고 결국 회복탄력성이 높아진다. 행복의 기본 수준은 체계적인 훈련과 꾸준한 노력을 통해 얼마든지 향상될 수 있다.

행복의 기본 수준이 높은 사람을 우리는 낙관적인 사람이라 부른다. 낙관성이 높은 사람들은 주어진 상황은 언젠가 좋아지리라는 믿음을 지닌 사람들이다. 신체적으로도 더 건강하고 우울증에도 덜 걸린다. 성취도도 더 높고 업무 생산성도 높다. 그러나 객관적인 위험성을 평가절하 하는 비현실적인 낙천주의와는 다르다.

낙관성을 지닌 사람은 무엇인가를 해낼 수 있다는 스스로에 대한 믿음이 있으며, 자신의 한계 밖으로, 일상 너머로 뻗어나가려는 적극적인 자세를 지닌다. 낙관성은 새로운 것에 대한 도전을 두려워하지 않게 하며, 익숙한 현실과 반복적인 일상에 안주하기를 거부하고 새로운 영역으로 스스로를 확대시켜 나가려는 자세를 유지시켜준다.

낙관성이 부족하고 비판적인 사람들의 가장 큰 특징은 타인의 부정적 시선을 지나치게 두려워한다는 것이다. 주변 사람 모두가 나만을 바라보고 나를 흉보고 비웃는 것 같은 착각에 사로잡히게 되면서 비판성은 급속히 증가하게 된다.

이는 통제 소재(locus of control)를 어디에 두느냐의 문제이다. 심리학에서 통제 소재란 자신에게 벌어지는 일들이나 자신이 하는 행동의 원인을 자기 내부에서 주로 찾느냐 아니면 외부에서 찾느냐에 관한 사고방식을 말한다. 비판적이고 부정적인 사람은 통제 소재를 외부에서 찾는 경향이 있다. 자기 자신의 행동이 스스로 어쩔 수 없는 외부적 사건에 대한 자동적인 반응이라고 믿는 것이다. 이런 사람들은 흔히 '네가 혹은 그것이, 혹은 그 사람이 날 화나게 했어. 난 어쩔 수 없어'라는 식의 스토리텔링을 하는 것이다.

반면에 낙관적이고 긍정적인 사람은 높은 수준의 자율성과 자기효능감을 지니기 마련이며 따라서 통제 소재를 흔히 자기 안에서 찾는다. 내가 노력하면 지금 벌어지는 일들을 내가 원하는 방향으로 이끌 수 있다는 자신감을 지니고 있다는 뜻이다. 이런 사람들은 자신의 삶을 능동적으로 이끌 수 있다.

회복탄력성을 높이기 위한 다른 방법은 자신의 대표 강점을 발견하는 것이다. 약점에 집중해서 그것을 보완하는 방법으로는 자기 발전도 없고 행복도 없다. 각자의 잠재력을 끊임없이 개발해야 현실에서 발현할 수 있다. 그러나 우리 사회는 우리의 장점을 외면하고 성장을 방해한다. 자신의 장점에 대해 이야기하는 것은 '잘난 척'이라 하여 금기시되어 왔고, '너 잘났다'라는 말은 비아냥이나 비난의 뜻으로 받아들이기도 한다. 회복탄력성의 향상을 위한 훈련 중에서 가장 포괄적이고 과학적으로 입증된 것이 강점의 개발이다.

③ 함께 생각하기(워크시트)

(1) 다음 문항의 1(전혀 그렇지 않다)~5(매우 그렇다) 중에서 솔직히 해당되는 곳에 ∨표시를 해보자.

		전혀 그렇지 않다 1	그렇지 않다 2	보통 3	그렇다 4	매우 그렇다 5
1	나는 어려운 과제가 생길수록 더욱 용기가 솟아난다					
2	나는 일의 결과나 일에서 얻어질 보상보다 일을 해 나가는 과정에 더 큰 관심을 가진다.					
3	나는 나에게 일이 주어지기를 기다리지 않고 스스로 일에 열중한다.					
4	나는 일이 지루하거나 힘들다고 느끼지 못할 정도로 그 일에 열중한다.					
5	나는 하기 어려운 일일수록 더욱 그 일에 매력을 느낀다.					
6	나는 이전에 하지 못했던 일을 해 보려는데 호기심을 갖는다.					

7	나는 여러 가지 일을 시도해 보는 데 즐거움을 느낀다.					
8	나는 어려운 문제일수록 도전하는 데 즐거움을 느낀다.					
9	나는 내가 할 수 있는 일보다 더 어려운 일에 더 큰 매력을 느낀다.					
10	나는 일을 하다 보면 언제나 새로운 용기를 얻는다.					
11	나는 나 자신의 능력을 신뢰한다.					
12	나는 무엇이든 나 자신이 노력하면 이루어질 수 있다고 믿는다.					
13	나는 나의 일생동안 위대한 업적을 이루어보겠다는 꿈을 가지고 있다.					
14	나는 마음 속에 늘 생동감이 넘친다.					
15	나는 항상 새로운 문제를 찾고 이것을 새로운 방법으로 해결하려고 애를 쓴다.					
16	나는 자신의 능력을 최대로 개발하려고 노력한다.					
17	나는 문제를 잡으면 그 문제를 해결할 때까지 놓지 않는다.					
18	내가 한 일에 대해서는 결과 여하를 막론하고 내가 책임을 진다.					
19	나는 되도록 나의 힘으로 일의 성과를 얻으려 노력한다.					
20	나는 어떤 상황이든 일단 관여한 일에는 최선의 결과를 맺도록 노력한다.					
21	나는 어떠한 일이든지 일단 시작한 일에는 최대의 노력을 기울인다.					
22	나는 어떤 과업이든 결과를 예상해 보고 성취 가능성에 따라 단계적인 실천 계획을 세운다.					
23	나는 성취할 목표를 명확히 하고 노력하는 과정을 수시로 검토하고 기록한다.					
24	나에게는 나름대로의 훌륭한 왕국을 꾸미려는 꿈이 있다.					
25	나는 끊임없이 나아지려는 욕구가 있다.					

(2) 강점 발견 인터뷰하기

- 서로 잘 모르는 사람끼리 짝을 짓는다.
- 서로 인터뷰한다.
- 질문은 단 하나. “당신의 잘난 점(강점, 뛰어난 점)은 무엇입니까?”
- 상대방에게 구체적으로 5개 이상 말한다.
- 서로 인터뷰한 두 사람이 함께 일어나서 모든 사람들에게 자기가 인터뷰한 내용을 소개한다.
- 상대방의 ‘강점’에 대해 발표한다.

09 콤플렉스

학습목표

1. 콤플렉스의 개념을 설명할 수 있다.
2. 콤플렉스의 형성 원인을 설명할 수 있다.
3. 콤플렉스의 유형들을 설명할 수 있다.
4. 콤플렉스의 해결 방법을 알고 실천할 수 있다.

주요 핵심어

• Jung • 콤플렉스 • 열등감 • 정신적 외상 • 정서적 충격 • 개성화

1 콤플렉스의 개념

우리는 보통 '콤플렉스'라고 하면 '열등감'이나 '열등의식'을 떠올리게 된다. 그렇다면 '콤플렉스'는 어떤 의미이고, 그 연구는 어떻게 시작되었는가? '콤플렉스'란 용어는 1895년 J.브로이어가 "히스테리의 연구"라는 논문에서 "히스테리의 원인이 되는 무의식적 마음의 복합체"를 가리키는 개념으로 처음 사용하였다. 여기에서 프로이트는 콤플렉스를 무의식 속의 고통이나 수치심, 공포감 등과 관련된 복잡한 감정 응어리로 생각하였다. 아들러는 보다 일반적인 의미의 '열등 콤플렉스'를 주장하여 큰 호응을 얻었고, 이때부터 '콤플렉스'가 '열등감'과 같은 뜻으로 널리 쓰이기 시작했다.

그러나 콤플렉스라는 용어를 가장 강조한 것은 스위스의 분석심리학자 C.G. Jung이다. Jung은 콤플렉스를 정신의학 용어로 개념화하였고, 콤플렉스는 인간의 정신을 구성하는 정신요소이며, 열등감만을 의미하지는 않는다고 주장하였다. Jung은 처음에 자신의 심리학을 콤플렉스 심리학(complex psychology)이라고 부를 정도로 콤플렉스를 중요시하였고, 1928년 『정신에너지의 발생론』을 발표하고 콤플렉스론을 확립하였다.

Jung이 콤플렉스를 발견한 것은 1902~1903년 사이에 실시한 단어 연상검사를 통해서였다. 이 검사에서 그는 사람들이 어떤 자극 앞에서 연상 시간이 많이 지연되거나 특이한 정감 반응을 보이는 것을 보고 그 원인이 콤플렉스 때문이라는 사실을 알게 되었다.

콤플렉스(complex)의 사전적 의미는 라틴어 com(함께)과 plectere(짜기)가 합쳐져서 생긴 말로 '짜진 것, 엉켜서 복잡한 것'을 말한다. 즉 콤플렉스는 특정한 생각이나 감정이 얽혀서 무의식 속에 들어가 있는 응어리이다. Jung은 콤플렉스를 '감정적으로 강조된 관념과 정감의 복합체'하고 하였다. 즉 콤플렉스란 하나의 핵을 중심으로 해서 그와 관련되는 많은 요소가 응집되어 있어서 정신 활동을 방해하는 정신적 인자(factor)이다. 이는 콤플렉스가 그 와 관련된 관념적인 내용이 나오면 내면에서 정감을 불러일으켜서 과도한 반응을 하게 한다는 것이다. Jung에 의하면, 콤플렉스는 대부분 의식의 통제에서 벗어난 감정과 사고의 복합물이며, 자아의식에서부터 분리된 정신요소들이다. 그래서 콤플렉스는 언제나 자아의식의 작용을 방해한다. 그러면 이 콤플렉스가 어떻게 생겨나며 어떠한 작용을 하는가?

② 콤플렉스의 원인과 작용

Jung에 의하면 콤플렉스는 유아기 때 감정적 충격을 받은 사건과 관계되는 관념적 내용이 하나의 핵을 형성하고, 그 주위에 그와 비슷한 내용들을 끌어 모아서 그 요소들이 동화되어 더 큰 덩어리를 이루어 콤플렉스가 형성된다. 이렇게 콤플렉스의 기원은 흔히 정신적 외상이나 정서적 충격 등과 같은 것이다.

우리는 왜 콤플렉스에 관심을 두어야 하는가? 만일 우리에게 어떤 콤플렉스가 있을 경우, 그것은 예기치 못한 때에 자신의 의지와는 상관없이 자아의식의 통제를 벗어나 밖으로 튀어나와서 우리를 난처하게 한다. 이렇게 해결되지 않은 콤플렉스는 언제나 우리의 삶에 많은 지체를 가져온다. 그것은 콤플렉스가 고통스럽고 괴로운 사건들이나 그 경험들에서부터 생겨나기 때문이다.

3 콤플렉스의 유형

콤플렉스를 몇 가지 소개하면 다음과 같다. 콤플렉스의 유형은 '일곱 가지 남성 콤플렉스', '일곱 가지 여성 콤플렉스' 및 교육심리학 용어사전 등의 내용을 정리하였다.

1) 착한아이 콤플렉스

착한아이 콤플렉스(good boy syndrome)는 타인으로부터 착한아이라는 반응을 듣기 위해 내면의 욕구나 소망을 억압하는 말과 행동을 반복하는 심리적 콤플렉스를 뜻한다. 이러한 형태는 유기공포를 자극하는 환경에서 적응하기 위해 어린이의 기본적 욕구인 유아적 의존욕구를 거부하고 억압하는 방어기제로 나타나는 것이다. 이를 바르게 해결되지 않고 그대로 성장하게 된 어른에게는 '착한아이' 대신 '착한여자, 착한남자, 좋은사람' 등으로 바꿔 부르기도 한다.

주로 '착하거나 말 잘 듣는 것은 좋은 것, 착하지 않거나 말 안 듣는 것은 나쁜 것'으로 규정하는데 이는 타인의 판단을 절대적으로 내면화한 것이다. 이러한 규정은 "착하지 않으면 사랑받을 수 없고 버림받을 것이다"는 믿음의 바탕에서 생성된다. 이러한 믿음은 어린이 자신이 처한 상황에서 만들어지며, 어른이 되어도 변하지 못하고 고착돼 얽매여 생활하게 된다. 이에 따라 타인의 눈치를 보고 타인이 하는 말에 집중하며 갈등 상황을 피하고 타인의 요구에 순응한다. 자신이 타인에게 착하게 행동하고 있는지, 타인도 그렇게 생각하는지 계속 눈치를 보며 확인한다. 반면 자신의 느낌이나 욕구는 억압하기에 언제나 내면은 위축되고 우울한 감정으로 가득 차게 된다.

2) 사내 대장부 콤플렉스

타인보다 우월해야 한다는 강박관념에 성공한 남자, 믿음직한 남자, 대범한 남자라는 인상을 보여주기 위해 자신의 욕망과 개성을 희생하거나 지나치게 과장하면서 우월감을 갖거나 한없는 열등의식을 갖는 것이다.

"사내대장부가 아무 때나 울면 안 되지. 남자는 평생 딱 세 번만 우는 거야. 태어날 때, 부모님 돌아가셨을 때, 나라가 망했을 때 외에는 우는 거 아니다." 이런 말을 들으며 자란 남성들이 많다. 눈물은 아플 때, 슬플 때, 힘들 때 흘리라고 있는 것이다. 매우 기뻐도 눈물이 날 때가 있다. 그러한 상황에서 울고 싶어도 억지로 참는 남성들이 많다. 찌질하거나 나약해 보여서는 안 된다는, 사내대장부 콤플렉스 때문이다. 자연의 섭리에 역행하면서 감정표현을 억제하면 몸과 마음에 병이 생기기 마련이다. 그러다 보니 우울증을 앓는 남성들도 많다. 가족의 생계를 홀로 책임져야 한다는 중압감도 어깨를 짓누른다. 힘들어도 도움을 요청하는 것이 나약한 모습으로 비쳐지지 않을까 걱정돼 참는다. 술과 담배로 달래려니 건강은 더 나빠진다. 스트레스가 쌓이면 폭력적인 모습으로 나타나기도 한다. 내 감정 표현마저 억누르다보니 남의 감정에 공감하기마저 어렵다. 성역할 고정관념의 피해를 남성들도 고스란히 당하고 있는 것이다.

"학교 행사가 있을 때면 내게 맡겨진 일뿐 아니라 무거운 짐을 들거나 못질 등 힘이 필요한 일은 도맡아 해야 한다. 그런데 나는 사실 별로 힘이 없어서 하기 싫은데 그대로 이야기 하기가 두렵다."

"밤늦게 귀가할 때는 '내가 데려다 주지. 밤길에 여자들끼리는 위험하거든'하며 앞장을 서곤 한다. 사실 나도 밤길은 무섭다. 깡패라도 만나면 어쩌지 라는 생각이 들기 때문이다. 그렇지만 나는 남자인데 이 일을 피하면 친구들이 나를 우습게 볼 것 같아 겉으로는 자신만만하게 행동한다."

위의 두 사람은 주위 사람에게 사내 대장부 혹은 "역시 사나이", "남자답다"라는 말을 들으려고 자신의 감정이나 하고 싶은 말을 참고 감추는 것이다.

3) 신데렐라 콤플렉스

신데렐라 콤플렉스에 빠진 여성은 무엇인가를 하려고 하거나 해야 할 때 두려움이나 불안을 느낀 나머지 주저하며 포기하려는 상태에 이른다. 실제로 못하게 막거나 억압하는 대상이 없을 때도 미리 겁을 내거나 두려워하여 아무것도 하지 못하고 누군가 해주었으면 하고 바라는 것이다. 더 나아가 자기 비하나 열등감에 무의식적으로 빠져 들기도 한다. 신데렐라 콤플렉스는 동화 속의 신데렐라처럼 자기의 인생을 뒤바꿔 줄 왕자를 기다리는 신데렐라의 꿈을 깨지 못하는 것이다.

신데렐라 콤플렉스(Cinderella complex)는 자신의 배경과 능력으로는 사회적으로 높은 위치에 설 수 없을 때 여성이 자신의 인생을 180° 바꿔 줄 왕자님에게 보호받고 의존하고 싶어하는 여성의 심리를 뜻한다.

미국의 콜레트 다울링의 저서 『신데렐라 콤플렉스』에 서 등장한 용어로, 계모에게 학대당하던 아가씨가 왕자와 결혼하게 되는 내용의 동화 『신데렐라』에 연유한다. 즉, 자기의 능력으로 자립할 자신이 없는 여성이, 마치 신데렐라처럼 자기의 인생을 일변시켜 줄 왕자가 나타나기를 고대하는 여성의 의존심리를 뜻하는 말이다. 이는 신데렐라 이야기를 담은 드라마를 봄으로써 대리만족을 느끼고 나아가 그 이야기가 인기를 얻는 것에서 찾아볼 수 있다.

의존성, 두려움, 열등감, 결혼에 대한 경제적·정서적 집착과 무기력증, 취업이나 자신의 일에 대한 회의와 공포심을 지닌다. 신데렐라 콤플렉스에 빠진 여성은 어릴 때는 부모에게, 어른이 된 뒤에는 애인이나 남편에게 의지한다. 특히 일정한 나이를 먹으면 일생을 책임져 줄 남편을 찾기에 몰두하기도 한다. 동화 속의 신데렐라처럼 자기의 인생을 뒤바꿔 줄 왕자를 기다리는 꿈을 깨지 못하고 꿈과 현실 사이에서 갈등하는 심리가 깊어지면 신데렐라 콤플렉스 증상이 나타나는 것이다.

"저는 부모님의 사랑받는 딸이에요, 지금까지 그 분들의 뜻대로 잘 살아왔어요. 앞으로도 부모님을 의지하며 살아가면 별 어려움 없이 살 수 있을 거예요." (22세 학생)

"완벽한 주부가 되는 것은 어려운 일입니다. 그래도 가족의 행복을 위해 사는 데 보람을 느끼지요. 남편이 가족을 위해 고생하고 있으니 편안하고 안락한 가정을 꾸미는 것은 당연히 제 몫이죠. 남편의 성공과 아이들의 성장이 여자의 행복 아니겠어요?" (39세 주부)

"친구들과 여행이나 등산을 가려면 항상 두려운 생각이 들어요. 그래서 남자 리더를 찾게 되지요."

"내가 노조에서 여성 부장을 맡자 갑자기 주위가 시끄러워지더군요. 강제 퇴직이라도 당하면 결혼에 지장이 있을 것도 같고 무언가 번거롭게 느껴져 직책을 내놓았지요."

4) 맏이 콤플렉스

맏이(첫째 아이)는 '잘해야 한다'는 의무감, 책임감, 모범 의식 등에서 오는 고민과 부모나 형제의 기대에 부응하지 못할 때 느끼는 자책감으로 잘못된 일은 모두 자신에게 책임이 있다고 여긴다. 어린 시절부터 그러한 가정환경에서 성장하게 되면 성인이 된 후에도 확고하게 독립된 인격과 가치관을 갖기 어렵게 되고 언제나 남의 시선을 의식하면서 자신의 생각이나 행동을 자제한다. '부모 입장에서 맏이에게 기대한다'는 45.5%로 다른 아이(21%)에 비해 두 배 이상인 것으로 나타났다.

'형만한 아우 없다'라는 속담처럼 맏이는 부모를 비롯하여 다른 사람들에게 복종해 가는 과정에서 자아를 억제하고 다른 사람의 욕구를 우선시하며 참고 양보하는 것을 먼저 배운다. 어려서부터 '모범이 되어야 한다', '언니 혹은 형이니까 참아야지'라는 이야기를 많이 듣곤 한다.

5) 피터팬 콤플렉스

피터팬 증후군(Peter Pan syndrome) 또는 콤플렉스는 몸은 성인이 되 성인이 되기를 거부하고 어린이나 소년이 되기를 원하는 심리상태 또는 그러한 행동을 말한다. 어른이 된 후에도 사회에 적응을 하지 못한 채 어린아이와 같은 행동을 하는 사람들에게서 볼 수 있는 특성이다. 이러한 사람들은 책임감이 없고, 항상 불안해하며, 쉽게 현실에서 도망쳐 자기만의 세계에 빠져드는 경향을 보인다. 피터팬 증후군은 1970년대 미국남성을 중심으로 그 경향이 보이기 시작했다. 1980년 이후에는 일본에서도 경제위기 이후 장기적 침체와 함께 젊은 남성들 사이에 피터 팬 증후군이 확산되었다.

6) 슈퍼우먼/슈퍼맨 콤플렉스

슈퍼우먼/슈퍼맨 콤플렉스를 가진 사람은 대인관계에서 남들에게 보여지는 모습과 자기 혼자만의 내적인 모습이 불일치해질 때가 많다. 자기 자신의 모습에서 조금이라도 부족하고 열등한 모습을 다른 사람에게 보여주고 싫어하지 않기 때문이다. 슈퍼우맨/슈퍼맨 콤플렉스는 자신이 가지고 있는 능력에 관계없이 직장인, 주부, 어머니, 아내, 며느리 혹은 남편, 아버지, 사위 등의 다양한 역할을 완벽하게 하려는 사람을 말한다.

이들은 스스로 완벽해야 한다는 관념을 갖고 있어서 오히려 집안이나 직장에서 많은 스트레스를 겪는다. 신체적·심리적으로 갈등하며 모든 것을 완벽하게 하지 못하면 심한 불안감, 초조감, 죄책감 등으로 고통을 받는다. 그래서 때로는 자신의 문제를 잊기 위해 다른 일을 정신없이 하기도 하고 다른 사람에게 분풀이를 하거나 과도한 음주, 흡연, 약물 등을 복용하기도 한다.

④ 콤플렉스의 해결(극복)

콤플렉스는 심신의 갈등을 고조시키는 원인이 될 수 있다. 자신의 모습을 현실적으로 수용하지 않으면, 급격한 번아웃이 나타나면서 우울증, 불안증 등으로 나타나기도 하고 다양한 신체증상 혹은 신경성 질환의 형태로 나타나기도 한다.

콤플렉스를 의식화하는 것은 인격 성숙에 중요한 과제인데 무의식의 콤플렉스를 깨달으려면 고통과 불쾌감을 참아내는 용기가 필요하다. 콤플렉스가 신경증이나 그 외의 병적인 증상을 일으키는 것은 콤플렉스 자체가 병적이어서가 아니라, 콤플렉스의 존재를 거의 병적으로, 외면하려고 하거나 억압하려고 하는 의식의 잘못된 태도 때문이다.

우리가 콤플렉스를 의식화하려면 어떠한 과정을 거쳐야 하는가? Jung은 자신의 내면으로 깊이 들어가서 무의식을 들여다보고 작업해야 개성화를 이룰 수 있다고 하였다. 즉, 자신의 내면에 있는 자기(自己)를 실현하는 개성화 과정을 통하여 우리 내면의 콤플렉스를 깨달을 수 있다고 하였다. 개성화(individuation)란 참 자기가 무엇을 원하는지 주목하고 내면에서 나오는 본래의 진정한 자기의 모습대로 사는 것이다. 개성화를 통하여 콤플렉스에서 벗어날 수 있으며, 내면의 고통으로부터 자유로움을 회복할 수 있다는 것이다. Jung은 자기가 되는 것, 자신의 본래성을 되찾는 것, 즉 자기를 실현시키는 것은 어느 지점에서 끝나는 것이 아니라 우리의 삶의 전 과정을 통하여 계속되는 과정이라고 강조하였다. 그러므로 개성화 과정은 끊임없이 어려움을 극복해가는 과정이며, 평생 추구해야 하는 작업이다.

우리가 자신의 콤플렉스를 극복하려면 먼저 자신의 콤플렉스를 정확하게 찾아서 발견해야 한다. 그리고 자신의 콤플렉스를 있는 그대로 인정해야 한다. 우리는 자주 자신의 콤플렉스를 발견하고도 그럴듯한 이유와 변명을 대며 자신의 콤플렉스를 인정하지 않으려고 한다. 콤플렉스로 인하여 불쾌하게 느껴지는 사실을 우리는 외면하려고 하며 감추려고 한다. 그러나 우리 스스로 깨닫고 인정한 자신의 약점은 더 이상 약점이 되지 않는다. 콤플렉스는 무의식 중에 우리의 행동을 좌지우지 하지만 한편으로 에너지의 원천이기도 하다. 이렇듯 콤플렉스는 부정적 요소 뿐만 아니라 긍정적 요소도 함께 가지고 있어서 자기 성장을 방해하기도 하고 촉진하기도 한다. Jung은 콤플렉스가 우리의 삶에 꼭 필요한 영감과 충동의 뿌리가 될 수 있다고 하였다. 아들러도 개인 무의식과 열등 콤플렉스를 집중 연구한 후, 각 개인의 노력과 관심에 의해 콤플렉스를 긍정적인 방향으로 승화시킬 수 있다고 하였다.

현대는 개성과 자아가 존중되는 시대이다. 오늘을 사는 우리들은 스스로 부족하다고 생각하는 부분을 콤플렉스라고 여겨 감추고 자신을 억제하기 보다는 자신을 스스로 사랑하는 자세와 자신의 삶을 창조적으로 가꾸어 가는 것이 필요할 것이다.

(1) 나도 사내 대장부 콤플렉스에 사로잡혀 있을까?

다음 설문지의 문항을 읽어 내려가면서 체크하다 보면 자신이 사내 대장부 콤플렉스에 어느 정도 빠져 있는지, 자신이 무엇을 추고하고 무엇에 좌우되며, 그렇다면 무엇이 필요한지 가늠해 볼 수 있다.

각 문항을 전혀 그렇지 않다 1점, 대체로 그렇지 않다 2점, 대체로 그렇다 3점, 매우 그렇다 4점으로 평가하여 (　　)에 기록한다.

1. 나는 일에서 성공하는 것을 생의 목표로 삼고 있다 …… (　　)
2. 나는 가족을 위해 돈을 벌어야 한다. …… (　　)
3. 나는 과중한 일도 서슴없이 한다. …… (　　)
4. 남자는 가족의 존경을 받아야 한다. …… (　　)
5. 남자는 주장을 굽혀서는 안된다. …… (　　)
6. 나는 감정적이기보다 이성적이다. …… (　　)
7. 남자는 항상 자부심이 강해야 한다. …… (　　)
8. 나는 고통스러워도 내색하지 않는다. …… (　　)
9. 나는 고통스러워도 내색하지 않는다. …… (　　)
10. 거칠어 보이는 남자가 좋다. …… (　　)
11. 나는 남 앞에서 걱정거리를 늘어놓지 않는다. …… (　　)
12. 남자는 경우에 따라서는 주먹을 쓸 수 있다. …… (　　)
13. 나는 약해 보이는 것이 싫다. …… (　　)
14. 남자는 육체적으로 강해야 한다. …… (　　)
15. 남자는 모험을 즐길 줄 알아야 한다. …… (　　)
16. 나는 “여자 같다”는 말을 들으면 기분 나쁘다. …… (　　)
17. 요리나 바느질하는 남자는 매력이 없다. …… (　　)
18. 남자는 간호사, 보모 일을 해서는 안된다. …… (　　)
19. 파마, 액세서리 등 치장하는 남자는 보기 흉하다. …… (　　)
20. 남자가 남 앞에서 우는 것은 부끄러운 일이다. …… (　　)

점수를 계산해 보아 41점 이상은 정도의 차이는 있으나 알게 모르게 사내 대장부 콤플렉스를 갖고 있는 남성이다. 특히 60점 이상인 경우에는 '사내 대장부형'에 속하는 남성으로 사내 대장부 콤플렉스에 빠져 있다는 사실조차 깨닫지 못한다. 이들은 주변에서 '사내 대장부'라거나 "늠름하고 남자답다"라는 말을 자주 듣는다. 남성 우월주의를 내세워 여성이 저자세로 나오지 않거나 대등한 입장에 서면 긴장하고 공격적인 태도를 보인다. 그래서 자기 마음대로 다룰 수 있는 착하고 의존적인 여성에게만 관심을 갖는다.

41점에서 59점 사이의 남성은 '갈등형'으로 사회에서 요구하는 이상적인 남성형을 알고는 있으나 속으로는 남성으로서 짊어져야 하는 갖가지 부담을 내려놓고 편안하게 안주하고 싶어하는 마음이 있다. 따라서 상황에 따라 겉으로는 사내 대장부형을 따르지만 갈등을 피할 수 없다. 자신의 개서성을 죽이고 주어진 역할만 무난히 좇아 가지만, 자신을 살릴 수 없는 현실에 불만을 느낀 채 자기 속마음을 감추고 갈등한다.

40점 이하는 '수용형'으로 사내 대장부 콤플렉스가 그다지 드러나지 않으며, 자신의 감정을 솔직하게 표현하고 여성에 대해 열린 마음으로 협력하는 삶을 추구한다. 가정과 직장, 경쟁과 화합, 합리성과 정감을 양립시킬수 있는 사람이다. 여성도 자신의 주체적인 생각으로 살며 남녀가 대등한 입장에서 의논해 가는 동반자가 되어야 한다고 믿는다.

사내 대장부 콤플렉스 증상이 실제로 우리나라 남성에게 어떻게 나타나고 있으며, 그 원인은 무엇인지에 대해 설문조사 결과와 사례를 통해 살펴보면 다음과 같다.

조사 대상자의 과반수가 훨씬 넘는 89.3%의 남성들이 사내 대장부 콤플렉스에 시달리고 있고, 그 중 자신이 의식하든 못 하든 콤플렉스에 완벽하게 빠진 사내 대장부형은 16.6%, 자신의 상황을 고민하는 갈등형은 72.7%였다. 그리고 40점 이하의 콤플렉스를 초월한 수용형은 10.7%에 불과하다. 결국 우리 나라 남성 대부분이 사내 대장부 콤플렉스에 깊게 빠져 있는 것으로 나타났다.

[출처] 일곱 가지 남성 콤플렉스.

10 효과적인 의사소통

학습목표

1. 효과적인 의사소통을 위한 상담자의 기본태도를 이해할 수 있다.
2. 효과적인 의사소통 기술을 습득할 수 있다.

주요 핵심어

• 경청 • 공감 • 즉각성 • 일치성 • 지지 • 의사소통 장애요인

1 경청하기

모든 상담에서 상담자가 취해야 하는 가장 기본적이고도 중요한 태도 중 하나인 경청은 내담자의 이야기(객관적 사실 관계, 감정, 인생철학 등)를 온몸으로 주의를 집중한 채 듣는 것이다. 경청은 타인의 이야기를 자신의 판단이나 기대나 선입견이 없이 있는 그대로 듣는 것이다. 또는 경청은 상대의 말을 듣기만 하는 것이 아니라, 상대방이 전달하고자 하는 말의 내용은 물론이며, 그 내면에 깔려있는 동기나 정서에 귀를 기울여 듣고 이해된 바를 상대방에게 피드백 주는 것을 말한다.

경청은 타인을 이해하고 공감하기 위해 하는 훈련이지만 가장 기본적으로는 자신 안에서 올라오는 반응들을 알아차리고 관찰하는 훈련이라고도 할 수 있다. 우리가 상대방과 관계를 형성할 때 있는 그대로 그 사람을 이해하고 알아차리기 어려운 가장 큰 이유는 우리 안에서 이미 만들어져 있는 판단과 선입견의 틀 때문이다. 이것은 내 앞에 있는 사람을 진실되게 있는 그대로 바라보고 경험할 수 없게 만든다.

개인상담과 집단상담 모두 경청은 가장 기본적이고 중대한 상담자의 태도다. 경청 중에서도 특히 로저스(Rogers) 등이 제창한 적극적 경청은 중요한데, 이는 단순히 수동적으로 듣는 역할만이 아니라, 스스로 적극적인 관여를 해 가면서 마음을 가지고 '네', '예', '응', '으흠' 등 맞장구를 치거나, 응답 내용의 중요 어구나 감정 용어를 반복하면서 듣는 방법이다.

상담과정에서 상담자가 내담자의 말에 경청을 하면 상담자가 내담자의 말 하나하나에 중대한 관심을 가진 채 듣고 있다는 점이 분명해지기 때문에 내담자는 자신이 중요하게 생각되고 있다고 느끼며, 그 결과 자신을 중요시하게 된다. 특히 상담 초기에는 상담자가 경청 태도가 매우 중요하다.

의사소통은 한 사람이 일방적으로 자신의 의견을 내세우는 것이 아니라 상대방과 내가 어떤 주제, 감정, 생각, 또는 일에 대해 서로 교류하며 나누는 것이다. 이런 교류를 위해서는 상대방의 의사표현을 잘 이해하는 것이 필수이다.

경청은 의사소통의 가장 기본이 되는 기술로서 서로 간의 친밀감을 형성하고 서로 신뢰하는 관계를 유지하는 데에 가장 중요한 역할을 한다. 상대방의 이야기를 있는 그대로 들어 주는 것만으로도 치료가 일어나고 대인관계의 질이 향상될 수 있다. 상대방의 말을 잘 들을 때 우린 상대방에 대해 더 분명하게 이해할 수 있고 서로의 마음을 느끼고 존중해 줌으로써 자연스럽게 친밀한 관계를 맺게 된다.

또한 경청은 상대방을 존중하는 마음의 표현이라고 할 수 있다. 즉 우리가 상대방과 대화하는 동안 나 자신의 관심이나 생각, 느낌을 잠시 내려놓고, 상대방에게 집중하여 그를 진정으로 이해하고 공감하겠다는 의지의 표현이다. 대부분의 사람들은 상대방이 자신의 이야기를 끝까지 잘 들어 주기만 해도 스스로의 문제를 해결할 수 있다.

① 상대방의 이야기를 잘 들어주지 않는 자세

- 상대방에게 시선을 고정하지 않고 여기저기 둘러보며 이야기를 듣는다.
- 눈을 마주치지 않는다.
- 딴짓하거나 손이나 발을 자꾸 움직여 주의를 산만하게 한다.
- 이야기를 듣는 중간에 이야기를 자른다.
- 자신의 경험을 이야기한다.

- 상대의 이야기를 자신의 기준으로 판단하고 옳고 그르다는 비판적인 대답을 한다.
- 딴생각을 하느라(특히 대답할 말을 생각하느라) 상대방의 말을 놓치고 거의 반응하지 않는다.

② 경청을 위한 자세

- 상대방의 눈을 바라보며 이야기를 듣는다.
- 상대방을 향해서 몸을 기울여 앉는다.
- 상대방의 이야기가 끝나기 전에 끼어들지 않는다.
- 고개를 끄덕인다.
- 대화의 중간에 음성적으로 반응을 나타내 준다.
  예) "응, 그렇구나.", "맞아, 그럴 수도 있겠네."
- 상대방을 말을 요약하거나 중요한 단어는 한 번 더 말해주는 등 상대방의 말을 잘 듣고 있음을 공감적 반영을 통해서 알린다.
  예) "~했다는 말이구나.", "그래서 ~했다는 거지?"
- 이해가 안 되거나 더 싶은 감정에 다가가기 위해 적절히 질문을 던진다. 그러나 질문이 말의 흐름을 끊을 수 있다는 사실을 먼저 생각해야 한다.

상담관계에서 대화는 필수적이다. 대화를 잘 하는 사람은 말을 많이 하는 사람이 아니라 남의 말을 잘 들어주는 사람이다. 디즈레일리(B. Disraeli)는 "사람들에게 호감을 갖게 하는 방법은 간단하다. 다른 사람의 말을 열심히 듣는 것이다"라고 하였다. 다른 사람의 말을 열심히 듣는 것! 이것이 바로 사람의 마음을 움직이게 하는 핵심 키워드이다. 그래서 1분 동안 말을 했다면, 그 두 배인 2분 동안은 귀를 기울여 듣고, 그 2분 동안에 최소한 세 번은 맞장구를 치라는 대화의 법칙 1 : 2 : 3이 있다. 이 법칙은 사람을 움직이는 대화는 입이 아니라 귀이고, 귀담아들을 때 적절한 맞장구는 대화의 윤활유가 된다는 것이다.

침묵은 경청과 더불어 동반기술에 속한다. 긍정적이고 수용적인 침묵은 가치 있는 치료적 도구로, 대상자로 하여금 말할 수 있는 용기를 주며, 치료자와 대상자 모두에게 생각을 정리할 시간을 준다. 또한 수용, 관심, 지지로 나타날 수 있다. 그러나 침묵의 효과는 대상자가 침묵을 어떻게 받아들이느냐에 따라 달라지므로 조심스럽게 사용해야 한다.

예) 내담자: 부모님이 이혼을 하시겠다는데 전 어떻게 해야 할지 모르겠어요. 너무 막막하고, 두 분이 헤어지시는 게 싫은 마음을 어떻게 표현해야 할지 모르겠어요. (흐느껴 울기 시작한다.)

상담자: (침묵을 지키며 그녀가 충분히 울도록 허용해 준다.)

내담자의 슬픔을 함께 하며 그가 감정을 충분히 표현하도록 허용하면서 기다려 주는 것이 어떤 위로보다 더욱 효과를 발휘할 수 있다.

2 공감하기

공감이란 상대방의 느낌을 함께 느끼는 것을 말한다. 즉 상대방이 경험하는 기쁨과 슬픔, 좌절, 분노, 불안, 혼돈의 감정을 마치 나의 감정인 것처럼 느끼는 것이다. 그러나 상대방의 감정을 자신의 것으로 느끼면서도 자신의 감정과 관련시켜 혼돈하지 말아야 공감적 이해가 가능하다.

공감이 올바르게 이루어지면 상대방과의 깊은 연결성이 느껴지면서 서로 간에 진실하고 판단이 개입되지 않은, 효과적인 소통이 이루어진다. 즉 공감적 피드백은 상대방의 행동이나 생각이 내 마음에 들지 않고 나의 기준과 많이 다르다 해도 그 사람의 입장에서라면 충분히 그럴 수 있으리라고 이해하면서 듣는 것이다. 다시 말해 상대의 말이나 행동에 무조건 동의해야 하는 것은 아니다.

상대방의 사실적 경험, 생각, 느낌, 기대와 희망 그리고 욕구 등 내면세계가 명료해지고 이를 자유롭게 탐색하게 되면 상대방은 마침내 자신의 감정이 있는 그대로 받아들여지고 있음을 경험하게 된다. 이렇게 될 때 서로가 서로에 대해 배우며 성장할 수 있다.

공감을 할 때는 주의를 온전히 상대방에게 집중해야 한다. 모든 관심의 초점이 상대방에게 맞춰져야 한다. 상대방과 대화하면서 나의 불안, 걱정, 감정, 바라는 것 등에 마음을 두고 있으면 상대방은 자신이 받아들여지고 있지 않음을 느끼게 된다.

다음은 일반적으로 공감적 피드백(대답하기) 시 지켜야 할 몇 가지 규칙이다.

1) 즉각성

즉각성이란 시간을 지체하지 않는 것이다. 상대방의 말을 이해했다면 너무 지체하지 말고 공감적 피드백을 하는 것이 좋다. 시간이 지날수록 대답하기의 영향력은 줄어든다.

예를 들어, “어제 남자 친구랑 싸웠는데 너무 힘들어.”라고 말한 친구에게 이틀이나 지난 후에 “네 남자 친구랑 싸웠다는 말을 생각해 봤는데….”라고 새삼스럽게 이야기하는 것은 그 효과가 떨어진다. 그러므로 대화 중에 상대방의 말에 즉시 대답하는 것이 중요하다.

2) 일치성

일치성이란 당신이 느끼는 진정한 반응뿐 아니라 보이고 싶지 않은 부정적 느낌까지 정직하게 보여주는 것을 의미한다. 예를 들어, 당신이 상대방에게 잘못했다고 생각하지만 위협을 느껴서 그 마음을 표현하기 쉽지 않다고 하면 이 감정까지도 솔직하게 피드백 할 수 있어야 한다.

“내가 잘못했다는 것을 알고 너에게 사과하고 싶었지만 혹시 내 사과를 받아들이지 않고 더 화를 낼까 봐 걱정되고 두렵기도 해서 많이 주저했어.”라고 하는 것이다. 나의 마음 안에서 일어난 것까지 이야기하는 것이 정직한 피드백이다.

3) 지지

지지란 정직한 피드백을 한다는 이유로 상대방의 마음에 상처를 주어서는 안 된다는 것을 의미한다. 부정적인 의견을 표현할 때는 상대방의 자존심을 상하게 하거나 약점을 이용하거나 위협적인 용어를 사용하는 대신, 상대를 존중하면서 부드럽게 표현하는 방법을 찾아야 할 필요가 있다.

예를 들어, “하고 싶은 일도 없고 기운도 없고 요새 같아서는 다

포기하고 싶어요. 제가 아무래도 능력이 모자란 일을 시작한 것 같아요."라고 말했을 때, "일이 뜻대로 잘 진행되고 있지 않아서 무척 스트레스를 받고 있군요. 자신의 능력에 대해서도 회의가 오고요. 지금 상태를 견디는 것이 쉽지 않을 거예요. 당장은 차라리 포기하는 것이 나을 것 같다는 생각뿐이겠지만, 지금 결정을 내리는 것보다 시간을 좀 두고 더 생각해 보는 것이 어떨까요?"하는 것이다. 상대방의 입장에서 생각하고 대답하면 진정한 공감적 대답이 가능하다.

3 효과적인 의사소통 방법

1) 효과적인 의사소통의 장애요인

기본적으로 우리는 나 자신과의 소통을 원하며 가까운 가족이나 친구들 그리고 사회에서 만나게 되는 사람들과의 소통을 원한다. 소통이 일어난다는 것은 서로 간에 이해가 일어난다는 뜻이며 이해가 일어날 때 사람들은 인정받는다는 느낌과 존중받는다는 느낌을 얻고 이 느낌의 충족을 통해 행복을 느낄 수 있다. 반대로 소통에 문제가 생겼을 때 우리는 답답함과 분노를 느끼며 쉽게 좌절감에 빠지게 되고, 버림받은 느낌과 거리감 또는 이해받지 못하는 느낌을 갖게 된다. 이것은 삶에 큰 스트레스로 작용한다. 상담 장면에서 효과적인 의사소통에 장애가 되는 일반적인 요인들은 상담자 측면, 내담자 측면, 환경적 측면으로 구분할 수 있다.

(1) 상담자 측면의 장애요인

① **의사소통 기술의 결여**: 의사소통 기술은 그 중요성을 인식하고 계속되는 노력과 많은 경험을 통해 이루어지는데, 의사소통 기술 향상을 위해 적극적인 노력을 하지 않는 경우 치료적 의사소통이 이루어질 수 없다. 예를 들면, 상담자가 말을 빠르게 하고 목소리가 작으나 이를 타고난 경향이라 단정하고 개선할 노력을 하지 않아 대상자가 치료자의 말을 알아듣기 어려워 한다.

② **선입견과 고정관념**: 상담자의 선입견은 메시지를 간과하게 하며, 고정관념 또한 지각된 메시지에 잘못된 해석을 내리게 한다. 예를 들면, 비행 청소년과의 면담을 하는 상담자가 청소년 비행에 대한 부정적인 선입견이 강하면, 내담자의 이야기를 귀담아 듣지 않고 그의 입장을 이해하려 하지 않으면서 무조건 비판하고 훈계하게 된다.

③ **개인이 가지는 인격의 특성, 심리적 복잡성**: 상담자에게 성격적인 어려움이나 내적 갈등이 있을 경우 대인관계가 억제되어 의사소통의 장애요인이 된다. 예를 들면, 상담자가 부부싸움을 하여 힘든 상태에서 상담을 하는 경우, 내담자의 호소에 집중하지 못하고 심한 경우 자신의 감정을 대상자에게 투사하여 괜히 냉정하거나 흥분할 수 있다.

④ **평가적이며 비판적인 태도**: 상담자의 반응이 평가적이고 비판적일 때, 내담자가 말하는 핵심은 간과하고 대상자의 자유로운 의사표현을 방해한다. 예를 들면 내담자가 부모와의 갈등을 말할 때 상담자가 누구의 잘못인가부터 판단하려 한다면

그 내담자는 상담자로부터 야단을 맞을까봐 자신의 이야기를 솔직하게 말하지 못한다.

⑤ **다른 직무로 인한 압박**: 일에 밀려서 바쁘면 눈앞에 놓인 일부터 먼저 다루게 되고 다른 사람과의 의사소통에 대해 관심이 적어질 수 있다. 예를 들면 상담자가 근무 교대시간이 다 되어서 정리해야 할 일이 많은 상황, 내담자가 우울한 표정을 지으며 면담을 요청할 때, 상담자는 자신의 일정으로 인해 면담을 미루게 된다.

⑥ **언어의 장애**: 언어가 점점 분화되어 의사소통이 어려워질 수 있으며, 전문용어나 약어의 사용이 장애요인이 될 수 있다. 예를 들면 내담자에게 생소한 'acting out(내적 갈등을 행동화하는 것)', 'PD(personality disorder, 인격장애)' 등의 용어를 거리낌 없이 사용하여 내담자가 이해하지 못한다.

⑦ **방어적인 태도**: 자신에 대한 타인의 느낌을 받아들이지 않는 태도이다. 예를 들면 내담자가 상담자에 대해 불편함을 드러내는데, 이를 인정하지 않고 내담자의 성격적인 문제로만 돌린다.

⑧ **잠재적 의도**: 자신의 욕구나 목적에 따라 의식적, 무의식적으로 대화를 이끌어 가는 경우를 말한다. 예를 들면 상담자가 이미 내담자의 심리적 동기를 자신의 생각만으로 예상해 놓고, 그에 맞추어 내담자와의 대화를 유도한다.

(2) 내담자 측면의 장애요인

① **과거의 경험**: 자신의 과거경험 때문에 메시지를 왜곡하여 받아들이는 경우로, 대화의 단절을 초래한다. 예를 들면, 상담자

가 "당신이 힘들어하는 부분에 대해 이야기 해주세요."라고 하였을 때, 내담자가 "그렇게 말해 놓고 나중에 다른 사람들한테 다 떠벌려서 나를 창피하게 할 거죠?"라고 불신한다.

② **선입견과 고정관념**: 선입견으로 인해 메시지를 거부하거나, 불확실한 정보나 편견으로 형성된 고정관념 때문에 속단하거나 성급하게 단념함으로써 의사소통의 단절이 오게 된다. 예를 들면, 청소년의 경우 '어른들은 다 똑같다'는 선입견으로, 말을 꺼내면 자기를 이해하지 못하고 야단 칠 것 같아 상담자에게 아무 말도 하지 않는다.

③ **자기 노출에 대한 두려움**: 자기를 노출시켰을 때 상대방으로부터 거부당할 것이라고 생각되면 의사소통이 원활하지 못하게 된다. 예를 들면, 사람들은 향해 욕하고 때리고 싶은 마음이 있는데, 이것이 알려지면 자신이 비난받을까 봐 솔직히 말하지 못하고 상담자에게 늘 온순하고 예의 바른 모습만 보이게 된다.

④ **'지금, 여기(Now and Here)'의 의미 결여**: 의사소통을 흔하게 방해하는 장애물 중의 하나가 과거, 다른 곳, 타인 등에 대한 이야기를 하는 것으로, 이 경우 대화가 실감나지 않고 친밀감을 느낄 수 없게 된다. 예를 들면, 내담자가 현재의 자신의 문제보다는 과거에 상처 받았던 것만 반복적으로 언급하거나 자신의 느낌보다는 다른 사람의 반응에 초점을 맞추어 치료적 대화의 초점을 흐린다.

⑤ **지각의 장애**: 지각의 장애가 있는 대상자는 오해하거나 상처를 받기 쉽다. 예를 들면, 청각에 이상이 있어서 잘 알아듣지 못하는 사람의 경우 남들이 자기가 묻는 질문에 대답도 제대

로 하지 않는다고 원망한다.

⑥ **표현능력과 이해능력의 부족**: 대상자에게 의사소통의 기술과 이해능력이 부족한 경우 의사소통이 잘 되지 않는다. 예를 들면, 내담자의 어휘력이 부족하여 자신의 복잡한 감정을 말로 표현하지 못하고 무조건 화를 내거나 공격적인 행동을 앞세우게 된다.

⑦ **무의식적인 의도**: 메시지를 객관적으로 받아들이지 못하고 자신의 자아개념에만 일치되게끔 메시지를 선택적으로 받아들이거나 왜곡하여 받아들이는 경우이다. 예를 들면, 타인이 해주는 칭찬만 귀담아 듣고, 충고는 자신을 잘 몰라서 함부로 말하는 것이라 여기고 무시한다.

(3) 환경적 측면의 장애요인

소음, 기온, 분위기 등 외적인 것들이 메시지의 전달을 방해할 수 있다. 예를 들면, 너무 더운 날씨, 여러 사람들이 오가는 개방된 공간, 창밖의 공사현장 소음 등이다.

2) 비효과적인 의사소통 기술

우리가 상대방에게 도움이 되리라 생각해서 쉽게 사용하지만, 실제로 대화를 방해하거나, 의도와는 다르게 효과가 없는 의사소통 기술은 다음과 같다.

(1) 폐쇄적인 질문을 사용하여 꼬치꼬치 캐묻기

폐쇄적인 질문이란 상대방이 '예/아니오'로만 대답하도록 하는 질문이다. 이는 상대방의 다양한 표현을 방해하는 것이고, 말하는 사람이 자신의 생각을 내세우는 것으로 보일 수 있다. 또한 꼬치꼬치 캐묻는 것은 상대방에 대한 진정한 관심보다는 사건 자체에 대한 흥미를 갖고 있는 것으로 보일 수 있으며, 상대방이 심문 받는 느낌이 들 수 있으므로 자제해야 한다.

폐쇄적 질문 중에 '왜'를 이용한 집요한 질문들 역시, 대상자가 이에 대답하기 위해 말을 만들고 변명할 우려가 있으므로 가능하면 사용하지 않도록 한다.

예) "오늘은 기분이 좋으십니까?"

(2) 스스로 짐작하여 단정 짓기

이는 상대방을 나의 생각과 기준을 통해 함부로 단정 지음으로써, 상대방이 이해받지 못한다고 느끼게 한다.

예) "오늘 표정이 어두운 것을 보니 어제 내가 한말에 기분 상했나 보군."

(3) 지나친 칭찬과 동의하기

상대방의 의견에 고개를 끄덕이면서 동의하는 것과 막연한 칭찬을 남발하는 것은 판단의 기준이 상대방이 아닌 나에게 있음을 나타내며, 결국 상대방이 자신의 판단이 아닌 나의 눈치를 보며, 나의 기준에 맞추도록 하는 결과를 초래한다. 상대에 대한 칭찬은 막연한 것이 아니라 구체적인 점에 대한 표현이어야 하며, 상대방의 의견에 동의하는 것은 신중해야 한다.

예) "생각 잘 하셨어요." "그림을 참 잘 그리셨네요." "당신의 생각이 옳아요."

(4) 성급하게 상대방의 의견에 반대하기

숙고하지 않고 반사적으로 상대의 의견에 반대되는 말을 한다면, 상대방은 자신의 의견이 아니라 자신의 존재 자체를 거부당했다고 오해할 수 있다.

예) "난 당신과 생각이 달라요." "그거 아닌 것 같아요."

(5) 판단하고 비난하기

예) "그건 당신이 잘못한 거예요."
"그런 말로 하는 걸 보니 당신이 어리석었군요."

이러한 말들 역시 판단의 기준이 상대방이 아닌 나에게 있음을 나타내며, 상대를 위축하게 만들고 스스로 판단하지 못하게 하는 결과를 초래한다.

(6) 명령하기

상대방에게 명령조로 말하는 것은 내가 상대방보다 우월한 위치에 있음을 암시하는 것이므로, 이는 상대방이 존중받는다는 느낌을 갖기 어렵다.

예) "이제 그만 생각하고 행동으로 옮기세요." "이제 절대 같은 실수를 반복하지 마세요."

(7) 강요하기

상대방의 기분이나 입장을 고려하지 않고 나의 요구만을 강요하는 것은 상대방을 무시하는 증거이며, 상대방으로 하여금 더욱 위축감을 느껴 반발심이 생기게 한다.

예) "내가 여러 번 말하지만, 제발 그 아이에게 친절하게 대해 주세요."

(8) 경고하고 협박하기

조건을 달고 상대의 약점을 잡아서 협박하는 것은 서로 동등한 관계가 아님을 나타내는 것이며, 상대방을 불안하게 한다.

예) "앞으로 한 번 더 그런 말을 하면 너랑 친구 안 할 거야."

(9) 충고하고 해결방안 제시하기

상대방이 충분히 스스로 고민하지 않은 상태에서 일방적으로 충고하고 해결책을 제시하는 것은 상대가 혼자 문제를 해결할 수 있는 능력을 방해하는 것이고, 문제가 해결되었다 하더라도 성취감, 자존감을 못 느끼게 하며, 문제 해결에 실패했을 때 스스로 책임을 회피하게 된다. 또한 이는 상대로 하여금 의존적이 되도록 만드는 의사소통 기술이다.

예) "그 사람이 그렇게 말하면 그냥 가만히 듣고만 있는 게 나을 거예요." "당장 그를 찾아가서 미안하다고 사과하는 게 어떨까요?"

(10) 표현한 감정을 가볍게 넘기기

상황을 본인이 어떻게 받아들이느냐에 따라 느낌의 종류와 강도는 다르다. 내가 느끼는 것을 남도 똑같이 느낄거라고 생각한다면 그것은 큰 착각이다. 사람마다 받아들이는 정도가 다르므로 상대의 감정표현을 나의 기준으로 판단하여 넘기는 것은 상대방이 자신의 감정을 솔직히 표현하는 것을 방해하고 무시당했다는 느낌을 줄 뿐이다.

예) "뭘 그것 갖고 기분이 나쁘니? 너무 예민하네."

(11) 화제 바꾸기

내가 상대의 이야기를 부담스러워 하거나, 상대방에게 관심을 충분히 기울이지 않는 경우 화제를 바꾸게 된다. 이는 상대방에게 자신이 거절당했다는 느낌을 주어 이야기할 의욕을 꺾게 한다.

예) "이제 그런 얘기는 그만하고, 어제 만났던 친구 이야기나 해 보자."

(12) 안심시키기

확실한 보장 없이 막연히 상대방을 안심시키는 말을 하는 것은 상대방보다는 오히려 나의 불안을 제거하여 안심하기 위한 방법일 뿐이다. 또한 상대방이 불안을 호소하는 것을 더 이상 듣고 싶지 않다는 의도로 보일 수도 있다. 섣불리 상대를 안심시켜 상대의 실망과 걱정에 대한 이야기를 차단하는 것보다는 오히려 그런 표현을 더욱 격려하는 편이 낫다.

예) "다른 사람과 점점 더 잘 지낼 수 있을 거예요. 너무 걱정하지 마세요."

(13) 자신이나 자신이 속한 집단을 방어하기

상대방이 나와 내가 속한 집단에 대해 불만을 표시할 때, 방어적인 자세로 변명을 한다고 하여 상대방의 불만이 없어지는 것이 아니다. 오히려 상대가 그의 불편한 생각을 말하도록 격려하고 잘 들어주면서 상대의 기분을 공감하는 것이 필요하다.

예) “내가 너를 위해 얼마나 노력하는지 아니?” “당신이 치료 받고 있는 이곳 의료진들은 모두 유능하고 친절하답니다.”

(14) 일반화하기

모두가 당연히 그럴 것이라는 일반화된 생각은 개인의 특이성 개별성을 부인하는 것이다. 사람마다 느끼는 것, 생각하는 것, 받아들이는 것이 다를 수 있음을 명심하고 그것을 존중하는 태도가 필요하다.

예) “그런 말을 들으면 당연히 누구나 기분이 나쁘겠지요.”

(15) 습관적이고 상투적인 반응하기

일상적으로 흔히 하는 습관적이고 상투적인 말은 두 사람 간의 의미 있는 대화에 도움이 되지 않는다. 오히려 상대에 대해 성의가 없어 보일 수 있다.

예) “오늘 날씨 참 좋죠?” “오늘 당신과 이야기 나눠서 즐거웠어요.”

2) 상담자의 의사소통 방식

일상생활에서 자신의 생각, 감정, 원하는 것을 이야기할 때 우리는 다양한 방식으로 표현한다. 직접 말하기도 하고, 편지를 쓰거나 예술적인 도구를 사용하기도 한다. 이중 상대에게 직접 말하는 방식을 자세히 살펴보면 크게 네 가지로 나눌 수 있는데 그것은 수동적, 공격적, 수동 공격적, 주장적인 방식이다. 우리는 전적으로 수동적이지도, 공격적이지도, 주장적이지도 않다. 이 네 가지 방법을 모두 동원하여 의사소통을 한다. 다만 어떤 사람에게는 수동적인 의사소통을 하며, 어떤 사람에게는 공격적인 의사소통을 보인다. 또 어떤 사람에게는 수동 공격적인 방식으로 자신을 표현한다. 그 대상과의 인간관계가 어떠한가, 내가 그 대상을 어떻게 생각하는가에 따라서 대상을 대하는 방식이 달라진다.

(1) 수동적인 의사소통방식

수동적인 의사소통 방식은 다음의 양상으로 의사소통하는 것이다.

- 목소리가 작고 웅얼거린다.
- 시선을 아래로 두거나 상대와의 눈 맞춤을 피한다.
- 자신의 생각을 이야기하기를 꺼린다.
- 주변적인 이야기만 하면서 이야기의 요점을 말하기를 피한다.
- 다른 사람에게 도움을 요청하지 못하고, 거절도 하지 못한다.
- 다른 사람에게 화를 내지 못하고 혼자서 속상해 한다.
- 자신이 실수하는 것을 두려워한다.
- 다른 사람의 칭찬을 불편하게 받아들이고 어떻게 대응할지 몰라 망설인다.
- 자신이 원하는 것을 정확히 모르거나, 알고 있다 하더라도 표현하지 못해 결국 다른 사람에게 자신의 바람과 권리를 빼앗긴다.
- 자신이 목표하는 것을 성취하지 못하여 우울해 하고 좌절한다.
- 다른 사람의 목적 달성에 이용당한다.
- 자신을 위한 선택을 남에게 맡긴다.

수동적인 의사소통을 하는 사람에게 숨겨진 생각은 다음과 같다.

- 내가 말해 봤자 무슨 소용이 있겠어?
- 나는 내가 원하는 것을 성취할 가치도 능력도 없어.

- 내가 뭘 안다고….
- 괜히 나섰다가 나만 손해보는 것 아니야?
- 나는 무능해
- 저 사람들은 나보다 훨씬 잘났으니까….
- 이런 말 했다가 창피당하면 안 되니까 그냥 가만히 있자.
- 내가 원하는 것이 뭐가 중요해?
- 실수하면 남에게 무시당할 거야.
- 도움을 청했다가 거절당하면 어쩌지? 그건 그가 날 싫어한다는 증거야.
- 내가 거절하면 저 사람이 상처를 받고 날 미워하겠지?

(2) 공격적인 의사소통 방식

공격적인 의사소통 방식은 다음과 같이 의사소통하는 것이다.

- 눈을 치켜뜨고 상대를 노려본다.
- 목소리가 크고 말의 속도가 빠른 편이다.
- 다른 사람의 말을 들으려 하지 않고 자기 말만 한다.
- 욕이나 비속어 등을 자주 사용한다.
- 다른 사람의 말을 중간에 끊는다.
- 방어적이고 호전적이며 폭발적이어서 행동을 예측하기가 어렵다.
- 다른 사람을 업신여기고 핀잔을 준다.
- 다른 사람에게 명령하고, 뜻대로 되지 않으면 화를 내거나 위협한다.
- 다른 사람의 권리를 침해하면서까지 자신이 목적하는 것을 이루려 한다.
- 다른 사람의 이용하고 희생시켜 자신의 목표를 달성한다.
- 다른 사람의 선택에 참견한다.

공격적인 의사소통을 하는 사람에게 숨겨진 생각은 다음과 같다.

- 내가 원하는 것만 중요해.
- 저 사람이 뭘 알겠어?
- 나만 잘났지.
- 어떻게 감히 나를 무시하고 이렇게 대접할 수 있어?
- 나 외의 다른 사람은 전혀 중요하지 않아.
- 남이야 상처 받든 말든 그건 내게 전혀 문제가 안 돼.
- 무조건 나에게 복종시켜야 해.
- 저 사람은 무시해도 돼. 나한테 아무 피해도 없어.

(3) 수동 공격적 의사소통 방식

수동 공격적 의사소통 방식은 겉으로는 수동적인 것처럼 보이지만, 사실은 이면에 공격적인 모습을 하고 있어 상대방을 화나고 당황하게 한다.

- 시선은 아래로 보면서 상대방과의 눈 맞춤을 하지 않는다.
- 다른 사람이 지시하는 것에 반응하지 않는다.
- 다른 사람의 말에 무표정하다.
- 상대의 앞에서는 아무 말도 하지 않다가 뒤에서는 그 사람의 험담을 하고 투덜거린다.
- 다른 사람이 시키는 것을 거절하지도 않지만, 침묵으로 대처하면서 그대로 시행하지도 않고 버티다가 상대방을 화나게 한다.
- 냉소적이다.
- 고집스럽다.
- 자신의 생각을 말하지 않고 상대의 말도 제대로 듣지 않는다.
- 내면에 분노가 가득 차 있지만 그것을 적극적으로 표현하지 않는다.

수동 공격적인 의사소통 방식을 보이는 사람은 다음과 같은 생각을 한다.

- 너는 실컷 너 하고 싶은 말을 해. 그래도 나는 내 방식대로 할 거야.
- 네가 하는 말은 전혀 나에게 해당되지 않아.
- 괜히 말해서 손해보지 말고 그냥 입 다물고 있다가 무시해 버리자.
- 모든 것이 다 귀찮아.
- 저 사람은 별로 잘나지도 않았으면서 왜 나한테 이래라 저래라야
- 왜 나만 이렇게 만만하게 보이고 희생당해야 하는 거지?

(4) 주장적인 의사소통 방식

주장적인 의사소통 방식은 지향해야 할 것으로, 긍정적인 의사소통 방식이라고도 한다. 주장적이라는 것은 다른 사람의 권리를 침해하지 않고 자신의 생각, 감정, 원하는 것을 표현하는 것이다. 나의 권리와 상대방의 권리를 동시에 존중하는 바람직한 의사소통 방식이다.

- 상대방과의 눈 맞춤을 적절히 한다.
- 목소리는 또렷하고 크기도 적당하며 안정되어 있다.
- 말하고자 하는 것과 얼굴 표정, 제스처가 적절하다.
- 다른 사람에게 요청하고, 거절하고, 사과하는 것을 잘 한다.
- 다른 사람의 말을 끝까지 듣고 반응한다.
- 다른 사람의 생각을 존중하면서 자기의 생각을 밝힌다.
- 다른 사람에게 공감적인 표현을 한다.
- 다른 사람에게 상처 주지 않고 자신의 목표를 성취한다.
- 자신의 권리를 보호하고 타인의 권리도 존중한다.
- 자신에 대해 좋은 감정을 가지며 자신감이 있다.

- 타인과의 관계에서 편안함을 느낀다.
- 자신을 위한 선택을 한다.

주장적인 의사소통을 하는 사람의 생각은 다음과 같다.

- 나의 권리 못지않게 다른 사람의 권리도 중요해.
- 저 사람의 말에도 일리가 있어.
- 나는 존중받을 가치가 있고 충분히 잘 하고 있어.
- 다른 사람이 나의 요청을 거절해도 그건 내가 싫어서가 아니라 여건이 안 되어서 그런거야.
- 남에게 도움을 청하는 것은 창피한 것이 아니야.
- 남이 나를 인정해 주니 기분이 좋아.
- 사람은 누구나 실수를 해. 하지만 같은 실수를 반복하지 않도록 조심하자.
- 나는 내가 원하는 것을 가질 가치가 있어.
- 나는 내가 무엇을 원하는지 잘 알고 있어.
- 다른 사람도 각각 장점이 있고 목표를 향해 나아갈 사치가 있어.

그러므로 상담자는 자신의 의사소통 방식이 위의 4가지 유형 중에서 어느 유형에 가까운지를 생각해볼 필요가 있다. 상담자가 상담 장면에서 생산적이며 조력적인 의사소통을 하기 위해서는 끊임없는 자기성찰과 조절, 인간관계에 대한 깊은 관심, 그리고 실제적인 노력과 훈련이 이루어져야 할 것이다.

④ 함께 생각하기(워크시트)

1) 경청

사람들과 소통할 때 우리는 상대의 이야기를 듣고 있지만 동시에 머릿속에 떠오르는 자신의 생각과 감정에 집중함으로써 타인의 이야기를 놓치는 경우가 많다. 이 연습은 상대와 대화를 할 때 떠오르는 자신의 생각을 알아차리고, 다시 의도적으로 상대방의 이야기에 집중을 하기 위한 훈련이다.

(1) 연습 1

목적은 상대방을 바라볼 때 떠오르는 자신의 생각들을 알아차리고 의도적으로 바라보기에 집중함으로써 상대방에게 몰입하는 데 있으며, 방법은 다음과 같다.

① 두 사람이 서로 마주 앉는다.

② 서로 아무 말 없이 1분간 상대의 눈을 쳐다본다.

③ 웃거나 이야기하지 않고, 눈을 피하지도 말고 상대를 바라본다.

(2) 그룹토의

이 연습 후 느낀 점을 이야기해 보자. 이 때 진행자는 사람들에게 무엇을 했는지를 다시 물어 본다. 즉, 상대의 눈을 쳐다보았는지, 아니면 무안하고 지루하다는 자신의 생각에 빠져 있었는지에 관해 질문한다.

이 연습에서 사람들은 아주 다양한 반응을 일으킬 것이다. 1분간 침착하게 상대방의 눈만 바라보고 있는 사람은 거의 없다. 대부분 쑥스럽거나, 당황하거나 웃음이 터져서 상대의 눈을 똑바로 바라보지 못한다. 서로의 눈을 쳐다보는 것은 어색함을 일으키는 행위이기 때문이다.

이렇듯 상대를 바라보는 것이 어색하고 힘들게 느껴지는 것은 바로 상대의 눈을 보면서도 결국 자신의 생각에 빠져 있었기 때문이다. 무안하고 당황스럽다는 자신의 생각 때문에 앞에 앉은 상대의 눈을 있는 그대로 바라 볼 수 없었던 것이다.

(3) 연습 2

이제 다시 상대의 눈을 바라본다. 자신의 생각에 관심이 기울어질 때마다 의도적으로 관심을 다시 상대의 눈으로 향한다.

① 서로 마주 앉는다.

② 상대의 눈을 쳐다본다.

③ 상대의 눈을 보는지 아니면 자신도 모르게 생각으로 집중되는지를 관찰한다. 웃음이 나오고 민망하다는 생각이 들면 알아차리고, 다시 상대 눈으로 관심을 집중한다. 다시 또 생각으로 관심이 기울어지면 알아차리고 관심을 상대의 눈으로 돌린다.

④ 1분이 지나면 끝낸다.

(4) 그룹토의

이전의 연습과 비교해서 무엇을 알아차렸는지, 그리고 느낌은 어떠했는지 함께 토의한다.

(5) 연습 3: 자신의 내면에서 올라오는 소리 경청하기

다음은 상대방을 떠올리며 자신의 내면에서 올라오는 소리들을 경청하는 훈련 방법이다. 이 훈련의 목적은 내가 상대방을 향해 던지고 있는 판단들은 실제 그 사람이 그러한 사람이기 보다는 내 안에서 만들어지고 있는 판단의 틀임을 이해하는 데 있다.

① 먼저 천천히 호흡을 한다. 깊고 아주 천천히 복식호흡을 한다. 코로 깊게 숨을 들이 쉬고 이 때 배가 나올 수 있도록 한다. 다시 천천히 코나 입으로 숨을 내 쉬면서 마음을 편안하게 만든다.

② 갈등이 있거나 마음에 불편함을 일으키는 사람의 얼굴을 떠올린다.

③ 그 사람의 얼굴을 가능한 놓치지 말고 그대로 계속 떠올리면서 자동적으로 내 가슴에서 올라오는 소리들을 듣는다.

④ 이 소리들이 사실인지, 아니면 단지 내 판단에 의한 소리인지 알아 차린다.

예)

① 갈등상태에 있는 엄마의 얼굴을 떠올린다(괴롭고 떠올리기 싫더라도 의지를 발휘해 엄마의 얼굴을 떠올리려 애쓴다).

② 그 때 마음에서 올라오는 소리를 듣는다.
"싫다.", "너무 간섭한다.", "정말 날 힘들게 한다.", "불쌍하다.", "너무 이기적이고 자신의 뜻대로 날 휘두르려 한다." 등.

③ 알아차린다.
이 모든 소리들이 엄마 자체를 나타내는 것이 아니라 내 내면

에서 올라오고 있는 판단들이라는 것을 알아차린다.

④ 자신의 내면의 소리들을 경청하는 법을 배운다.

(6) 연습 4: 경청하기

① 세 사람씩 짝을 지어 앉는다.

② 한 사람은 말하는 사람/한 사람은 들어 주는 사람/한 사람은 관찰자의 역할을 맡는다. 이 세 역할은 한 번식 돌아가게 된다. 따라서 한 사람이 세 가지 역할을 다 하게 된다.

③ 첫 번째 사람이 약 2분 동안 지난주에 겪었던 일 중 기억에 남는 일이나 재미있었던 일을 이야기 한다.

④ 두 번째 사람은 가능한 건성으로 이야기를 듣는다. 즉 비경청적인 자세로 듣는다.

⑤ 관찰자는 말을 하지 말고 두 사람의 태도와 표정을 관찰, 기록만 한다.

⑥ 2분이 지나면 이번엔 첫 번째 사람이 조금 전에 했던 이야기를 반복한다.

⑦ 듣는 사람은 처음과 달리 경청하는 자세로 집중해서 이야기를 듣는다.

⑧ 관찰자는 이번에도 두 사람의 표정과 태도, 감정 변화를 관찰한다.

경청할 때는, 다음의 체크 항목을 참조하여 바람직한 경청 자세를 취한다.

바람직한 경청 자세	체크	바람직하지 않은 경청 자세	체크
거리는 적당한가요?		팔장을 끼거나 다리를 꼬았나요?	
마주보거나 사선으로 앉았나요?		중간에 말을 자르고 있나요?	
눈을 적절히 맞추고 있나요?		상대 이야기에 답을 주려 하나요?	
대화 중 음성적 반응을 적절히 하고 있나요?		충고하는 말을 하고 있나요?	
적당히 고갯짓으로 반응하나요?		자신의 경험이나 이야기를 더 많이 하고 있나요?	
적절한 표정으로 반응하고 있나요?		너무 긴장하거나 대화 내용과 맞지 않는 표정을 짓고 있는가요?	

연습 4에서의 경험을 되돌아보며 다음의 표를 완성한다.

① 말하는 사람의 입장에서

상대방이 잘 들어줄 때 느껴진 감정	
상대방이 성의 없이 들을 때 느껴진 감정	

② 관찰자로서

듣는 사람이 말을 잘 들어줄 때 말하는 사람의 반응	
듣는 사람이 말을 잘 들어주지 않을 때 말하는 사람의 반응	
듣는 사람의 바람직한 경청자세	

듣는 사람의 바람직하지 않은 경청 자세	

③ 듣는 사람 입장에서

내가 상대방의 말을 잘 들을 때의 느낌	
내가 상대의 말에 판단을 내리고 의견을 내세울 때의 느낌	

경청 훈련을 통해 느낀 소감을 적는다.

경청을 위한 과제

거울을 통해 자기 얼굴을 1분간 바라보며 떠오르는 생각이나 느낌을 알아차린다. 이 작업을 2~3차례 반복한 후 생각이나 느낌을 기록한다.

2) 공감 경험하기

(1) 가급적 피해야 할 반응

자신의 의견, 느낌을 강요하기. 또는 자신의 경험에 비추어 충고하기.

예) 친구 1: 남자 친구랑 헤어지고 나서 너무 힘들어. 잊으려 해도 자꾸 생각나고 즐겁게 지낸 시절이 그리워.

⇒ 친구 2: 뭘 그렇게 헤매니? 남자가 그 애 밖에 없어? 세상에 절반이 남자야. 그런 애는 빨리 잊어. 다른 애 하나 소개시켜 줄게.

당신이 친구 1이라면 어떤 마음으로 이야기를 했을까? 그리고 친구 2의 반응에 기분이 어땠을까?

(2) 이상적 공감

상대방이 스스로 표현할 수 있는 것보다 더 깊은 내면의 감정을 표현하면서 의사소통을 하는 수준으로, 상대방으로 하여금 이전에는 표현할 수 없었던 감정을 경험하게 한다.

예) 친구 1: 남자 친구랑 헤어지고 나서 너무 힘들어. 잊으려 해도 자꾸 생각나고 즐겁게 지낸 시절이 그리워.

⇒ 친구 2: 네가 남자 친구랑 헤어지고 나서 많이 힘들구나. 헤어지니까 쓸쓸하기도 하고, 왜 그랬을까 후회스럽기도 하고, 혼란스럽고 허전하기도 할 것 같아.

당신이 친구 1이라면 어떤 마음으로 이야기했을까? 그리고 친구 2의 반응에 기분이 어땠을까?

3) 생각의 틀 발견하기

그렇다면 우리가 상대에게 도움이 될 것이라고 착각하여 흔히 사용하는 비효과적인 의사소통에는 어떤 것들이 있을까? 다음에서 제시하는 상황을 읽고, 여러분 스스로 비효과적인 의사소통 기술들을 찾아내는 연습을 해 보자.

(1) 그룹토의

① 중간고사를 봤는데, 밤새 열심히 공부했음에도 불구하고 기대했던 것보다는 성적이 잘 나오지 않아서 실망하고 있었다. 이때 당신 주변의 가까운 사람들(가족이나 친구)이 보였던 일반적인 반응은 어떠했는가? 그리고 그런 반응을 경험하는 당신의 기분은 어떠했는가?

② 다음은 엄마와 딸의 대화이다. 주어진 상황과 대화 내용을 보고 엄마가 사용하는 대화에서 어떤 것이 비효과적인지 살펴보자 딸과의 대화에 있어서 엄마의 부족한 점이 무엇인지, 잘한 점이 무엇인지에 대해서도 함께 이야기하자.

오늘은 딸이 학교에서 중간고사를 치른 날이다. 어제 밤늦게까지 열심히 공부했으니 시험을 잘 봤을 것이라고 기대한 엄마는 현관문을 열고 들어선 딸의 시무룩하고 화난 표정을 보고 한마디 한다.

엄마: 우리 딸, 오늘 시험 잘 봤니? 표정이 어두운 걸 보니 못 본 모양이구나. 왜? 모르는 문제가 많았어? 몇 개나 틀렸는데?

딸: (대답을 하지 않고 소파에 가방만 던지고 방으로 들어간다.)

엄마: 왜? 도대체 몇 개나 틀렸기에 그렇게 울상이야? 어제 공부 열심히 한 것 같더니만 왜 그랬을까? 말 좀 해봐.

(딸의 방에 따라 들어가는데, 딸이 책상에 엎드려 울고 있다.)

엄마: 아니, 왜 울어? 시험 못 봤다고 우는 거니? 괜찮아. 못 볼 수도 있는 거지. 엄마도 학교 다닐 때 시험공부 열심히 했는데 실수로 틀리거나, 미처 못 본 문제 나와서 틀린 경우들 많아 다음에 만회하자. 우선 틀린 문제들이 뭔가 다시 확인해 보고 다음에는

절대 안 틀리도록 하자. 중간고사는 더 큰 시험을 위한 연습이니까 여기서 배우면 되는 거야. 그렇게 울고 있을 시간에 한 글자 더 보겠다. 너무 속상해하지마. 뭐 겨우 그거 가지고 우니? 괜찮다니까. 아휴, 네가 우니까 어마가 야단을 칠 수가 없네. 그만 그쳐. 다음에 더 잘 보면 되지. 그만 뚝!

딸: (한참 울다가 그치며) 시험 못 본거 때문에 속상한 게 아니야.

엄마: 왜? 시험 말고 무슨 일 있었니? 친구들하고 싸웠니? 아니면 선생님께서 야단을 치셨니? 말 좀 해봐라. 엄마가 답답하구나.

딸: (말하지 않고 화난 표정을 지으며 눈물을 닦고 있다)

엄마: 너 자꾸 이렇게 말 안하고 인상만 쓰고 있을래? 시험 못 본 것도 아니다, 친구들이나 선생님 때문도 아니다. 도대체 왜 그러는데? 속 시원하게 말 안하면 엄마가 네 친구나 선생님께 전화해 볼 거야. 네가 말을 안 하니까 이유를 모르겠잖아. 세상에, 너는 어릴 때부터 말도 잘 안하고 울기만 하더니 언제까지 이럴 거야? 네가 말 안 하면 남들이 네 속을 어떻게 알아? 어서 말해보라니까. 너 혼자 끙끙 앓는 그게 문제야.

딸: 엄마, 제발 날 좀 내버려 둬. 나도 생각할 시간이 필요해. 엄마가 자꾸 옆에서 캐물으니까 내가 더 힘들어. 엄마는 내 맘도 모르면서 왜 자꾸 괴롭혀?

엄마: 엄마가 얼마나 네 마음을 알아주려고 애쓰는데, 너는 서운하게 그런 말을 하니? 내가 너를 괴롭히다니…. 도대체 내가 너에게 못해 준 게 뭔데? 얘가 괜히 밖에서 기분 상해 와서 나한테 화풀이하네. 내가 너 때문에 바친 시간과 노력이 얼마나 많은데, 나한테 그런 말을 하니? 정말 서운하다. 서운해.

딸: 엄마, 나는 단지 내가 생각을 정리할 시간이 필요한 거야. 그러고 나서 엄마에게 말해도 늦지 않잖아? 그런데 엄마가 그렇게 흥분하

면 내가 더 신경 쓰이잖아. 사실, 오늘 오다가 초등학교 동창을 만났는데, 그 아이가 나에게 고등학생이 되더니 살이 심하게 쪘다면서 나를 비웃는 것 같이 말하잖아. 초등학교 때는 내가 자기보다 더 예쁘고 날씬했는데, 이제는 자기가 나보다 훨씬 낫다는 식으로. 사실 그때는 내가 그 애보다 더 인기 있고 예쁘다고 남들이 말했는데, 오늘 보니까 그 애는 고등학생인데도 멋 부리고 외모에게 신경 쓰는지 교복도 세련되게 입었더라고. 그냥 그것까지는 괜찮은데, 다른 친구들 있는데서 나한테 그렇게 노골적으로 말하니까 기분이 나빴어.

엄마: 그래? 걔가 그렇게 말했어? 그래서 너는 뭐라고 했는데?

딸: 그냥… 공부만 하다 보니까 이렇게 됐는데, 나중에 대학 가면 다시 예전 모습으로 돌아갈 거라고 쏘아붙였지. 그래도 기분이 안 좋아.

엄마: 그래, 말 잘했다. 네 생각이 맞아. 지금이 어느 땐데 외모에 신경을 쓰니? 그냥 열심히 공부만 해. 나중에 대학 가면 멋쟁이가 되도록 엄마가 도와줄게. 그리고 넌 원래 예쁘게 생겨서 고칠 데도 없고, 피부도 좋으니까 반드시 걔보다 더 세련되고 예쁘게 될 수 있을 거야. 너무 마음 쓰지 마. 지금은 그냥 공부에만 전념하는 거야. 알겠지? 우리 시험도 끝났으니 기분도 전환할 겸 엄마랑 영화나 보러 갈까? 어마와 딸이 함께 보면 좋은 영화가 나왔더라. 영화 보면서 속상한 기분 다 잊는 거야.

주어진 상황과 대화 내용을 보고 엄마가 사용하는 대화에서 어떤 것이 비효과적인지 살펴보자. 딸과의 대화에 있어서 엄마의 부족한 점이 무엇인지, 잘한 점이 무엇인지에 대해서도 함께 이야기하자.

상담의 과정-초기

학습목표

1. 상담 초기에 이루어져야 할 일을 이해할 수 있다.
2. 상담 초기에 주로 사용하는 상담기법을 적용할 수 있다.

주요 핵심어

• 내담자 문제 이해 • 래포 • 구조화 • 비현실적 기대

1 상담의 시작

1) 의뢰

상담이 시작되기 전까지 상담자와 내담자는 아무 관계도 없던 사람이다. 서로 잘 알지도 못하고, 설사 안다고 해도 그들 사이에는 공식적인 상담관계가 형성되어 있지 않다. 이런 상태에서 내담자가 상담자를 알게 되고 특정 상담자와 공식적인 관계를 형성하게 되는 과정을 의뢰(referral)라고 하는데, 그 과정은 다양하다.

내담자는 상담자의 강의나 방송, 또는 기고를 통해 상담자에 대해 알게 되어 방문하는가 하면, 전화상담 후 면접상담으로 연결되기도 하고 다른 곳에 전화 상담이나 면접상담을 하다가 새로운 상담자에게 의뢰되기도 한다. 이처럼 의뢰 과정은 대체로 내담자가 자발적으로 상담자를 방문하는 자발적 의뢰(self-referral)와 교사나 부모에 의해 강압적으로 의뢰되는 타인에 의한 의뢰로 구분된다.

자발적으로 의뢰한 내담자는 긴장·갈등·불안·부적절감 때문에 도움이 필요하다고 느껴 상담실을 방문한다. 따라서 내담자는 상담초기에 상담이나 자신의 성장 및 변화에 대한 동기가 높으며, 상담과정에 적극적으로 참여하고 자신의 문제나 배경을 개방하려고 하기 때문에 상담을 시작하기에 다소 수월하다.

그러나 자발적으로 의뢰한 내담자도 역시 상담기관 방문을 결정하기 전에 상담 기관에 대한 두려움, 낙인이 찍힐지도 모른다는 염려, 어떤 상황이 전개될지 알지 못하기 때문에 생기는 불안 등을 느낀다. 따라서 상담자는 이와 같은 불안과 염려에도 상담실을 방문한 내담자의 용기와 결단력에 대해서 충분히 인식하고 인정해 주어야 한다.

타의에 의해 의뢰된 내담자의 경우는 사정이 다르다. 그들 역시 자발적으로 의뢰하는 내담자처럼 일상생활에서 긴장·갈등·불안 등을 느낄 수는 있으나 그렇다고 반드시 도움을 받아야 한다고는 생각지 않는다. 또한 이들은 상담실을 억지로 방문했기 때문에 초기상담에서 상담관계를 형성하고 자신에 대해 탐색하기가 매우 어렵다. 이러한 내담자는 대체로 다른 사람이 오히려 더 많은 문제를 가졌다고 생각하기 때문에 "(당신은 문제가 없다고 생각하겠지만 혹시) … 에게 물어본다면 자신의 문제가 무엇이라고 할까요?", "(당신 아닌 다른 사람) … 의 문제를 변화시키기 위해 당신이 어떻게 할 수 있을 것 같은가요?"와 같은 방식으로 질문하면서 초기상담을 끌어갈 수 있다.

2) 상담의 준비

상당하기 전에 내담자에 대해 어느 정도의 정보를 가지고 있는 것이 좋은지는 상담자의 취향에 따라 다르다. 어떤 상담자는 의뢰하는 사람에게 다양한 방법으로 사전에 많은 정보를 구하기 원하는가 하면 다른 상담자는 기본적인 정보(이름·나이·성별·주요 호소문제 등)만 가지고 상담을 시작하기도 한다. 전자는 그러한 정보들이 내담자를 이해하기 위해서나 내담자에 대한 성의를 보인다는 차원에서 많은 정보를 구하지만 후자는 그러한 정보들을 직접 구한 것이 아니기 때문에 그러한 정보들이 오히려 내담자에 대한 선입견을 가지게 하고 따라서 내담자를 이해하는 데 도움이 되지 않는다고 생각하기 때문에 가능한 한 타인에 의해 수집된 정보는 보조자료로 사용한다. 어떤 경우이든지 상담자는 내담자에 대한 선입견에 얽매이지 않고 항상 열린 마음으로 내담자를 만나는 것이 중요하다.

다른 상담자와 상담을 하다가 의뢰된 내담자 중에는 새로운 상담자를 만나 모든 것을 처음부터 다시 이야기해야 한다는 부담과 불안 때문에 상담자가 자신에 대해 어느 정도 미리 알고 있을 때 안정감을 느끼는 경우도 있다. 이때 내담자는 “이전 선생님께 저에 대해서 말씀 들으셨죠? 그 선생님이 저에 대해 뭐라고 말씀하시던가요?”라고 묻기도 한다. 그런데 이 질문은 실제 내용을 알고 싶다기보다는 자신의 부담과 불안을 표현하는 것일 경우가 많으므로 이전 상담자에게 들은 이야기를 내담자에게 자세히 말해 주는 것보다는 내담자의 불안 부담에 대해 공감하는 편이 낫다.

이전 상담자에게 들은 이야기를 내담자에게 알려줄 필요가 있을 때에는 “박선생님(이전 상담자)께 들은 바로는 학교생활을 무척 어려워한다고 하던데….” 또는 “기분이 우울해져서 지난 4~5년 간 삶에 의욕이 없다는 이야기를 들었는데….” 정도로 일반적인 수준에서만 언급하고 거기서부터 내담자가 이야기를 풀어나가도록 하는 것이 좋다. 그래도 “박 선생님이 모든 이야기를 다 하지 않던가요?”라고 내담자가 반문할 때에는 “예, 그가 어떤 부분에 대해서는 구체적으로 이야기했지요. 하지만 저는 당신에게서 직접 그 이야기를 들을 수 있으면 더 좋을 것 같습니다.”라고 할 수 있다(MacKinnon & Michels, 1971).

3) 초보상담자가 직면하게 되는 문제들

① 상담장면에서의 불안

초보 상담자가 상담에 대해 가지는 불안은 자연스러운 것이다. 이를 수용하고 처리하는 것은 용기의 표시이다. 자기 탐색과 동료 상담자들과의 의견교환으로 이를 극복해 나아가야 한다.

② **자신에 대한 인정과 개발**

상담장면에서 느낀 점을 내담자에게 개방하는 것은 상담에 도움이 될 수 있다. 지금-여기, 즉 상담장면에서의 상담자의 느낌을 표현하는 것을 의미한다. 그러나 내담자의 자기 탐색에 방해가 된다고 생각될 정도의 지나친 개방은 하지 않도록 유의하여야 한다.

③ **완벽주의**

누구나 실수를 할 수 있다는 점을 인식·인정하여야 한다.

4) 첫 만남

상담에서 첫 만남은 매우 중요하다. 첫 만남에서 내담자와 상담자는 서로에 대해 기대를 가지고 있으며 서로에 대해 잘 알지 못하기 때문에 불안을 느끼기도 한다. 또한 내담자 쪽에서 보면 그들에게 상담이란 새로운 상황이기 때문에 앞으로 어떤 일이 일어날지, 그들의 문제가 앞으로 어떻게 해결될지, 자신을 잘 알지 못하는 상담자가 자신의 문제와 반응에 대해 어떤 식으로 반응할지, 도는 자신의 약점이 될 수 있는 문제에 대해 지나치게 개방하는 것은 아닐지, 그러한 약점을 보일 때 상담자에게 다시 한 번 거절당하지 않을지 등에 대해 긴장하고 부끄러움을 느끼곤 한다. 이러한 불안은 부모나 교사에 의해 의뢰된 청소년일 경우에는 매우 심하여 상담자체를 거부하거나 상담자와 관계를 형성하는 데 매우 어려운 경우도 있다. 때에 따라서는 상담비용과 같은 아주 현실적인 문제로 염려하는 경우도 간혹 있다.

상담자는 첫 만남에서 내담자가 이런 불안을 느끼고 있다는 것을 알게 되면 호소문제와 함께 그러한 불안을 다루어줄 필요가 있다. 때에 따라서는 상담자가 먼저 그러한 불안에 언급하고 그러한 불안과 부담 자체도 상담실에서 이야기할 수 있다는 분위기를 만들어주는 것이 필요하다.

첫 만남에서 상담자는 내담자가 가진 긍정적인 측면과 강점에 대해 언급할 필요가 있다. 상담이란 문제를 해결하는 과정일 때가 많기 때문에 상담에서는 문제와 약점만 이야기해야 한다고 오해하는 상담자나 내담자가 있다. 그러나 상담초기에 내담자가 너무 위축되거나 자신의 문제에 대해 이야기하기를 불안해 할 때에는 내담자의 문제나 부정적인 측면에만 초점을 맞추지 말고 “자신에 대해 좋아하는 점에 대해 이야기해 줄 수 있어요?”라는 식으로 내담자가 가진 자원이나 성격적인 강점 등에 관심을 보일 수도 있다.

내담자는 상담자나 상담 기관에 대해 나름대로 기대와 이미지를 가지고 상담실을 방문한다. 이들은 “상담실이 기대와 좀 다르네요.”, “검사는 안 받나요?”와 같은 질문을 한다. 어떤 내담자는 상담실이 병원이고 상담자를 의사와 같은 역할을 한다고 생각해서 약을 주거나 처음부터 많은 검사를 받을 것으로 예상한다. 필자는 상담자에 대해 약을 무료로 줄 수 있는 의사로 기대하고 있던 내담자를 만나 그 기대를 바꾸어주느라 어려움을 겪었던 적이 있었다.

내담자에 따라서는 상담자의 나이·학력·성별·태도·외모 등에 대해서도 미리 어떤 이미지를 가지기도 한다. 이들은 “선생님은 상담자 같아 보이지 않아요.” 또는 “선생님이 이렇게 어리실 줄 몰랐어요.”와 같은 질문으로 자신이 기대했던 것을 표현한다. 이에 대해 상담자는 “제가 어떤 사람이라고 기대했습니까?”와 같은 반응으로 우선 내담자의 기대를 탐색하고 그 후, 그들이 느꼈을 불안·의아함·안도감 등을 이해하고 공감하는 것이 원활한 상담에 도움이 된다. 어떤 내담자는 "상담이 오늘 하루로 끝나는 것 아니예요?"라고 질문하는 경우도 있는데, 이에 대해서는 상담초기에 적절한 구조화가 필요하다.

이러한 기대와 불안은 내담자만 가지는 것이 아니라 상담자도 내담자에 대해 가진다. 그 어떤 경우든 상담자가 내담자를 만나 "아니 … 이럴 수가….."와 같은 놀라움을 느낄 때, 그 놀라움의 근원이 무엇인지에 대해 검토해보아야 한다(MacKinnon & Michels, 1971). 왜냐하면 상담자의 놀라움은 내담자에 대해 상담자가 어떤 종류의 강한 기대를 가졌다는 사실을 반영하며, 상담자는 놀라움의 근원을 탐색함으로써 자신이 특정 상황에서 어떤 종류의 기대와 짐작을 하곤 하는지에 대해 학습할 수 있기 때문이다.

내담자와 마찬가지로 상담자, 특히 초보 상담자의 경우 첫 상담 전에 불안감을 느낀다. 초보 상담자는 '내가 과연 상담을 잘 할 수 있을까?', '내 문제도 잘 해결 못했는데 다른 사람을 도와 줄 수 있을까', '과연 무슨 이야기를 하나?', '할 이야기가 떨어지면 어떻게 하나?' '말을 하다가 침묵이라도 흐르면 어떻게 하나?', '내담자가 해결하기 어려운 문제를 이야기하면 어떻게 하나', '내가 상담경험이 없다는 것을 내담자가 알면 날 얼마나 무시할까?' 등의 생각을 하면서 불안을 느낀다. 초보 상담자는 자신이 상담자로서 상담하기 전에 불안을 느낀다는 점을 받아들이기 어려워 자신이 상담자로서 자질이 있는지에 대해 고민하는 경우도 있다. 그러나 거의 모든 상담자들은 첫 만남이 이루어지기 전에 내담자에 대한 기대와 불안을 느끼며 초보 상담자일수록 불안수준이 높다. 초보 상담자들은 자신의 불안수준이 높은 것을 뭔가 잘 못되었다고 보기 보다는 상담에 대한 동기와 전문가로 빨리 성장하고 싶은 마음이 반영된 것으로 보는 편이 옳을 것이다.

상담에서의 첫 만남은 상담실 밖에서부터 시작된다고 보는 편이 낫다. 상담실 밖에서 내담자가 상담자를 기다리는 모습, 인사하는 모습, 악수를 건네는 모습 등에서 상담자는 상담에 대한 내담자의 동기·성격·정서상태·사고과정 등의 다양한 측면에 대해 여러 가지 정보를 얻고 그 정보를 기초로 내담자에 대한 잠정적인 가설을 세울 수 있다. 상담자는 내담자가 상담실에 도착한 시간부터 눈여겨볼 필요가 있다. 이는 상담에 대한 내담자의 동기수준을 보여 주기도 한다. 그 밖에 누구와 같이 방문했는지, 기다리는 시간에 무엇을 하는지 등도 내담자에 대해 알 수 있는 자료를 제공한다. 또한 악수를 통해서 내담자의 자발성이나 대인관계에서 따뜻한지 여부도 나타날 수 있고, 내담자가 어디에 앉을지, 또는 외투를 어디에 걸지 등을 묻는 것은 의존성을 보여주기도 한다. 또한 적대적이고 경쟁적인 내담자는 상담자의 의자로 보이는 곳에 앉으려고 할 수도 있고, 의심이 많은 내담자의 경우는 상담자에 대해 어떤 실마리를 찾기 위해 상담실을 조심스럽게 둘러보기도 한다(MacKinnon & Michels, 1971). 이처럼 상담은 내담자가 첫마디를 내뱉기 전에 비언어적 행동의 관찰에서부터 시작한다고 할 수 있다.

상담자에 따라 상담의 첫마디는 다양하게 시작된다. 예를 들면 "어떻게 오셨어요?", "어떻게 도와드릴까요?", "어떤 어려움으로 오셨어요?", "어디서부터 시작할까요?" 등의 말로 상담을 시작할 수 있다. 그런데, 내담자는 일반적으로 '문제'라는 말보다는 '어려움'이라는 말을 받아들이기 쉬워하는 것 같다. 왜냐하면 문제라고 할 때, 우리 사회에서는 '문제아' 또는 '뭔가 비정상적'이라는 의미를 내포하고 있어서 내담자에게 부정적 인상을 줄 수 있기 때문이다. 또한 "만나서 반갑습니다.", "안녕하세요."와 같은 말은 일상적인 관계에서는 자연스럽지만 상담상황에서는 덜 자연스러울 수 있다. 이보다는 내담자가 상담실을 방문한 이유로 직접 들어가는 것이 한결 전문적인 관계로 느껴진다.

그러나 내담자가 지나치게 불안해 할 경우는 위와 같이 일상적인 인사나 '상담실을 찾는 데 어려움이 없었는지' 같은 이야기를 잠시 나눈 후 방문 이유를 탐색하는 것이 좋다.

② 상담 초기 활동

상담 초기란 내담자가 상담자를 처음 만난 후부터 상담목표를 세워 구체적으로 개입을 시작하기 전까지를 의미한다. 이 단계에서 상담자는 ① 내담자의 문제가 무엇인지 이해하고, ② 내담자의 인적·사회적 배경자료를 수집하며, ③ 앞으로 문제해결을 하기 위한 촉진적 상담관계를 형성하면서, ④ 혹시 상담에 대해 내담자가 가지고 있을 만한 비현실적인 기대를 수정하고, ⑤ 상담을 구조화하는 일 등이 이루어진다. 이러한 일들을 일정한 순서 없이 상담자와 내담자의 자연스러운 대화를 통해 이루어져야 한다. 또한 이런 일들이 상담초기뿐 아니라 상담중기나 후기에 다시 진행되는 경우도 있다. 그러나 초기에 이 과제들을 잘 달성하면 상담중기에 이루어질 심층적 탐색과 통찰이 기반이 된다.

1) 내담자 문제의 이해

상담초기에는 우선 내담자가 상담자를 방문한 이유를 탐색한다. 이것은 위에서 제시한 첫 마디("어떻게 오셨어요?")로 시작할 수 있다. 내담자는 자신의 어려움에 대해 이야기를 시작하면서 그와 관련된 정보들, 이를테면 어려움이 시작된 시기, 관련된 사람들, 문제의 전개과정 등을 이야기하는 수가 많다. 이때 상담자는 호소문제의 구체적 내용, 문제의 발생과 현재 상태, 문제해결을 위해 시도했던 노력 등에 관한 정보를 수집할 수 있는데 이 같은 정보를 통해 상담자는 문제 그 자체에 대한 정보도 얻지만 내담자가 자신의 심리적 상태에 대한 통찰이나 심리학적 어휘에 대한 지식의 정도를 판단할 수 있다.

2) 내담자의 인적·사회적 배경의 이해

이 단계에서 상담자가 수집해야 할 내담자에 대한 기본적 자료의 구체적인 내용은 다음과 같다(박아청·김혜숙·김창대, 1996).

① **인적 사항**: 나이·성별·학력·고향·종교·거주상태 및 여타 사회·경제적 지위를 보여주는 정보

② **내담경위 및 호소문제**: 의뢰한 사람, 호소문제의 변화과정, 지금 찾아온 이유

③ **이전 상담 경험**: 내담자의 준비도, 상담자와 관계를 형성하는 방식과 끊는 방식에 대한 정보를 제공

④ **인상 및 행동관찰**: 외모, 행동양식, 말하는 습관, 사고의 내용과 과정, 상담자에 대한 태도

⑤ **가족관계**: 가계도, 가족사의 주요 사건과 주기, 세대를 거쳐 반복되는 패턴, 관계의 패턴, 삼각관계의 존재 여부, 가족 내 힘의 균형과 불균형을 알려주는 정보 등

⑥ **사회적 관계**: 가족 이외 친구·동아리·종교기관에서의 관계에 대한 정보

⑦ **주요 발달배경**: 내담자 출생에 대한 부모의 기대, 출생의 의미, 내

담자의 기질을 유추할 수 있는 정보, 초기 부모 및 다른 애착 대상과의 관계, 발달과업의 성취 정도, 충격적인 경험

배경자료를 수집할 때 초보 상담자는 자료수집에 얽매여 상담의 흐름을 끊는 경우가 있는데, 그보다는 내담자가 자신의 경험에 대해 이야기 할 때 공감과 수용적 태도를 보여주면서도 필요한 부분에 대해 선택적으로 관심을 기울이거나 질문을 함으로써 자연스럽게 필요한 정보를 수집한다. 중요한 것은 상담자는 자료를 수집하는 과정을 내담자와 촉진적 상담관계를 맺는 기회로 삼아야 한다.

내담자에 대해서 탐색할 때, 일반적으로 내담자는 자신의 약점과 문제점을 말하기 쉽다. 상담자가 내담자의 강점과 장점, 또는 긍정적 측면에 관심을 가짐으로써 내담자로 하여금 자신에 대해 자긍심을 느끼도록 할 수 있으며 상담자는 내담자의 문제를 해결하기 위해 활용할 자료도 수집할 수 있다 예컨대 "당신에 대해 가장 중요한 점에 대해 이야기해 보시겠어요?", "당신이 가진 가장 큰 장점은?" 또는 "당신에게 가장 큰 즐거움을 주는 일은?"과 같은 질문을 해서 상담분위기를 바꿀 수도 있다.

3) 촉진적 상담관계의 형성

촉진적 상담관계란 상호신뢰·개방성·안정감, 그리고 앞으로 진행될 상담에 대한 희망을 고취하는 것 등을 의미한다. 촉진적 상담관계의 성취여부에 따라 내담자가 상담을 계속할 것인지, 심층적인 내면세계를 탐색할 수 있는지, 그리고 궁극적으로는 상담의 성공여부가 좌우되기도 한다.

상담관계는 내담자가 상담자에 대해 전문성과 매력, 그리고 신뢰성을 느낄 때 촉진된다(이창호·금명자, 1992; Patterson & Welfel, 1994). 상담자와 내담자의 촉진적 상담관계를 위해 상담자는 위에서 상세히 제시된 상담의 기본적 태도와 기법인 관심 기울이기, 적극적 경청, 내담자에 대한 수용과 존중, 공감적 이해, 진실한 태도, 그리고 구체화 등을 적극 활용해야 한다.

4) 내담자의 비현실적 기대의 수정

내담자에 따라서는 상담에 대한 기대가 비현실적으로 높은 경우가 있다. 예컨대, 어떤 내담자는 상담자가 자신에게 조언하고 자신의 문제를 모두 해결해 주거나 대신 결정해 주기를 기대한다. 이러한 기대는 내담자가 상담에 대해 잘 알지 못해서 생길 수도 있지만, 내담자가 이전에 개인적 문제에 대해 도움을 받았던 사람들이 누구였는가에 의해 좌우되기도 한다. 예컨대 이전에 선생님이나 목사님을 찾아가 도움을 받아본 내담자는 상담자도 그들처럼 구체적인 지침을 줄 것으로 기대하며, 이전에 경찰에 다녀온 경험이 있는 경우는 상담자도 지시적일 것으로 생각한다. 우리나라에서는 부모 또는 교사가 구체적인 지침이나 지시를 자주 주어서인지 상담자에게도 그와 같은 것을 기대하는 경향이 있다. 그 밖의 비현실적인 기대로는 상담자가 독심술이 있거나, 자신이 잃었던 직장이나 헤어진 사람을 대신해 줄 것이라는 기대 등이 있다. 이와 같은 비현실적 기대에 대해서는 상담초기의 구조화를 통해 수정해 주어야 한다.

5) 상담에서의 구조화

구조화란 상담을 통해 기대할 수 있는 것이 무엇인지를 내담자에게 알려주고 상담자와 합의를 이루는 과정이다(Patterson & Welfel, 1994). 상담자는 상담초기에 상담의 '특성·한계·조건, 그리고 목표' 등에 대해 언급할 수 있다(Brammer, Shostrum & Abrego, 1989). 구조화는 상담이 방향이나 초점을 잃지 않게 하며 상담을 효율적으로 진행할 수 있게 돕는다.

상담초기의 구조화에서는 비밀보장 문제, 상담기간과 횟수, 예상하는 상담회기의 수, 내담자와 상담자의 의미, 그리고 앞으로 기대되는 결과 등에 대해 언급한다. 우선 비밀보장 문제는 내담자에게 상담실에서 이야기되는 내용이 누설되지 않을 것이라는 점을 다음과 같이 알려줌으로써 내담자가 편안한 마음으로 자유롭게 이야기할 수 있는 분위기를 제공할 수 있다(Patterson & Welfel, 1994).

"여기서 이야기되는 내용은 비밀이 보장되며, 저는 당신의 허락 없이 그 누구에게도 이 내용을 이야기하지 않을 것입니다. 하지만 몇 가지 예외가 있는데, 그것은 당신이 자신이나 다른 사람을 해치려고 하거나 당신이 위험한 상황에 빠져 다른 사람에게 도움을 구해야 할 때는 이야기를 할 수 있습니다."

수련생인 경우에는 몇몇 회기에 대해서 지도감독자와 논의할 수도 있다는 점을 알려주어야 하지만, 이와 함께 지도감독자 역시 비밀을 보장할 것이라는 점도 분명히 해두는 것이 좋다(Sommers-Flangan & Sommers-Flangan, 1993).

상담의 목표에 대한 구조화가 충분히 되어 있지 않을 때 내담자는 무엇을 위해 언제까지 방문해야 하는지 모르며, 심할 때는 몇 달이 지나서 "제가 왜 상담하러 오는 거지요?"라고 질문하는 상황이 벌어지기도 한다. 그런데 구조화는 상담초기에만 필요한 것은 아니며, 중기에도 내담자가 상담에 대해 비현실적인 기대를 가지거나 비밀보장에 대해 불안해 할 경우 등 필요할 때에는 구조화할 수 있다.

상담기간이나 회기의 시간에 관한 구조화는 내담자에게 자신의 각 회기나 전체 상담기간을 어떤 방식으로 활용할 것인지 미리 계획하고 관리할 수 있게 돕는다. 상담자는 상담초기에 "일반적으로 한 회기는 45분에서 50분 정도 됩니다."라는 이야기를 해서 내담자가 그 시간에 맞추어 자신이 할 이야기를 조절할 수 있도록 한다. 1회기의 길이가 45분에서 50분인 것을 알면서도 내담자가 그 시간에 맞추지 못하거나, 상담시간이 끝날 무렵에야 중요한 이야기를 하기 시작하는 것 등은 내담자의 내면세계에 대한 중요한 정보를 제공하는 자료가 될 수 있다. 다시 만날 필요가 있을 때, 상담자와 내담자는 정확한 날짜와 시간을 정하고 상담자나 내담자 중 어느 쪽에서라도 그 날짜와 시간을 지키지 못할 경우 연락을 하는 방식에 대해서도 미리 정해 둔다. 장기상담에서는 요일이나 시간을 정해 두고 그 시간을 변경해야 할 경우에만 서로에게 미리 알려줄 수도 있다.

어떤 내담자는 상담이 몇 회기나 진행될 것인지에 대해 질문하는데 이 질문은 상담자가 경험이 많을 대 어려운 질문이 될 수 있다. 이때 상담자는 내담자가 가진 문제와 상담목표의 특성을 고려하여 상담회기의 수에 대해 잠정적으로 정해 둘 수 있다. 만약 상담회기의 수에 대하여 상담자와 내담자의 기대에 차이가 많을 경우, 우선 내담자가 기대하는 횟수로부터 시작하되(Fine, 1982). "그럼 5회(또는 예상되는 횟수) 정도 만나기로 합시다. 그리고는 어느 정도 진전이 있는지 살펴보고 계속할지 종결할지에 대해 생각해 봅시다."와 같이 말할 수 있다.

③ 상담 관계의 형성: 래포

래포(rapport)란 상담전문가들이 훌륭한 상담의 분위기로 발전시키는 데 있어 가장 근본적인 내적조건으로 간주하는 것 중의 하나이다. 그러나 래포란 무형의 것으로서 성실성, 즐거움 그리고 관심으로 특징지어지며, 이 모든 요소는 측정하기 어려운 것이다.

훌륭한 래포의 분위기가 조성될 때 내담자는 자기 자신과 그의 실제적인 문제에 대해서 자유롭게 이야기하게 된다. 훌륭한 상담관계로의 발전은 최초의 만남에서 시작되어야 하므로 래포 형성에 대한 많은 문헌은 최초의 인터뷰에 대해 취급하고 있는 것이다. 그러나 상담자는 상담 전반에 걸쳐서 래포를 지속시키는 데 관심을 기울여야만 한다.

상담에서 래포는 역동적이며 변화하는 것으로 비록 같은 내담자와 상대하는 것이라 해도 시간이 경과함에 따라 달라지는 것이다. 상담자는 내담자를 수용함으로써 래포를 형성하게 된다. 여기에서 다음과 같은 질문을 제시할 수 있을 것이다. '만약 당신이 내담자를 받아들인다면 당신은 근본적으로 그가 소유하고 있는 바림직하지 못한 행동에 대해서도 인정하고 있는 것인가'. 상담자는 내담자를 가치로운 한 개인으로 받아들인다. 즉, 자기 자신을 위해 선택할 권리를 소유하고 있는 존엄한 인격체로 받아들이는 것이다. 따라서 상담자는 '나는 반드시 당신의 행동에 동의하는 것은 아니다. 그러나 나는 당신이 스스로를 위하여 선택할 권리를 가지고 있으며 그 결정에 대해 당신이 책임을 져야 한다는 것을 인정한다'라고 이야기할 수 있다. 내담자를 받아들인다는 것은 인간 존재로서의 자신에 대한 거부에서 비롯되는 근심에서 벗어나 문제를 해결할 수 있는 분위기를 제공한다는 것이다.

내담자는 상담자의 동의의 결과에서 안정감을 느끼는 것이 아니라, 그보다는 좀더 근본적인, 즉 완전히 지속적으로 받아들여진다는 것에 의해 안정감을 느낀다. 내담자는 아마도 다른 사람에게 받아들여지지 않고 다른 사람이 매우 싫어하고 있다고 느꼈기 때문에 나타낼 수 없었던 태도를 표현하게 될지도 모른다. 방어의 태세가 없어지게 되고 처음으로 행동의 어떤 일면이 분명해지게 되는 것이다. 상담자는 내담자가 자신은 무가치하고 받아들여지지 않으며 사랑받지 못한다고 느끼고 경험하는 것에서 자신은 존중되며 바람직한 태도로 행동할 수 있다고 깨닫게 하는 데 근본적으로 도움을 주는 것이다.

4 상담초기에 나타날 수 있는 문제

상담초기에 내담자는 상담자를 만나서 지금까지는 누구에게도 이야기하지 못한 자신의 비밀스러운 이야기를 자유롭게 이야기하고 그간 마음속에 담아두었던 감정을 함께 표현한다. 내담자는 상담초기에 자신의 감정세계에서 카타르시스가 일어나고 상담자는 내담자의 비밀스러운 이야기와 감정을 들으면서 내담자를 잘 공감하고 무비판적으로 수용하기 때문에 내담자는 지금가지 잘 경험하지 못한 새로운 관계를 경험한다. 이 시기에 내담자는 모든 것이 자연스럽게 흘러가고 이 사람이야말로 자신의 문제를 올바로 이해하고 해결할 수 있는 사람이라는 느낌을 가지는데 이러한 현상을 허니문(honeymoon)이라고 한다(Fine, 1982).

허니문 현상은 상담초기뿐 아니라 중기나 후기에도 때때로 나타나지만 특히 상담초기에는 약 4~5회까지 자주 나타난다. 이러한 느낌은 내담자에게 희망을 고취한다는 점에서 긍정적이다. 그러나 문제는 이 기간이 끝날 때이다. 내담자가 자기가 할 이야기는 다했고 이제는 상담자가 조언과 지시를 통해서 자기를 도와 줄 차례라고 기대하는 현상이 일시적으로 나타난다. 초보 상담자라면 이런 경우 당황하게 되고 그때에야 자신의 역할과 내담자의 역할에 대해 구조화를 하려고 하면 내담자는 상담자가 책임을 회피하려고 한다고 생각, 실망감을 느끼게 된다. 이를 방지하기 위해서 상담자는 ① 상담초기의 구조화를 통해 궁극적인 결정은 내담자가 한다는 점을 충분히 알려주어야 하며, ② 내담자로 하여금 지금까지의 이야기를 정리하여 구체적인 목표를 정함으로써 상담의 방향을 잡아가거나, ③ 그래도 내담자 조언을 원할 때는 상담자가 지금까지 들으면서 발견한 것을 일반적인 수준에서 언급할 수 있다.

첫 만남이나 상담초기에 발생할 수 있는 또 다른 문제로 내담자가 진단명을 요구하는 경우가 있다. 예컨대 "선생님, 제가 미친 것일까요?" 또는 "제가 우울증이지요?" 등의 질문을 한다. 이때 상담자는 가능한 한 진단명을 주지 않는 것이 좋다. 왜냐하면 내담자 자신이나 그 가족이 그 진단명을 어떤 의미로 이해하는지 알 수 없으며 진단명을 아는 것이 내담자의 문제해결에 별로 도움이 되지 않기 때문이다. 상담자는 위와 같은 질문을 받았을 때, 중요한 문제에 대해서만 언급하는 것이 좋다. 예를 들면 아버지를 포함해서 권위적 인물과 문제가 있는 경우, 상담자는 "당신의 아버지와 함께 지내는데 문제가 있는 것 같다. 그것은 또한 다른 권위적 인물에 대한 당신의 태도에 영향을 주는 것 같다." 정도로 이야기하는 것이 좋다.

내담자들은 회기가 끝나면 자주 회기 중에 자신의 행동과 말에 대해 생각하곤 한다.. 이때 상담자에게 잘못된 정보를 주었거나 특정인을 너무 가혹하게 비난했다고 느껴지면 다음 회기에 와서는 더 이상 자신의 내면세계를 이야기하지 않으려고 한다. 이런 반응은 내담자가 첫 회기에 '너무 자유롭게' 이야기했다고 느끼는 경우 나타난다. 그때부터 내담자는 더 이상 자신을 개방하지 않고 오히려 자신의 그런 상황에 처하게 했다고 하면서 상담자에게 화를 내기도 하는데 이 내담자에겐 자신이 사랑하는 사람을 비난하고 상담자가 있는 자리에서 강한 감정을 보였다는 것이 개인적으로 부끄럽기 때문이기도 하다. 이때 상담자는 당황하지 말고 내담자의 수치심이나 죄책감 등을 공감하고 이해해야 한다(MacKinnon & Michels, 1971).

상담의 과정-중기

학습목표

1. 상담 중기에 이루어져야 할 일을 이해할 수 있다.
2. 상담 중기에 주로 사용하는 상담기법을 적용할 수 있다.

주요 핵심어

• 심층적 공감 • 피드백 • 직면 • 즉시적 반응 • 해석

상담초기에 상담이 잘 이루어지면 내담자는 상담자를 진실하고 신뢰할 만하며, 내담자를 이해하고 수용하는 사람으로 인식한다. 내담자는 상담이 안전하다고 느끼며 심층적인 이야기를 해도 될 것 같이 느끼기 시작한다. 뿐만 아니라 내담자는 상담이 진행되는 방식, 상담

자와 내담자의 역할과 한계, 상담 횟수에 대해 현실적인 기대를 가지게 되면서 상담자를 처음 만날 때보다는 덜 혼란스럽고 상담에 대해 꽤 분명한 생각을 하게 된다. 한편 상담자는 지금까지 수집된 자료를 토대로 내담자 문제의 특성을 이해하고 내담자의 성격, 문제의 근원 주변상황, 사고과정, 감정의 색조, 패턴 등에 대해 대체로 통찰하는 수준이 된다. 따라서 상담자는 내담자에 대해 훨씬 정확하게 반응할 수 있으며, 내담자의 저항을 야기하거나 내담자로 하여금 상담을 중단하게 할 상담자의 반응이나 자극에 대해서도 알게 되면서 상담중기로 넘어간다.

1 상담 중기의 활동

상담 중기는 심층적 탐색과 내담자의 자각이 이루어지는 시기이다. 심층적 탐색이란 지금까지 수집된 호소문제, 문제의 배경, 내담자에 대한 자료를 토대로 확인된 문제영역들 중에서 중요한 영역이 선택되어 깊이 탐색하는 것을 의미한다. 한편 내담자의 자각이란 내담자가 다양한 삶의 영역에서 경험하던 문제들 사이에 관련성을 볼 수 있게 되고 그들 간에 의미를 발견하며, 근본적인 문제들에 대해 눈을 뜨는 것을 의미한다. 또한 내담자는 자신의 신념·사고·현실세계에 대해 가지고 있는 전제·감정·동기 등 다양한 측면에서 일관성이 없다는 점과 자신의 시각과 타인의 시각 사이에 나타나는 괴리 등을 발견하게 된다. 상담중기에 심층적 탐색과 내담자의 자각이 효과적으로 일어나게 하기 위해 상담자는 초기상담에서 사용했던 기본태도와 기법뿐만 아니라 심층적 공감, 피드백 주기, 직면, 즉시성의 활용, 해석, 역할연기 등이 사용된다.

촉진적인 관계는 그 자체가 상담의 최종 목표는 아니며, 상담의 결실을 가져오기 위해 필요한 과정이다. 촉진적 관계는 상담 과정을 발전시키고 내담자의 문제해결을 돕기 위해 우선 달성해야 할 직접적인 목표이다. 일단 이 관계가 성립된 후에는 다음의 사항을 검토함으로써 상담을 효과적으로 이끌어 갈 수 있다.

① 지금까지의 상담 과정에서 내담자가 무엇을 얻고자 했는가?
② 무엇이 내담자로 하여금 도움을 청하게 만들었는가?
③ 어떤 책략이 내담자나 그의 환경을 변화시키는 데 가장 적합한가?
④ 상담의 최종 목표와 관련지어 볼 때 내담자가 무엇을 학습해야 하고 실천해야 할 것인가?

상담자로서 촉진적 관계가 잘 이루어지고 있는지를 평가하기 위해 다음의 기준에 따라 검토하는 것이 바람직하다.

① 상담자는 내담자가 말한 것을 이해했는가?
② 상담자가 이해했다는 것을 내담자가 알았는가?
③ 상담자는 내담자의 문제를 내담자의 관점에서 보았는가?
④ 내담자는 상담자가 수용적으로 대하고 있었음을 아는가?
⑤ 상담자는 내담자를 따뜻하고 관심 있게 대했으며 그것을 행동으로 나타내었는가?
⑥ 내담자의 가치관, 신념, 의견 등이 어떤 측면에서 상담자와 다

른가? 그러한 차이 때문에 상담자가 내담자를 수용적으로 대하는 데에 지장이 있었는가?

⑦ 상담을 하는 동안 상담자 자신에게 솔직했고 내담자를 성실히 대했다고 할 수 있는가?

⑧ 상담자는 적절한 때에 전문적인 태도로 내담자에게 도움을 주었는가?

1) 심층적 탐색

심층적 탐색이란 초기 상담에서는 제시되지 못한 깊은 이야기들과 표현할 수 없었던 감정들이 표현되며 숨겨진 동기와 무의식적인 자료들이 밝혀진다. 이러한 탐색을 통해 상담자와 내담자는 내담자의 생활에서 있었던 주요 경험 및 사건들의 의미를 이전보다 분명하고도 통합적인 시야에서 새로 인식하며 문제 해결을 위해 노력할 수 있는 기초가 마련된다.

이러한 탐색을 통해 상담자와 내담자는 두 가지 목표를 달성하곤 한다. 첫째는 내담자의 다양한 측면에 대한 통찰이다. 다양한 측면이란, ① 외부환경 및 선행사건과 내담자의 문제 사이의 관련성에 대한 통찰, ② 현재 문제와 관련되는 부적응적 사고, ③ 내담자의 부적응적 감정 패턴과 그것의 기능, ④ 행동의 동기와 결과에 대한 내담자 자신의 자각, ⑤ 내담자 자신의 관계유형에 대한 자각, ⑥ 내담자의 기타 특성에 대한 자각 등을 포함한다. 둘째, 통찰을 바탕으로 내담자가 이룰 수 있고, 내담자의 근원적 소망과 요구를 만족시키는 변화에 대한 목표를 세운다.

2) 내담자의 자각

내담자가 자신의 비밀스러운 사고·감정, 타인과의 관계에 대해 심층적으로 탐색하고 개방함으로써 상담자와 내담자는 외부환경 및 선행사건과 자신이 현재 경험하고 있는 문제 사이에 있을 수 있는 관련성을 깨달을 뿐 아니라 현재의 문제와 관련되는 자신이 부적응적 사고·감정·관계·생활 패턴 등에 대해서도 자각하게 된다.

외부환경 및 선행사건과 내담자가 경험하고 있는 문제의 관련성의 자각한다는 것은 내담자의 현재 성격과 문제를 초래한 이전의 중요한 사건들에 대한 자각, 내담자의 현 상황에 영향을 주는 문화적 배경, 성·사회경제적 지위 등에 대한 이해, 그리고 가족체계를 유지하기 위해 가족 내에서 자신이 떠맡고 있던 역할에 대한 이해 등을 포함한다. 이런 영역의 자각을 통해 내담자는 자신이 가지고 있는 문제와 고통의 의미를 발견하며 자신이 책임지고 해결할 수 있는 부분과 해결하지 못할 부분에 대한 현실적인 판단을 내릴 수 있게 된다.

이 밖에도 내담자는 현재의 문제와 관련되는 자신의 부적응적 사고, 감정·생활 패턴 및 관계유형 등에 대해 자각하게 된다. 내담자가 부적응적 사고를 자각한다는 것은 내담자의 기능을 방해하는 사고과정, 예컨대 자신에 대한 부적응적 관점, 비합리적 신념(Ellis, 1989), 자동적 사고(Beck, 1976), 현실에 대한 잘못된 전제 등을 자각한다는 것이다.

내담자가 부적응적 감정을 자각한다는 것은 자신도 모르게 자신의 행동을 결정하게 되는 감정적 역동을 파악한다는 의미이다. 예컨대 거절이나 실패에 대한 두려움, 아무 것도 가지지 않고 있는 보통사람에 불과하다는 것이 드러날 것에 대한 두려움과 같이 내담자가 억압하고 있는 감정 등 어떤 결정적인 행동을 방해하는 감정 등을 자각하는 것을 포함한다. 이 밖에도 상담중기에는 내담자의 주요 타자 중에서 내담자의 사고·감정·행도에 영향을 끼치는 사람과의 관계, 관계에서 해결되지 않은 과제, 반복되는 대인관계 유형, 가족 내에서의 역할 등에 대해 통찰하는 일도 할 수 있다.

내담자의 행동에 대한 자각이란 자신의 행동이 교묘히 강화되는 방식, 자신의 무의식적 행동에 내재한 숨겨진 의도 등을 발견하는 것, 특정 해동의 의미에 대해 내담자와 타인이 부여하는 의미의 차이, 감정과 행동의 괴리, 사고와 행도의 괴리 등에 대해 자각하는 것을 의미한다. 또한 여기에는 자신의 방어기제와 문제를 해결하려고 사용했던 방식과 생활 패턴의 부적응성에 대한 자각도 포함된다.

이러한 자각은 내담자 혼자 하는 것이 아니라 상담자의 도움을 받아서 이루어진다. 그렇다고 해서 상담자가 내담자에 대해 미리 모든 것을 알고 있는 것 또한 아니다. 상담자와 내담자는 내담자의 환경·사고·감정·인간관계의 패턴 등을 같이 발견해 나가는데 상담자는 이것들을 발견해 가는 과정과 방법(상담자의 기본적 태도, 탐색과정과 기법, 직면 등의 기법)을 더 잘 알고 있다는 점과 많은 내담자를 경험하고 인간의 심리적·사회적 역동에 대한 이론에 익숙해 있기 때문에 내담자보다 조금 먼저 깨달을 수 있다는 점이 다를 뿐이다.

대개의 경우 생활이 변화되기 위해서는 이런 자각이 생활의 다양한 측면에서 반복적으로 일어나야 한다. 게다가 새로운 자각을 기초로 실천행동을 계획하고 실행하며 그에 대한 평가가 있어야 하는데 실천행동의 계획과 실행, 그리고 평가는 상담 중기의 후반부와 상담 후기에 이루어진다.

② 상담중기에서 사용되는 기법

1) 심층적 공감

상담 초기에 촉진적 상담관계를 형성하기 위해 사용하는 공감과는 달리 상담중기에는 심층적 공감을 사용할 필요가 있다. 공감과 심층적 공감을 구분하기는 어려우나 굳이 구분하자면 전자는 내담자의 경험과 감정을 이해하고 표현하되 그 경험은 주로 내담자가 알고 있거나 표현하고 있는 것인 반면 후자는 표현되지 않은 부분을 상담자가 발굴해 내담자로 하여금 자신을 더 깊이 이해하도록 돕는 기법이다.

예를 들면 내담자가 "며칠 전 창수와 말다툼을 해서 서로 말도 안 하고 지내요. 그 후로 먼저 말을 걸려고 생각해도 그게 잘 안 돼요."라고 말한 것에 대해 상담자는 다음과 같이 두 가지로 반응할 수 있다(이장호·금명자, 1992).

상담자 A: "창수와 다투고 나니 마음이 편치 않은 모양이구나."
상담자 B: "말다툼을 했지만, 지나고 보니 후회도 되고 그 친구와 전처럼 친하게 지내고 싶은 마음이 드는구나."

위의 예에서 상담자 A는 내담자가 표현한 것을 거의 그대로 반영했지만 상담자 B는 내담자가 친구와 전처럼 친하게 지내고 싶다는 긍정적 동기가 있음을 공감해 주었다. 내담자의 부정적 경험이나 부정적 감정표현에는 대부분 긍정적 동기가 있으며, 긍정적 동기를 발굴해 주는 것은 내담자의 자긍심을 높일 뿐 아니라 상담방향도 정해 준다. 예를 들면 "저는 제 속 이야기를 자신 있게 다른 사람에게 하지 못해 답답해 죽겠어요."라는 내담자의 반응에 대해 상담자가 단순히 "많이 답답하시겠어요."라고 하는 것보다는 "다른 사람 앞에서 자신 있게 이야기하고 싶은 마음이 많군요. 그럼 어떤 점 때문에 이야기하기가 어려운지요?"라는 것이 훨씬 심층적인 공감이라고 볼 수 있다.

2) 피드백 주기

피드백은 내담자의 사고·감정·행동에 대해 상담자 자신이 보고 관찰한 것을 전달하여 그의 현재 모습을 지지하든지 아니면 변화시키는 기법인데, 전자를 인정적(confirmatory) 피드백, 후자를 교정적(corrective) 피드백이라고 한다. 인정적 피드백이란 상담자가 내담자의 현재 모습과 변화를 지지하는 피드백인 반면, 교정적 피드백이란 내담자로 하여금 현재의 모습과 변화과정을 교정하게 하고 새로운 모습과 변호를 격려하는 피드백이다. 따라서 교정적 피드백은 상담자와 신뢰할 만한 관계가 형성된 중기나 후기에 주는 것이 좋다.

피드백을 할 때 상담자가 기억해야 할 것은 피드백의 궁극적인 목적이 내담자의 사고·감정·행동을 판단하는 것이 아니라 내담자의 편에서 그의 변화와 성장을 돕는 것이라는 점이다. 피드백은 대체로 받아들이기 어렵기 때문에 매우 조심스럽게 해야 하는데 상담자의 피드백이 그의 변화와 성장을 위한 것이라는 점을 내담자가 느낄 수 있도록 하기 위하여 이건(1994), 패터슨과 웰펠(1994)은 피드백을 주는 원칙을 제시했는데, 그 중 몇 가지 예를 들면 다음과 같다.

- 긍정적이든 부정적이든 내담자가 피드백을 받아들이기 쉽지 않다. 따라서 피드백은 내담자를 돕는다는 정신으로 해야 하며 조금씩 소화될 수 있을 만큼 주고 부정적인 피드백은 긍정적인 것과 함께 주어야 한다.
- 또한 피드백은 내담자가 현재의 행동에 대안이 될 수 있는 행동을 찾도록 도와 주어야 한다.
- 피드백은 믿음직한 사람에게서 올 때 받아들이기 쉽기 때문에 피드백을 주기 전에 상담자는 내담자에게 신뢰할 만한 사람이 되어 있어야 한다.
- 내담자의 자기 이미지와 일치하지 않은 피드백은 일치하는 피드백보다 받아들이기 힘들다.
- 내담자가 피드백을 내면화하는 데 시간이 걸리기 때문에 받아들이지 않는다고 짜증내지 말고 인내하고 수용해야 한다.
- 피드백은 분명하고 구체적으로 줄 때 효과적이다. 따라서 내담자의 성격특성보다는 행동에 초점을 맞추어야 한다.
- 내담자가 이해할 수 있을 정도의 피드백을 주되 논박의 여지가 없는 진리의 형태로 주지 않는다. 따라서 "다른 사람에게는 모르지만 내게는 그렇게 보인다는 의미입니다"라는 말을 함께 붙일 수도 있다.
- 피드백을 준 후, 내담자의 반응을 듣는 시간을 가진다.

3) 직면

직면이란 내담자가 가지고 있는 불일치·모순·생략 등을 상담자가 기술해 주는 것이다(Patterson & Welfel, 1994). 이건(1990)은 직면(confrontation)보다는 도전(challenge)이라는 말이 더 정확하다고 했고, 이

형득(1993)은 이것을 맞닥뜨림이라고 번역했다. 그러나 직면은 상담자의 욕구나 필요에 의해서, 또는 내담자를 처벌하기 위해 내담자와 반대입장에서 하는 것이 아니라 내담자의 편에서 내담자를 위해 하는 것이다.

그럼에도 불구하고 직면은 내담자가 매우 받아들이기 어렵고 잘못하면 내담자에 대한 처벌로 인식될 수 있기 때문에 신뢰관계가 형성된 후 아껴서 사용하며, 상담자가 내담자에 대해 화가 나 있거나 마음이 불편할 때 사용해서는 안 된다. 또한 직면하는 이유와 직면을 통해 성취하려는 것이 무엇인지 상담자가 분명히 알고 직접적이고 쉬운 언어로 직면할 수 있어야 한다.

상담자가 직면할 수 있는 영역은 대략 여섯 가지로 구분된다(Patterson & Welfel, 1994). 첫째, 내담자의 지각과 정확한 정보 사이의 괴리이다. 예를 들어 게임 중독, 알코올 중독에서 벗어나는 것은 스스로의 의지만으로 가능하다고 생각하는 내담자에게 "게임을 과도하게 하는 경우 스스로가 의지만 있으면 게임을 하지 않을 수 있다고 생각하는군요. 게임 중독에서 벗어날 수 있는 방법이 몇 가지 있는데, 그런 방법에 대해 이야기하면 도움이 될까요?"라고 할 수 있다.

둘째, 내담자의 기대와 현실적 가능성 간의 괴리이다. "나는 다른 모든 사람에게 수용되고 사랑을 받아야 한다. 그렇지 않으면 나는 행복 할 수 없다."라고 믿는 내담자에게 "당신은 모든 사람에게 수용될 수 있다고 믿습니다. 그렇다면 그 어느 누구 보다고 위대하다고 할 수 있겠습니다. 왜냐하면, 이 세상에서 어떤 위대한 역사적 인물도 모든 사람들에게 존경을 받거나 사랑의 대상이 되지는 않기 때문이지요."라고 말할 수 있다.

셋째, 언어적 메시지와 비언어적 메시지 간의 괴리이다. 얼굴이 상기되고 몸이 굳어지면서도 자신이 화가 났다는 것을 극구 부인하는 내담자에게는 양자 간의 괴리가 어떤 의미를 가지고 있는지에 대해 탐색할 수 있다.

넷째, 의도된 목적과 행동결과 간의 괴리이다. 다른 사람의 관심과 인정을 받으려고 하는 행동이 오히려 다른 사람으로 하여금 무시나 비난을 초래할 때, 또는 자신은 유머라고 취한 행동이 실제는 다른 사람의 마음을 상하게 하는 것에 대해서도 직면할 수 있다.

다섯째, 말과 행동 간의 괴리이다. 외도를 하면서도 스스로 좋은 배우자라고 말하는 경우, 사랑한다면서 학대하는 행동을 하는 부모의 사례 경우를 통해 이 양자 간의 괴리에 직면할 수 있다.

여섯째, 혼란스러운 메시지에 대해 직면할 수 있다. 자녀에게 독립해야 하라고 하면서도 여전히 자녀들이 없으면 겪게 될 외로움에 대해 말하는 부모들이 있다. 예를 들면 "너 학교에 가야지. 그런데 네가 학교에 가면 엄마는 혼자 심심해서 어떻게 하니?"라는 메시지는 자녀에게 혼란을 준다. 상담자는 이와 같은 메시지들에 대해 직면할 수 있다.

4) 즉시적 반응

즉시성이란 '상담관계에서 상담자와 내담자 간에 현재 이루어지는 상호작용'을 의미한다. 따라서 즉시적 반응이란 현재 내담자와 대화를 하며 상담자가 내적으로 경험하는 것을 활용하여 피드백을 주는 것을 의미한다(Patterson, 1974; Patterson & Welfel, 1994).

내담자의 인지적·정서적·관계적 특성은 상담실 밖에서만 나타나는 것이 아니라 상담실 내에서 상담자와의 관계에서도 나타난다. 상담자가 적절히 도와 주기만 하면 상담실은 내담자가 자신의 인지적·정서적·관계적 특성을 직접 확인 할 수 있는 좋은 장소이다. 따라서 상담자는 지금 현재 내담자와 상담자가 맺는 관계에서 내담자에게 부적응적 특성이 반복되어 나타날 때 그 점에 초점을 맞추어 개입할 수 있으며 이러한 개입방법을 즉시성을 활용한 방법이라고 한다.

즉시성 반응을 활용하여 상담하는 것은 상담실 내에서 내담자가 상담자에게 보이는 반응과 태도에 대해 즉시적인 자료를 통해 생생하고 구체적으로 개입할 수 있기 때문에 중요하다. 예를 들면 일상생활에서 의존적인 사람은 상담실에서도 상담자에게 지나치게 의존하는 경향이 있는데, 이때 상담자는 다른 사람과의 관계에 대해 언급하기보다는 내담자가 상담자와 맺는 관계에 대해서 언급하면서 내담자의 의존성을 지적하고 직면하는 등 즉시적 관계를 이용해 개입하는 것이 효과적일 수 있다.

5) 해석

심층적 공감과는 달리 해석은 '내담자의 문제와 염려에 대하여 새로운 참조체제(frame of reference)를 제공함으로써 내담자가 그 상황을 잘 이해하고 효과적으로 해결할 수 있도록 하는 것'이다(Ivey, 1988). 이런 점에서 해석은 재구조화라고 하기도 한다. 그렇게 함으로써 내담자가 가진 문제와 어려움에 대해 지금까지와는 다른 설명체계를 가지는 것이다.

일반적으로 해석은 상담초기에 사용하면 별 효과가 없다. 왜냐하면 문제의 원인과 근원에 대해 내담자가 생각하는 참조체계와 너무 다른 체계를 제시할 개연성이 있고 그렇게 되면 내담자는 자신이 원래 가지고 있던 참조체계에 집착하게 되어 자신이 원래 가지고 있던 참조체계를 장어하고 유지하는 수가 있기 때문이다. 따라서 해석은 촉진적 상담관계가 형성된 이후인 상담중기나 후기에 주로 이루어진다.

3 상담 중기에 나타날 수 있는 문제

심층적 탐색과 자각이 이루어지는 상담 중기에는 내담자 자신의 사고·감정·행동, 그리고 삶의 패턴에 불일치와 모순이 조금씩 나타나 자신이 이야기 하는 내용에 대해 불안해 할 수 있다. 예컨대 내담자는 이야기를 잠시 멈추고 "많은 사람들이 저처럼 비슷한 경험을 하지 않나요?" 또는 "이런 것이 정상 아닌가요?" "선생님 생각에는 제가 못된 아버지인가요?"와 같은 질문을 하게 되는데 이때 "무슨 생각이 들어서 그러지요?" 또는 "무엇이 염려스러운지요?"라고 불안에 대해 탐색하거나 심하게 불안해 하는 내담자는 안심시킬 필요가 있다(MacKinnon & Michels, 1971).

상담 중기에 내담자는 자신에 대해 조금씩 알아가면서 정서적으로 힘겨워하고 상담에 대해 저항이 일어나는 경우가 있다. 이를테면 상담시간에 늦거나 자신의 상태에 희망이 없다고 느낄 수 있고, 또는 자신은 문제가 없는데 상담 때문에 더 나빠진다는 느낌을 가질 수도 있다. 이때 상담자는 늦는 것이 하나의 패턴이 되어 명백해질 때까지는 해석하지 않고 있다가 그것이 패턴이 되었다고 생각될 때, 해석을 하거나 직면할 수 있다. 이때의 해석이나 직면 역시 위에서 제시한 효과적인 방법을 따라야 한다.

상담 초기를 지나 중기나 후기에 들어서면 내담자는 별 관련 없는 주제 사이를 오가며 상담에 진전을 보이지 않는 경우가 있다. 이때 초보 상담자들은 당황하게 되는데, 필자의 경험으로는 "지금까지 우리가 10회 정도 만났는데, 이 상담이 어디로 가고 있다고 생각하는지요?" 또는 "우리의 상담이 얼마나(또는 어떤 점에서) 생산적이라고 생각하는지요?"처럼 현재 일어나고 있는 일에 대해 즉시적으로 반응하거나 상담자가 자기노출을 해서 상담과정을 재검토하고 초점을 맞출 수 있다.

4 특수한 상황에서의 상담

1) 내담자의 결석

약속을 한 내담자가 상담실을 방문하지 않는 경우로는 전화로 약속하거나 신청서를 작성한 후 첫 회기에 나타나지 않는 경우, 첫 회기 상담을 한 후 두 번째 회기에 나타나지 않는 경우, 그리고 몇 번 상담을 하다가 나타나지 않는 경우가 있다. 또한 사전 연락과 관련해서는 사전 연락도 없이 오지 않는 경우와 오지 못한다는 연락을 한 후 안 오는 경우가 있다.

내담자가 연락도 없이 오지 않는 이유는 실제로 불가피한 상황인 경우, 구조화가 되지 않은 경우, 상담이나 상담자에 대한 저항이 있는 경우 등을 생각해볼 수 있다. 연락이 없이 상담에 오지 않는 경우에 상담자는 가능하면 그날 전화를 해서 내담자에게 연락을 취하지 않은 까닭에 대해, 그것이 불가피했는지, 아니면 알지 못했는지, 또는 불편함이 있는지 등을 파악하고 새로 약속을 하도록 한다.

구조화가 되지 않았을 경우는 사전 연락에 대한 구조화를 하도록 하고 상담에 대해 저항이 있는 경우에는 상담이나 상담자에 대해 내담자가 불편함을 느끼거나 저항하는 이유를 탐색하도록 한다. 이는 우선, 상담이나 상담자에 대해 내담자가 오해하고 있을 경우 오해를 풀 수 있을 뿐 아니라 상담에 필요한 자료인 내담자의 패턴이 나타나는 것이어서 내담자의 내면세계를 이해할 수 있는 도구가 되기 때문에 중요하다.

새로운 약속 시간을 정할 때 휴대폰 문자 등을 통해 상담에 대한 이야기나 새로운 약속시간을 남기는 수도 있는데, 그것보다는 통화를 하고 싶다는 문자 정도만 남기고 자세한 이야기는 직접 하는 것이 좋다. 그 까닭은 문자 등의 경우는 가족이나 룸메이트 등을 포함한 다른 사람이 보거나 들을 수 있어 비밀보장이 되지 않는다는 문제가 있을 뿐 아니라 직접 대화하지 못해 내담자의 감정상태나 느낌에 대해 확인할 수 없다는 약점이 있기 때문이다. 상담자가 3~4회 전화를 해도 연결이 되지 않거나, 문자 등으로 메시지를 남겨도 회신이 없는 경우가 있는데, 이때 상담자는 내담자에게 새로운 약속시간을 정하기 원한다거나 연락이 되면 좋겠다는 내용의 메세지를 보낼 수도 있다.

2) 위기상황에서의 상담

위기상황이란 '내담자가 가지고 있는 자원이나 대응기제의 범위를 넘어서는, 견딜 수 없을 정도로 어려운 사건이나 상황'(Gilliland & James, 1993)을 의미하며 상담에서는 자살·자해, 극심한 불안 및 우울,

폭력, 자연재해로 인한 외상경험, 직장을 잃음 등이 포함된다. 위기상황의 상담의 목표는 평상시의 상담과 달리 '개인의 급작스러운 위기에 대한 심리적 해결과 최소한 위기상황이 있기 직전 상태로 회복'하는 것이다(Aguilera, 1990). 따라서 탐색을 통한 문제의 자각, 행동의 변화 등은 이차적인 목표가 될 뿐이다.

위기상황에 상담자가 가장 먼저 해야 할 일은 내담자와 조력관계를 형성하는 것이다. 위기상황에서 상담자는 내담자를 위하여 무엇을 할 것인지에 대해 알고 있다는 느낌을 내담자에게 전하고, 내담자나 주변 사람들이 무엇을 해야 하는지에 대해 분명히 알려주어야 한다. 위기에 처한 내담자는 '이것은 위기'라는 생각 때문에 그 상황에 놀라는데 상담자는 위기에 처한 내담자가 놀라지 않도록 하며 그 병리적 공포로 인한 영향을 최소화할 수 있어야 한다. 이를 위해 상담자는 내담자에 대한 깊은 관심과 그를 도울 능력이 있다는 자신감을 전해 주는 것이 중요하다(MacKinnon & Michels, 1971).

이와 같은 자신감을 바탕으로 상담자는 그 상황을 초래한 사건의 종류와 그것이 내담자에게 가지고 있는 의미를 직접적으로 파악해야 한다. 즉, '어떤 일이 발생했는가?' '왜 그 일이 지금 발생했는가?' '그 일은 내담자에게 어떤 의미를 가지고 있는가?' 등의 질문을 해야 한다.

그 후에 상담자는 내담자의 안전을 확보해야 하는데, 그 중 한 가지가 자살위험에 대한 탐색이다. 경우에 따라서 내담자는 심한 불안을 보이는 경우가 있다 이때 단순히 안심시키려 하는 것은 별로 도움이 되지 않는다. 왜냐하면 그런 정도는 다른 사람들이 이미 시도했을 것이고 그러한 시도들이 도움이 되지 않아 상담자를 찾아왔을 터이기 때문이다. 상담자는 내담자를 안심시키려 하기보다 "불안하다는 것이 어떤 의미입니까?" 와 같은 질문을 통해서 내담자가 느끼는 불안과 공포와 두려움의 근원이 무엇인지 알아서 그것을 이해해야 할 것이다. 또한 일단 내면적인 공포가 밝혀진 다음에 안심시키기를 하면 훨씬 효과가 좋다(MacKinnon & Michels, 1971).

13 상담의 과정-종결

학습목표

1. 상담 종결에 이루어져야 할 일을 이해할 수 있다.
2. 상담 종결에 주로 사용하는 상담기법을 적용할 수 있다.

주요 핵심어

• 적응 • 생활과제 • 행동 계획 • 새로운 행동 • 미해결 과제

1 상담 후기와 종결

상담 후기는 상담 중기에 얻은 자각을 바탕으로 실제 새로운 행동을 시험하고 평가해보는 시기이다. 상담 초기와 중기를 통해서 상담

자와 내담자는 내담자의 문제 및 사고, 감정, 행동, 생활양식에서의 모순과 문제를 알게 된다. 또한 상담자가 가지고 있는 약점 및 앞으로 활용할 수 있는 강점과 사회적 자원에 대해서도 알게 된다. 이러한 것을 바탕으로 상담자와 내담자는 앞으로 실천할 행동을 결정하고 그 행동을 어떻게 실천할 것인지에 대한 계획을 세운다.

새로운 행동을 계획하고 실행해보는 것이 처음부터 상담실 밖에서 이루어질 수 있으면 좋겠지만, 대부분의 내담자에게는 두렵고 실패할 가능성이 많은 일이다. 따라서, 새로운 행동은 우선 상담실 내에서 내담자의 즉시적인 반응이나 역할연기를 통해 이루어지다가 그것이 어느 정도 성공적일 때, 상담실 밖에서의 행동으로 일반화시키는 순서를 밟도록 한다.

새로운 행동의 계획은 가능한 한 구체적이고 세밀히 세우는 것이 좋다. 이러한 행동변화 계획은 나중에 인지변화를 위한 상담이나 행동변화를 위한 상담에 대한 설명에서 제시될 계획수립과 유사하다. 이를테면, 변화시킬 행동을 정의하고, 현재 행동에 대한 기초선을 정하며, 앞으로 변화된 후의 행동양상과 빈도에 대해 구체적으로 목표를 세운 후 새로운 행동을 실천해보는 것이다.

상담 중기에 심층적 탐색과 자각을 통해 자신에 대해 많은 것을 깨달았다고 하더라도 새로운 모습의 자신이 되기 위해서는 새로운 행동과 사고를 시도할 뿐 아니라 그러한 행동과 사고를 반복하고 연습하는 것이 필요하다. 상담자와 내담자는 새로운 행동과 사고방식을 현실생활에서 시도하며 그렇게 할 때의 결과, 정서적인 갈등, 두려움 등에 대해서도 충분히 논의해야 한다. 이때 계획에 수정이 필요할 때에는 계획을 수정하며 새로운 행동과 사고 방식을 적용하여 생활할 때 생기는 정서적 갈등과 두려움, 어색함 등에 대해서는 다시 심층적 탐색과 자각의 과정을 통해 내담자를 더 깊이 이해하는 과정으로 삼는 것이 좋다. 이런 과정이 지난 후 내담자 스스로가 혼자서도 계속 목표행동을 할 수 있을지 검토하고, 그것이 가능하다는 판단이 설 때, 상담자와 내담자는 상담의 종결에 대해 논의한다.

상담의 목표가 달성되어서 종결할 수도 있지만, 상담목표가 달성되지 않은 상태에서도 종결이 일어날 수 있다. 그 반대로 상담의 목표가 달성되었는데도 상담자나 내담자가 종결을 원하지 않을 수도 있다.

상담의 목표가 달성되어서 종결할 때에는 위에서 언급했듯이 상담초기와 중기에 새운 상담목표를 달성하여 새로운 행동을 할 뿐 아니라, 그러한 행동을 혼자서도 할 수 있다고 합의할 때 종결할 수 있다. 이것은 가장 성공적인 종결이라고 볼 수 있다. 그러나 상담의 목표가 달성되지 않았는데 종결할 경우는 지금까지 무엇을 해결하고 무엇을 해결하지 못했는지에 대해 검토하는 시간이 필요하다.

상담목표가 달성된 내담자나, 달성되지 않았다고 생각하는데도 불구하고 종결하려는 내담자에 대해 모두 다음과 같은 식으로 반응한다. "처음 상담을 시작하면서 지금까지 우리가 어떤 작업을 했는지 정리할 수 있습니까?", "어떤 것을 이루었고 또 어떤 것을 이루지 못했는지요?", "앞으로 상담을 계속한다면, 이러이러한 점에 대해서 계속할 수 있습니다."

이와 같은 반응은 인간의 성장을 하나의 연속선상에서 보고 상담을 시작하기 전 내담자의 위치와 상담이 끝난 후 내담자의 위치에 이정표를 세우고 어떤 영역에서 얼마만큼 변화했는지를 생각해보게 하며 앞으로 계속적인 성장을 할 수 있는 한 개인으로서 갖게 될 과제에 대해 구체적으로 정리하는 반응이다.

위의 어느 경우에도 상담을 갑자기 종결하지 않는 것이 좋다. 슐만(Shulman, 1979)은 종결과정이 전 상담기간의 1/6은 되어야 한다고 하지만, 종결에 대해 언급한 후 적어도 2~3회는 더 만나도록 하는 것이 좋다.

상담목표를 달성했는데도 상담자나 내담자가 종결을 원하지 않을 경우도 있다. 내담자가 종결을 원하지 않을 경우는 '지금까지 상담자와 함께 작업을 하면서 이전보다 용기 있게 살게 되었는데, 앞으로 혼자서 내 문제를 해결할 수 있을까?'에 대한 두려움이 있는 경우나 상담종결이 내담자를 배척하는 것으로 느끼는 경우 등이다. 이때에는 분리에 대한 내담자의 불안감을 상담자가 미리 다루어주어야 한다. 또한 상담자는 지금까지 자신이 내담자의 의존욕구를 너무 만족시키지 않았는지에 대해 스스로 검토해보는 시간을 가져야 한다. 상담자가 종결을 원하지 않을 경우에도 역시 내담자를 상담자의 욕구(전능인이 되고 싶은 욕구, 성적 욕구, 돕는다는 것에 대한 만족감, 분리되는 것에 대한 불안회피 등)를 만족시키는 대상으로 삼지 않았는지 돌아볼 필요가 있다.

여러 가지 경로를 통하여 상담이 시작된 이후 상담의 끝을 맺는다는 것은 중요한 의미를 갖는다. 학교를 다니는 것도 시작인 입학과 더불어 졸업으로 끝을 맺는다. 상담의 종결은 반드시 상담자와 내담자의 상호준비가 되어진 상태에서 이루어질 때 가장 바람직한 것이다.

우리는 경험적으로 상담의 과정을 통해 모든 문제를 해결할 수 없음을 잘 알고 있다. 그러므로 상담자들은 내담자와 합의하여 내담자의 가장 중요하고 긴급한 문제를 중심으로 상담의 목표를 세운다. 그리고 그 목표란 대개 구체적인 행동단위로 설정을 하게 된다. 바로 이런 바람직한 행동이 가시적으로 드러나고 이것이 지속된다는 임상적 판단이 들 때에 종결할 수 있다. 또한 아래와 같은 상담종결을 위한 목록표를 참고하면서 내담자와 합의하여 정하도록 한다(이혜성 외, 2000, 재인용).

-상담 종결을 위한 목록-

- 나는 새로운 행동을 습득하였는가?
- 그 새로운 행동들은 나의 영속적 습관이 되었는가?
- 나의 정서적 반응들은 적응적인가?
- 나는 앞으로 내가 겪어야 할 여러 가지 유형의 좌절에 대하여 더 관용적일 수 있는가?
- 나는 내자신의 문제에 대해서 스스로 책임질 수 있는가?
- 내가 호소했던 증상은 제거되거나 줄어들었는가?
- 내가 호소했던 문제는 해결되었는가?

상담 후기는 상담 중기에 얻은 자각을 바탕으로 실제 새로운 행동을 시험하고 평가해보는 시기이다. 상담 초기와 중기를 통해서 상담자와 내담자는 내담자의 문제 및 사고, 감정, 행동, 생활양식에서의 모순과 문제를 알게 되었다. 또한 상담자가 가지고 있는 약점 및 앞으로 활용할 수 있는 강점과 사회적 자원에 대해서도 알게 되었다. 이러한 것을 바탕으로 상담자와 내담자는 앞으로 실천할 행동을 결정하고 그 행동을 어떻게 실천할 것인지에 대한 계획을 세운다. 상담을 예정대로 종결할 것인지 아니면 미해결과제의 해결이나 상담과정 중에 새롭게 등장한 과제를 상담에서 더 깊이 있게 다룰 것인가에 대한 논의를 한 후에 신중하게 결정한다.

② 상담종결 후의 생활과제에 대한 논의

상담이 성공적으로 마쳐진 후 내담자들은 새로운 행동양식이 내재화되어 스스로의 힘으로 상담의 효과를 증진시킬 수 있어야 한다. 또한 새롭게 파생될 수 있는 여러 가지 심리적 부적응이나 생활의 어려움을 독립적으로 해결할 수 있는 자기조력 능력을 키워가야 한다.

1) 독서하기

상담과 관련된 전문서적이 점점 증가하고 있고, 정신건강에 대한 대중서적이 많이 출간되고 있다. 평소에 독서를 통해 전문가인 상담자의 도움 없이 스스로 책을 통해 실생활에서 부딪히게 되는 자신의 어려움을 관리할 수 있도록 독려할 수 있다.

2) 생각하기

상담 과정 중에 다루었던 역기능적 정서와 부적응적인 행동을 유발했던 비합리적 신념이나 잘못된 인지적 왜곡에 대한 그 이유를 곰곰이 살피고 기능적인 생각을 하도록 자신의 생각 체계를 점검하는 연습을 할 수 있도록 한다.

3) 정서일지 기록하기

자신이 특별히 화가 나거나 짜증이 날 때, 우울과 같은 정서를 체험하는 상황에서 자세하게 그때의 일을 기록하면서 생각, 감정, 행동, 그리고 환경 간의 관계를 탐색한다. 이런 과정 중에 자신의 행동 패턴을 찾을 수 있으면 이에 따른 대응전략을 마련하여 실행할 수 있다.

4) 연습을 통한 형성하기

새롭게 습득한 사고나 행동이 내담자 자신의 것이 되기 위해서는 연습 이외의 지름길은 없다. 반복되는 연습을 무수히 많이 하도록 한다. 예를 들면, 매일같이 친절을 베푸는 일을 한 가지 이상 함으로써 공감적으로 이해하는 능력과 관용성을 배양해 나간다. 보상을 기대하지 말고 상대편의 이야기를 들어주고 칭찬해 주거나 도와준다. 이러한 연습과 실천 과정을 통해 좋은 행동이나 습관이 형성될 수 있다.

5) 예방하기

문제가 생기기 전에 예방하는 것이 그 문제가 생긴 다음에 치료하는 것보다 훨씬 더 바람직하다. 예방은 가장 최선의 치료이다. 예를 들면 완벽성 때문에 많은 문제를 야기하는 사람들은 매일 다음과 같이 행동할 필요가 있다. 자신이 순간적으로 한 어리석은 행동에 대해서는 껄껄껄 웃는다. 실수를 했을 때는 "내가 실수를 해서 이상한가? 끔찍한가?"라고 자신에게 물어본다.

14 상담사례와 적용

학습목표

발달단계에 따른 상담방법을 이해할 수 있다.

주요 핵심어

• 공감반응 • 괴롭힘 • 공격행동 • 반항행동

상담사례와 적용은 상담사례와 발달 단계에 따라서 적용할 수 있는 간략한 상담 방법들을 제시하였다. 참고한 자료는 「이럴 땐 이런 얘기」, 「담임이 이끌어 가는 학급상담」, 「집단괴롭힘」 및 뉴스(신문기사) 등이다.

1 동화를 활용하는 방법

어렸을 때 들은 한 편의 감동적인 이야기가 한 사람의 행동을 바꿔놓을 수 있다. 부모나 교사가 잔소리하고, 꾸중하는 것보다 재미있는 이야기를 통하여 잘못된 행동이나 습관을 수정할 수 있는 것이다. 다음의 표는 아이들의 다양한 감정과 행동에 긍정적인 영향을 미칠 수 있는 책들을 전래동화 중심의 예시로 제시하였다.

아래의 〈표 14－1〉에 제시된 목록 이외에 다른 책 목록들을 첨가하여 상담 장면에서 활용하는 것도 바람직할 것이다. 이러한 책들은 어린 아이들 뿐만 아니라 지적 장애 등을 가진 내담자를 상담할 경우에도 적용할 수 있다.

욕심 부릴 때	▪ 황소 대신 감 ▪ 젊어지는 샘물	▪ 독수리와 까마귀 ▪ 욕심 많은 개
자기 중심적일 때	▪ 말과 당나귀 ▪ 심술궂은 개	▪ 당나귀의 그림자 ▪ 두 마리의 염소
거짓말을 할 때	▪ 허풍선이 선수 ▪ 목소리 자랑	▪ 양치기 소년
게으름을 피울 때	▪ 소가 된 게으름뱅이 ▪ 암탉과 밀	▪ 밭 속의 보물 ▪ 바람과 해
공부하기 싫어할 때	▪ 학식은 시계와 같다 ▪ 가장 소중한 재산	▪ 모든 교육은 질문으로부터
용기가 없을 때	▪ 사자를 처음 본 여우 ▪ 바른 말을 한 양	▪ 겁쟁이 아버지와 아들
실수를 저질렀을 때	▪ 소와 집과 사람	▪ 숯장수와 세탁장이
물건을 훔쳤을 때	▪ 선비를 보고 뉘우친 도둑	▪ 눈병 앓는 할머니와 의원

싸움을 잘할 때	■ 새들의 우정 ■ 세 마리의 소와 사자	■ 사자와 곰
열등감을 가질 때	■ 사슴과 사자 ■ 토끼와 개구리	■ 산나귀와 집나귀

〈표 14-1〉 동화를 활용한 상담

2 학급 운영을 통한 공격행동 및 반항행동 관리 전략

개인상담 이외에 교사가 학급 운영의 과정 속에서 아동의 공격성을 관리하는 방법을 적용할 수 있다면 학급의 교육활동은 훨씬 더 원활하게 진행될 것이다. 이 방법은 시간을 절약해 줄 뿐만 아니라 학급의 역동성을 활용한다는 점, 정상 교육과정을 행동관리의 자원으로 삼는다는 점, 그리고 또래 아동들이 직접 행동관리에 참여한다는 점에서 교사들이 특별한 관심을 가질만한 가치가 있다.

첫째, 학급회의를 통한 공격행동, 반항행동을 관리하는 방법이다. 정기적으로 학급회의를 열어서 학급에서 일어나는 다양한 주제를 회의하고 아동들의 자유로운 토의를 통해 바람직한 방안을 찾아가는 것이다. 이렇게 하여 결정된 사항은 아동들이 스스로 내린 결정이기 때문에 아동들에게 특별한 의미를 가질 뿐만 아니라 강한 또래 압력으로 작용하여 그 실행도가 매우 높아진다. 아동의 공격행동과 반항행동 역시 학급회의의 주제로 하여 아동들 스스로 해결책을 찾아 실행하도록 하면 학급 운영에 큰 도움이 될 것이다.

둘째, 교사는 학기 초에 학급 운영을 위하여 필요하다고 여겨지는 아동 자치조직을 구성할 수 있다. 예를 들면 선행을 많이 하는 아동을 찾아내는 학급 암행어사, 수업 준비 등을 돕는 수업 도우미, 공부에 다소 뒤처진 친구를 돕는 학급 또래과외담당, 응원을 주도하는 학급응원단, 학급을 폭력의 위기에서 구하는 학급수호대 등이다. 이 중 학급수호대는 학급에서 발생하는 각종 공격, 폭력행동을 예방하고, 그런 행동이 일어났을 경우 신속하게 대응하는 역할을 할 수 있다.

셋째, 학기 초 또는 학기 중의 수업시간 또는 여유 시간에 공격행동을 다루기 위한 소집단상담을 실시하는 것도 한 방법이다. 또래의 영향력이 큰 시기에 소집단을 통해 또래 아동들과 더불어 공격성을 다루고 여러 가지 사회적 기술을 직접 체험하는 경험은 아주 효과가 크다. 소집단은 대개 6~8명 정도로 구성하고 다양한 상황을 설정하여 역할연기를 하고 서로 경험을나누도록 한다. 소집단 상담에서는 다음과 같은 주제를 다룰 수 있다(박성희, 2009).

- **교실에서의 사회적 기술**: 선생님 말씀 귀담아듣기, 지시를 이해하고 따르기, 자신에게 할당된 일하기, 수업에 적극적으로 참여하기
- **친구관계 기술**: 대화 시작하기와 끝내기, 놀이의 규칙 따르기, 친구들 도와주기, 잘못했을 때 사과하기
- **공격성 처리 기술**: 화날 때 참기, 싸우지 않고 문제 해결하기, 자기 잘못을 받아들이기, 협상하기
- **스트레스 처리 기술**: 지루함을 이겨 내기, 거절당할 때 받아들이기, 화날 때 긴장 풀기

넷째, 공감반응 훈련이다. 자기 감정을 정확하게 알기, 자기 감정을 효과적으로 표현하기, 다른 사람의 감정을 이해하기 등이 필요하다. 공감반응은 기본적으로 상대방의 감정을 짚어 주고, 그런 감정이

발생하게 된 원인 또는 이유를 이야기 하는 것이다. "내가 너한테 욕을 해서 화가 난거구나"와 같이 " …하니(해서, 그래서) …구나(말이지)"라는 어법에 맞추어 말하도록 한다. 이때 정확하게 상대방의 감정을 짚어 내는 일이 매우 중요하므로 감정을 지각하고 인지하는 훈련을 많이 해 두는 것이 좋다. 다음 [그림 14-1]의 감정 용어와 얼굴 표정을 참고할 수 있다(곽영숙 역, 2000, 재인용).

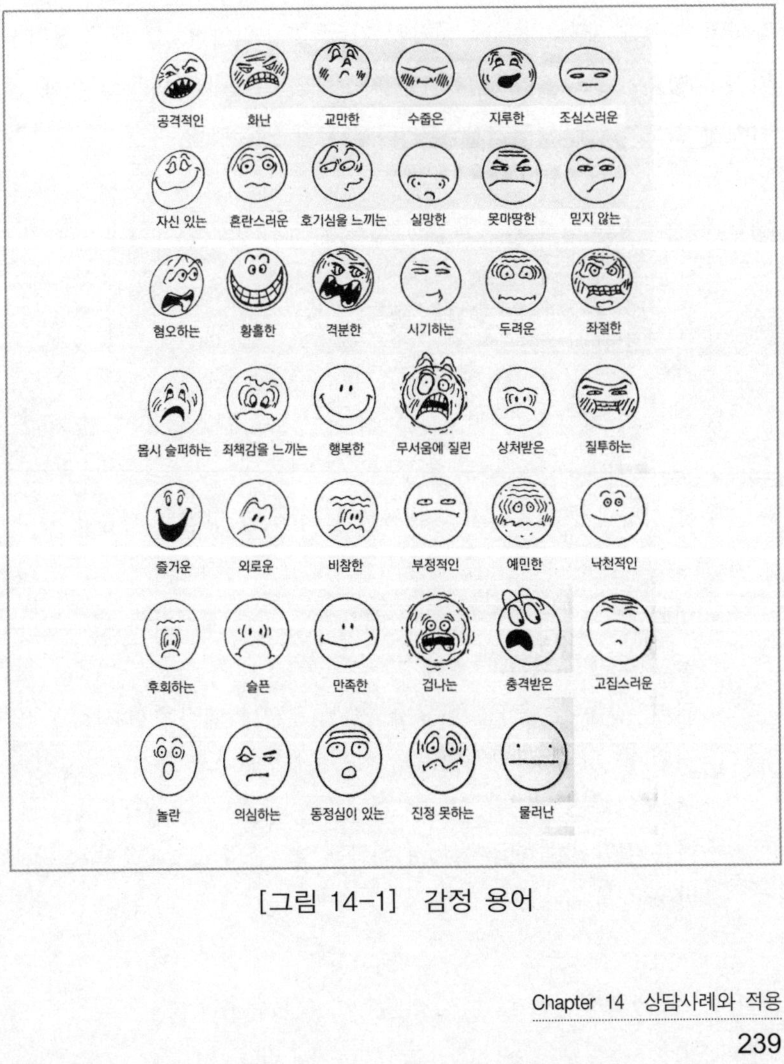

[그림 14-1] 감정 용어

3 집단 괴롭힘

요즘 각종 언론 매체에서는 학생들, 군부대 및 직장 내 괴롭힘에 관한 기사들을 많이 보도하고 있다. 동료에 대한 괴롭힘은 그 정도가 지나쳐 심각한 사회 문제로까지 확산되기도 한다. 괴롭힘은 한 번의 공격 행동이기 보다는 일정 기간에 걸쳐 일어나며, 힘의 불균형이 존재하고 약자에 대한 강력한 공격이 가해진다. 언어적, 신체적, 심리적인 공격행동이 포함된다. 괴롭힘은 자신들의 목적이나 만족을 위해 타인에게 의도적으로 열등감을 주거나 스트레스를 준다.

사례: A는 심한 정서적·행동적 문제를 가진 아동들을 위한 특수학교에 다니는 7살된 아동이었다. A는 피부가 검은 편이었는데 이것에 대해 친구들이 별명을 붙여 놀렸다. 때때로 때리거나 괴롭히기도 하였다. 교사는 친구들과 더 좋은 관계를 맺게 하기 위하여 여러 가지 다양한 시도를 해 보았으나 별로 효과가 없었다.

우선 상담자가 괴롭힘의 피해자를 돕기 위한 방법은 다음과 같다.

- 별명 부르기 등의 괴롭힘에 대하여는 이를 무시하는 행동 전략을 반복하면 효과가 있다.
- 관리, 감독이 강화될 필요가 있다. 그러나 이것은 일시적인 방편일 수 있다. 궁극적인 목 적은 집단 속으로 통합할 수 있도록 도와주는 것이다.
- 다른 집단이나 학급에서 더 행복해 질 수 있으므로 소속 집단을 바꾸어 볼 수 있다.

- 자유 시간에 학생을 보호하기 위해서 독서, 교무실 청소, 컴퓨터 정리하기 등의 일을 제공 할 수 있다. 그 지역이 고립되지 않고 적절한 관리 감독이 되는 곳인지를 확인하는 것이 중요하다.
- 새로운 흥미나 취미를 조장하고 자극한다.
- 자신감을 회복하거나 잠재력을 나타내 보일 수 있는 기회를 제공한다. 어떤 기능을 증명해 보임으로써 집단 내에서 인정과 명예를 회복할 수 있다.
- 괴롭힘을 유발하는 습관적 행동이 있다면 교정할 수 있도록 도와준다.

가해자는 때로는 환경이 바뀌면 그들 자신이 반대로 피해자가 되거나 외톨이가 될 수 있다. 가해 학생들에게는 그들의 행동과 태도가 피해자에게 미치는 결과의 심각성을 이해시켜야만 한다. 가해 학생과 함께 하는 활동의 목적은 다음과 같다.

- 가해자로 하여금 어떤 형태의 공격적인 행동 양식도 결코 허용될 수 없다는 것을 이해시키고 수용하게 한다.
- 가해자의 기존 행동 목록에는 적절한 사회적 행동이 없을 수도 있으므로 적절한 행동들을 소개하고 학습시킨다.
- 다른 사람의 행동과 감정, 장점을 더 잘 이해할 수 있도록 연습시킨다.

직장 내 괴롭힘의 사례로서 최근에 많이 기사화 되고 있는 '태움'이 있다. '태움'은 주로 대형 병원의 간호사들 사이에서 쓰이는 용어로, 선배 간호사가 신임 간호사에게 교육을 명목으로 가하는 정신적·

육체적 괴롭힘을 의미한다. '영혼이 재가 될 때까지 태운다'는 뜻에서 알 수 있듯이 명목은 교육이지만 실상은 과도한 인격 모독인 경우가 많아서 간호사 이직률의 주요 원인으로 꼽힌다.

'태움'의 현상은 집단 따돌림이나 간호사 간 폭력, 간호사 간의 괴롭힘, 갈굼, 교묘하게 못살게 구는 것, 혼나면서 일을 배우는 것 등의 말과 혼용되어 쓰이고 있다. 태움은 환자 안전과 위계적인 조직 문화에 관련이 있다. 간호사들은 환자 생명을 다루는 직업으로 항상 긴장감을 유지해야 하고 업무 실수가 용납될 수 없어 혹독한 가르침을 한다고 하였다. 또한 간호사 간의 서열 관계가 명확한 권위적 위계 조직 문화와 파벌을 형성하는 집단 문화는 선배 간호사의 괴롭힘 행위를 보고하기 어렵게 만들다고 하였다. 이는 태움이 외현적으로는 환자 안전을 위한 가르침으로 보이지만 내현적으로는 괴롭힘이라는 것으로 해석할 수 있으며 조직적으로 태움이 유지되고 있음을 알 수 있다.

직장 내 괴롭힘 방지법(2019년 7월 16일부터 시행) – 고용노동부

고용노동부는 지난 16일 직장 내 괴롭힘을 금지하는 개정 근로기준법이 시행했다. 이 법은 직장 내 막말과 따돌림을 근절하기 위한 법으로, 근로기준법 제76조의2 "사용자 또는 근로자는 직장에서의 지위 또는 관계 등의 우위를 이용하여 업무상 적정범위를 넘어 다른 근로자에게 신체적·정신적 고통을 주거나 근무환경을 악화시키는 행위를 하여서는 아니 된다"라고 명시되어 있다.

직장 내 괴롭힘의 행위로는, 반복적인 폭언이나 욕설을 하는 행위, 사내 메신저나 SNS 등의 온라인을 통한 상대방을 비방하는 행위, 퇴근 후에도 반복적으로 카톡이나 문자를 통한 업무지시가 있었다면 정도에 따라 괴롭힘이 성립될 수 있으며, 술자리 강요와 인사상 불이익의 협박, 의도적인 업무 배제 등이 이에 해당될 수 있다.

근로기준법에 새롭게 추가된 직장 내 괴롭힘 금지법은 매일 출근해서 일하는 근로자가 5인 이상인 기업에서는 모두 적용된다. 근로자가 10인 이상인 기업은 회사 취업규칙에 직장 내 괴롭힘 금지법에 대한 내용을 반영하여 신고하여야 한다.

괴롭힘을 당한 피해자는 회사에 신고할 수 있고, 회사는 가해자에 대한 징계 등의 조치를 해야 한다. 사용자는 직장 내 괴롭힘 신고자나 피해자에게 해고를 포함한 불이익을 주면 안 된다. 이를 위반할 경우 3년 이하 징역이나 3000만원 이하 벌금 부과 대상이다. 그러나 개정 근로기준법에는 가해자에 대한 직접적인 처벌 규정이 없어 실효성 논란이 나오고 있다.

4 함께 생각하기

(1) '집단 괴롭힘'과 관련된 뉴스, 신문기사들을 찾아보고 토의하기

예시: 직장내 괴롭힘 – 종합병원 '태움' 관행

태움은 우리나라 직장 내 괴롭힘의 대표적 사례로 꼽히고 있습니다.

병원에서 선배 간호사가 후배를 괴롭히며 업무를 가르치는 이른바 '태움' 관행이 여전한 것으로 나타났습니다.

연장근로 수당을 안 주거나 최저임금에도 못 미치는 금액을 주는 경우도 적지 않았습니다.

영혼이 재가 될 때까지 괴롭힌다는 뜻에서 나온 간호사 '태움' 관행.

국내 일부 종합병원에서는 이런 악습이 여전히 남아 있었습니다.

환자 앞에서 선배 간호사로부터 인격 모독성 발언을 하는가 하면, 제대로 업무를 못 한다며 지속해서 폭언을 가한 것입니다. 수습 간호사를 꼬집거나 등을 때린 사례도 있었습니다.

〈권기섭/고용노동부 근로감독정책단장〉 "병원업계의 태움 관행이 사회적으로 논란이 되어 왔으며 이번 근로 감독 과정에서도 일부 병원에서 직장 내 괴롭힘 사례가 있는 것으로…"

이런 문제를 해결하기 위해선 병원업계의 노동법 준수는 물론 충분한 교육, 간호사 수 증대가 무엇보다 중요하다는 지적입니다.

〈이민화/의료연대본부〉 "간호사들이 제대로 된 트레이닝을 받지 못하는 상황이에요. 제일 좋은 병원이라도 한 달 정도 … (또한) 인력을 늘리지 않으면 이런 태움 문화가 사라지지 않을 것으로…"

출처: 연합뉴스, 2019. 6. 24.

"쉽게 풀어 쓴
상담과 생활지도"

PART 04

발달단계별 생활지도

유아의 생활지도

학습목표

유아의 생활지도 방법을 이해할 수 있다.

주요 핵심어

- 사회적 상호작용 • 지속성 • 일관성 • 긍정성 • 개방성

유아의 행동이 상황적인 요인에 의해 의의 있게 영향을 받을 수 있다는 사실은, 유아의 행동이 유동적이고 수정 가능하다는 증거이기도 하다. 결국 그들이 새로운 상황 특히, 새로운 사회적 상호작용에 접하면, 그들의 인성과 행동은 상당히 수정될 수 있을 것이다.

유치원에서 친구들과의 경험을 통해 이전에 자신감이 없었던 유

아에게 자신감이 생길지도 모른다. 불리한 가정환경의 산물로 수줍어하고 회피적인 유아는 따뜻하고 이해심 많은 교사가 있는 허용적인 유치원에서 활기 있고 행복하며 창의적이게 될지도 모른다. 한편, 행복하지 않은 유치원 생활이 좋은 부모-아이 관계에 부정적 영향을 주어 관계를 손상시킬지도 모른다. 예를 들어 부모가 따뜻하고 상냥하며 허용적이면, 유아는 안정되고 침착하며 자신감을 가지고 유치원에 들어갈지도 모른다. 그러나 그들의 지능이 평균 이하이거나 공부하려는 동기가 낮으면, 그들은 유치원에서 실패를 겪게 될 수 있어서 좌절을 겪고 공격적이 될 수 있다. 그들은 사교적이고 유쾌한 아이에서 불행하고 회피적이며 사회적으로 부적응 아이로 변해버릴지 모른다. 이같이 새로운 상황, 특히 새로운 사회적 관계에 접함으로써 적응하고 건강한 발달을 하게 되거나 그 반대일 수 있으며, 아이의 인성과 행동에도 상당히 긍정적 또는 부정적으로 영향을 줄 수 있다.

생활지도는 유아들이 등원하면서부터 하원할 때까지의 일과 운영을 통해 이루어진다. 등·하원 시간, 정리정돈시간, 휴식(낮잠) 시간, 간식 또는 급식 시간, 화장실 사용 등과 같이 하루 일과 활동 안에서 식사, 배변, 수면, 청결, 예절 등 기본생활습관 지도가 필요하다. 유아가 몸에 익혀야 할 습관 중에서 유아의 건강을 유지하는 데 필수적이며, 또 몸에 익힘으로써 자립심과 독립심을 기르는 데 기본이 되는 습관을 기본적 생활습관이라고 한다. 기본적 생활 습관에는 식사, 수면, 배설 등의 생리적 생활과 관련된 습관이 있고, 옷 입고 벗는 습관, 청결의 습관과 같은 사회적 생활의 기초와 관련된 습관이 있다. 유아가 건전한 생활습관을 몸에 익힘으로써 건강하고 자립적인 인간으로 성장하도록 돕는 것은 매우 중요하다.

기본적 생활 습관을 익히기 위해서는 다음과 같은 일반적인 형성과정을 거친다. 첫째, 습관은 하나의 행동을 반복함으로써 형성된다. 식사 후에 이를 닦는 습관을 형성시키는 과정을 예로 들어보자. 이를 닦는 것은 세면대로 가는 것, 칫솔에 치약을 바르는 것, 일정한 방법으로 이를 닦는 것, 물로 이를 헹구는 것, 입과 손을 닦는 것 등과 같은 일련의 행동들이 포함된다. 이러한 행동들의 하나 하나가 서로 연결되어 일정한 순서로 이루어져 있는데, 습관은 이러한 행동들의 연결을 반복·연습함으로써 형성되는 것이다. 둘째, 유아가 생활습관을 몸에 익히도록 하기 위해서는 먼저 어른이 이러한 행동의 좋은 본보기를 일정한 기간 동안 규칙적으로 보여주는 것이 중요하다. 어른은 지키지 않으면서 유아에게만 하라고 강요하는 것은 건전한 습관형성에 도움이 되지 않는다. 또, 이 습관을 익히는 것이 왜 중요한지를 말로써 설명해 주는 것도 필요하다. 셋째, 습관이 잘 형성되도록 하려면 유아가 강요에 의해서 억지로 하기보다는 하고 싶은 마음이 생겨서 스스로 하고자 할 때 더 효과적이다. 그러므로 유아에게 적절한 환경을 제공해 주고, 잘 해냈을 때에는 어른들이 충분히 격려해 주고 칭찬해 주어야 한다. 예를 들면, 식사 후 이를 닦았을 때 주위 사람들이 칭찬해 주고, 그 행동이 청결한 이를 유지하는 데 얼마나 중요한 것인지를 이야기해 주며 격려해 준다면 유아는 누가 강요하지 않아도 차츰 식사 후 스스로 이를 닦게 될 것이다. 이러한 버릇은 얼마 간의 시간이 흐른 후에는 하나의 습관으로 몸에 베어 저절로 이 닦는 행동이 습관화될 것이다.

생활지도에 활용할 지도 방법으로 수업 시간 뿐만 아니라 요리 활동, 노래 부르기 활동, 견학 등이 있을 수 있다. 요리 활동을 통해 유아는 청결한 식습관 및 편식하지 않는 바른 식생활을 경험할 수 있다. 노래 부르기의 경우, 유아들은 생활 속에서 노래를 즐겨 부르고 들기 때문에, 강압적인 방법이 아닌 자연스럽고 지루하지 않은 방법을 통해 바른 행동에 대한 관심과 태도를 유도할 수 있다. 노래는 유아의 생활 경험이나 습관에 관한 내용을 선정해서 지도할 수 있다.

이러한 일과 운영에서 교사는 지속적인 관심과 함께 일관성 있는 생활지도를 하는 것이 중요하다. 생활지도를 포함하여 유아가 성장하고 학습하기 위해서는 가르치고 지도하고 지원해 주는 교사가 필요하다. 교사의 긍정적이고 지원적이며 연령에 적합한 방법을 사용하여 유아의 행동과 생활을 지도하는 역할은 중요하다. 유아를 지도할 때 가장 중요한 것은 유아의 발달 능력과 요구를 고려하여 지도하는 것이다. 교사가 유아들을 지도할 때 적용할 수 있는 효과적인 생활지도의 전략은 다음과 같다.

1) 바람직한 행동에 대해서 구체적인 칭찬과 반응 보이기

유아들은 관심받기를 원하기 때문에 교사는 잘못된 행동에 대한 부정적인 반응 보다는 바른 행동을 했을 때 긍정적인 반응을 보이는 것이 좋다. 유아마다 긍정적인 행동에 대하여 언급하는 것이 좋다. 칭찬을 할 때 평범한 칭찬 대신에 구체적으로 격려한다. 유아가 바르게 한 것을 말하고 왜 자랑스러운지를 알게 구체적인 칭찬을 사용한다. 격려는 유아들의 행동을 지도하는 데 있어 단순한 칭찬보다 좀 더 효과적이다.

2) 좋은 모델을 제공하기

유아들은 항상 교사가 다른 유아나 성인에게 어떻게 말하는지를 보며, 분노와 좌절감을 어떻게 조절하는지를 본다. 또한 슬픔과 즐거움을 어떻게 다루는지를 지켜본다. 교사가 자신의 다양한 감정을 조절하는 방식과 다른 사람과의 의사소통방식은 유아들에게 타인에게 어떻게 이야기하고 잘 지낼 수 있는지에 대한 방법을 은연중에 습득하도록 한다.

교사의 권위와 신뢰는 자신이 말한 것을 잘 지키는 사람으로서 유아에게 어느 정도 인식 되는가에 기초한다. 교사가 자신의 권위와 신뢰를 높이기 위해서는 자신이 한 말을 일관성 있게 지키도록 노력하는 것이 중요하다.

3) 잘못된 행동을 스스로 해결하는 방법 가르치기

잘못된 행동을 스스로 해결하는 방법을 가르친다. 음식을 바닥에 흘리면 그것을 치우는 방법을 소개한다. 벽에 낙서를 하면 낙서를 지우는 방법을 소개하고 함께 낙서를 닦는다.

4) 사과하는 방법 가르치기

사과하는 방법을 학습하는 것도 기술이다. 유아들은 다른 유아의 감정을 이해하는 것이 힘들다. 그러나 사과를 하는 것이 다른 사람의 상처를 치유하는 좋은 방법이라는 것을 인식할 수 있도록 한다. 빨리 사과하는 것도 필요하지만 진심으로 사과하게 하는 것이 중요하다. 사과를 위한 기본적인 4단계인 다른 아이를 바라보기, 유아의 이름을 말하기, 미안하다고 말하기, 왜 미안한지 이야기하기를 활용한다.

5) 개방적·긍정적으로 의사소통하기

교사는 유아와 부모에게 자신의 관점을 정직하고 비판적이지 않게 표현하려고 노력해야 한다. 이 과정에서 교사는 유아와 부모의 관점을 개방적으로 성심껏 경청하려는 태도를 갖도록 해야 한다. 교사만 일방적으로 이야기하지 말고 유아와 함께 이야기하도록 노력해야 한다. 유아들은 교사가 자신에게 이야기할 때 주의해서 듣지 않을 수 있다. 효과적인 지도는 교사가 유아의 눈높이에서 대화를 나눌 때 보다 효과적이다. 눈을 맞추거나, 어깨를 살짝 잡아서 교사와 마주보게 한 후 유아들과 대화하는 것이 필요하다. 교사가 유아들의 말을 제한하기 보다는 유아에게 진지하게 자신들의 생각이나 입장을 이야기할 시간을 주는 것이 바람직하다.

유아와 개인적인 대화시간을 갖고 대안 활동을 계획함으로써 유아의 개인차와 자율성을 인정해 주어야 한다. 그러나 유아의 감정을 이해하고 존중하는 것은 반드시 그러한 감정들을 무조건 수용해 주어야 한다는 의미는 아니다.

교사는 유아에게 기대하고 바라는 것을 솔직하고 구체적인 방법으로 명료하게 말하면서 유아의 감정에 대한 존중감을 표현할 수 있어야 한다. 유아의 잘못된 행동을 이야기할 때는 공개적으로 하지 말고 개인적으로 한다. 규칙을 지켜야 하는 이유를 설명하거나 상기시키고 유아가 다르게 할 수 있는 행동에 대해 토의한다.

가능한 "안돼"라는 부정적인 표현을 사용하지 않으며, 유아의 행동에 대해 지도할 때는 특히 어휘를 신중하게 선택하여 사용한다. 문장은 짧고 단순하게 하는 것이 효과적이다. 하면 안되는 것에 초점을 두지 말고 무엇을 해야 하는지에 초점을 두고 지도한다. 예를 들어 '뛰지 마'라고 하기보다는 '천천히 걷자', '소리치지마' 대신에 '조용한 목소리로 이야기하자'라고 말한다. 유아의 특성에 대한 부정적인 생각은 교사로 하여금 문제행동에만 초점을 맞추게 하기 때문에 긍정적으로 성격을 기술하는 것이 중요하다. 긍정적으로 성격을 표현하는 것은 유아들이 긍정적으로 반응하는 것을 도와줄 수 있다.

교사는 유아와의 대화에서 다음과 같은 부적합한 행동들을 하지 않아야 한다.

- 지나친 제스처나 불안정한 신체적 움직임이 지나치게 많은 것
- 부적합한 때에 미소를 짓거나 자연스럽지 않게 웃는 것
- 불필요하거나 같은 내용의 말을 되풀이 반복하는 것
- 말의 속도가 너무 빠르거나 말소리가 너무 큰 것
- 중요한 내용에 대해서 반응하지 않고 오히려 부차적이거나 전혀 중요하지 않은 내용에 대해 반응하는 것
- 상대방을 무시하고 혼자 이야기 하는 것
- 교사가 미리 결론을 내려서 긴 설명을 하거나 훈시를 하는 것
- 대화 내용이 유아 자신과 관련된 경우가 아니거나 화제가 유아의 관심에서 벗어나는 것

유아의 생활지도에 있어서 다음을 유의하여야 한다.

첫째, 유아의 행동을 수정하기 위해서 위협이나 협박을 할 때 교사는 권위와 신뢰를 잃게 될 것이다. 유아에게 불안과 공포감을 전해주는 대화의 유형으로, 유아의 부적응 행동만 더욱 심화시키는 결과를

가져온다. 유아의 부적응 행동을 고치기 위해서 "너 한번만 그런 행동 더 해 봐라"고 위협하는 것은 오히려 유아에게 교사가 그런 행동을 한 번 더 하기를 바라고 있다는 식으로 받아들이게 할 수 있을 뿐 아니라 적개심만 쌓게 할 수 있다. 둘째, 교사가 유아의 능력을 은연중에 비교하게 되면 유아들이 자신의 실제적인 가치를 인식하지 못한 채, 단순히 다른 유아의 장점이나 능력을 시기하게 되는 결과를 초래할 수 있다. 교사가 칭찬을 남발하는 경우, 칭찬의 의미와 가치를 상실하기 쉽고, 유아들이 실제 행동하고 있는 것보다 다른 사람의 눈에 어떻게 하면 잘 보일 수 있을까에 초점을 두도록 가르치는 결과를 초래하기 쉽다. 셋째, 교사는 때로 규칙을 시행하기 위하여 간접적인 방법으로 질문을 던질 수 있다. 이러한 혼란스러운 질문함으로서 교사는 이 질문을 통해 자신이 원하는 답을 내놓도록 유아들에게 압력을 가하게 되어 방어적인 태도를 갖게 만들 수 있다. 넷째, 유아를 유혹한다는 것은 행동에 대한 조건을 포함하는 것으로 "~하면 ~할게"와 같은 형태이다. 이 같은 말에는 유아의 능력에 대한 의심뿐 아니라 물질적 보상에 유아를 길들이는 결과를 초래할 수 있다. 이러한 유형의 대화는 유아의 행동을 지도할 때 일시적인 효과를 기대할 수 있으나 지속적인 효과를 얻기를 어렵다. 다섯째, 교사가 강하게 말하는 것은 위협이나 협박으로 들릴 수 있으므로 조용하고 침착하게 이야기할 때 집단생활이 원만하게 이루어질 수 있다.

대부분의 교사들이 효과적인 지도전략을 적용하려고 하나 경우에 따라서 처벌을 사용하는 경우가 있는데, 이는 결코 효과적인 방법이 될 수 없다. 처벌은 기본적으로 바람직한 지도방법이 아니다. 처벌이 바람직하지 않은 구체적인 이유는 다음과 같다(조운주 · 최일선, 2019, pp. 89~90).

① 관계형성을 어렵게 한다. 유아들은 자기를 벌주는 교사를 원망하거나 피하려고 하여 교사와 유아의 관계를 악화시킨다.

② 자기조절력을 기르지 못한다. 스스로 자신의 행동을 조절하는 것을 학습하지 못한 채, 교사가 있는 동안에만 잘못된 행동을 중지시킬 수 있다. 이는 장기적으로 바람직하지 않은 행동을 억제하지는 못한다.

③ 자아존중감은 낮아지고 무례한 행동을 할 수 있다. 조롱하는 것과 같은 언어적인 처벌은 유아들에게 무가치하거나 무책임한 감정을 느끼게 할 수 있다.

④ 심각한 처벌은 교사와 유아의 신뢰감과 긍정적인 관계 형성을 제한할 수 있다.

⑤ 교사의 공격성을 유아가 따라 하게 된다. 처벌을 받는 과정에서 유아는 때리거나 소리치는 행동이 갈등을 해결하는 방법이라고 학습하게 된다.

16

아동의 생활지도

학습목표

아동의 생활지도 방법을 이해할 수 있다.

주요 핵심어

• 부적응행동관찰목록 • 일러바치기 • 협동심 • 지기싫어함 • 감정수용

다음의 부적응 행동 관찰 목록[1]을 통한 문제행동 관찰 결과는 아동의 문제행동을 파악하고 정의를 내리는 데 적용할 수 있으며 또한 아동의 부적응 행동을 지도하는 데 기초자료로 활용할 수 있다. 아동

1) 박정옥·김태인(2013). 아동생활지도. 양서원.

의 부적응 행동을 정의 내리고 평가하기 전에 교사는 먼저 모든 아동이 개별적인 한 인간으로서의 권리를 갖는다는 것을 인정해야 한다. 아동들은 성인들이 상상할 수 있는 것보다 훨씬 빠르게 변화하고 있다. 오늘은 나타나지만 내일은 사라질지도 모를 행동 특성을 부적응 행동으로 평가하여 아동을 판단하는 것은 아동의 긍정적 발달에 심각한 손해를 입힐 수도 있다. 따라서 시간을 가지고 느긋하게 아동을 바라볼 필요가 있다.

부적응 행동 관찰 목록	
문제행동이 나타나는 시기는 언제인가?	■ 하루 종일 아무 때나 ■ 등교 및 귀가 때와 같은 특정한 시간 ■ 쉬는 시간, 점심 시간 ■ 수업 시간 ■ 실내에서 ■ 바깥에서
문제행동을 일으키는 상황은 무엇인가?	■ 다른 아동이 자신이 원하는 것을 가지고 있는 경우 ■ 다른 아동에게 무엇을 빼앗긴 경우 ■ 교사가 아동에게 “안돼”라는 말을 한 경우 ■ 자신의 과제를 완성할 수 없는 경우 ■ 다른 아동과 다툰 경우 ■ 아동들이 서로 밀집해 있는 경우 ■ 아동이 피곤한 상태인 경우
문제행동에 따른 피해자는 누구인가?	■ 아동 자신 ■ 특정한 아동 혹은 아동들 ■ 누구나 ■ 남학생 또는 여학생 ■ 교사
문제행동을 한 다음 어떤 일이 일어났는가?	■ 문제행동(예: 때리기) 했음을 인정한다. ■ 문제행동(예: 때리기) 했음을 부정한다. ■ 문제행동에 따른 상대 아동의 반응에 당황한다. ■ 상대 아동이 다시 문제행동을 일으킨 아동을 때린다.

- 문제행동을 하기 전에 누가 보는지 알기 위해 주위를 살핀다.
- 피해 아동에게 사과를 하거나 위로한다.
- 피해 아동으로부터 멀리 도망간다.
- 피해 아동 가까이에 머무른다.

초등학생 시기에 흔히 볼 수 있는 문제행동과 생활지도 방법을 살펴보고자 한다. 여기에서 교사가 먼저 유념할 것은 아동의 문제행동이 몇 차례의 지도로 극적으로 사라지거나 해결될 것이라는 생각을 버려야 하는 것이다. 아동의 문제행동은 아동의 일생을 걸쳐 학습되고 형성된 것으로 그만큼의 시간과 노력이 필요하다. 따라서 인내를 가지고 조금의 긍정적인 변화도 놓치지 않고 지도하는 것이 중요하다.

1) 일러바치기를 즐겨하는 아동

놀이터나 운동장, 교실에서 친구들이 놀고 있는 것을 지켜보다가 조금이라도 실수하거나 흉잡힐 만을 행동을 하면 바로 교사에게 일러바치러 오는 아이들이 있다. 예를 들면 '선생님, ○○○가요. 더러운 진흙탕에서 놀고 있어요. ○○○가 친구를 밀었어요. 나는 안 그랬어요', '선생님, ○○○가 과자 먹어요. 저는 안먹었어요' 등이다. 때로는 상황을 자세히 알지 못하면서 교사에게 이야기하는 아동도 있을 수 있다. 그것이 대개의 경우 그 자신과 아무런 관계 없는 일을 교사에게 이야기 하려고 달려 오기도 한다.

이렇게 남의 일에 관심을 가지고 고자질을 하는 아동을 주의 깊게 살펴보면, 친구들과 잘 어울려 놀지 못하거나 무슨 일에서나 옳고 그른 판단을 심하게 강요당하는 아동, 가정에서 매우 엄격하게 양육되거나 혹은 과잉보호 되는 경우가 원인일 수 있다. 집에서는 언제나 부모로부터 '옷을 더럽혀서는 안돼!', '다칠까 무서우니 집에서 놀아라', '항상 깨끗하고 단정해야 해' 등, 너무나 간섭을 받고 있기 때문에 자유롭고 활발하게 놀 수가 없는 것이다. 자신은 친구들과 함께 잘 어울리지 못한다. 그러나 함께 놀고 싶다. 자신에게 금지되어 있는 행동을 친구들은 재미있게 하면서 놀고 있다. 친구들이 하고 있는 진흙장난을 마음껏 하고 싶으나 어쩐지 함께 어울리기 어렵다. 그래서 다른 친구들이 하는 행동이 부럽고 시기심이 생기고 약이 오른다. 아동 스스로는 착한 아이라고 정의하고, 친구들은 나쁜 아이라고 단정하여 교사에게 일러바치기로 분풀이를 하는 것이다.

아동이 교사에게 고자질을 하러 왔을 때, 교사가 그 아동과 맞장구를 치면서 '그래, 그래. 정말로 ○○○는 언제나 진흙장난만 해서 옷을 더럽히는 나쁜 아이란 말야. 그렇지만 너는 옷을 더럽히지 않고 장난하지 않는 착한 학생이야!'라고 말한다면, 일러바치는 행동을 좋은 행동으로 평가하는 교사의 말을 통해 그 후로도 계속 일러바치기를 반복하게 되며, 더 빈번해질 수 있다. 교사는 ○○○가 진흙장난을 하는 나쁜 아이라고 일러바치기를 하러 왔을 때, 그 아동에게 맞장구를 치기 보다는 '○○○는 진흙장난 놀이가 아주 재미있나봐' 하는 정도로 이야기 하는 것이 바람직하다. 그러나 아동들에 따라서는 그만큼이나 자신이 일러바치러 왔는데도 선생님은 대단치 않게 듣고 넘긴다는 것에 불만을 제기할 수 있다. 그래서 '진흙장난 놀이는 그릇을 만들거나 다양한 모양을 만들 수 있어서 재미날 수 있지', '너도 진흙놀이 좋아해?, 손이 더러워질 수 있지만 씻으면 깨끗해지지'라는 방법으로 좋다, 나쁘다로 판단하지 말고 진흙놀이로 무엇을 할 수 있는지, 진흙놀이를 해보면 어떻게 되는가 하는 대화를 함으로써 새로운 상상을 펼치도록 하는 지도가 필요하다. 아동이 손이나 옷이 더럽히게 될까봐 불안해하는 마음을 안심 시키는 일도 중요하다. 또한 함께 놀고 싶어하는 마음을 잘 이해하여 여러 친구들과 함께 적극적으로 함께 놀 수 있는 기회를 주어야 한다.

2) 같은 또래와 놀지 않는 아동

학교의 교실은 같은 또래로 구성된 그룹이므로 교사가 특별히 신경을 쓰지 않아도 자연히 같은 연령의 친구가 생기고 함께 놀이를 할 수 있는 대단히 좋은 환경이다. 그러나 또래보다는 형, 누나 등 더 나이 많은 아동이나 성인들과 노는 것을 더 좋아하는 아동은 머리가 좋다거나, 능력이 우수하다든가 사회성이 우수하다는 부모와 주위 어른들을 이야기를 통해서 자만심이나 우월감을 가질 수 있다. 그러나 반드시 머리가 좋다거나, 능력이 우수하다든가 사회성이 우수한 것은 아니다. 혹은 더 연령이 어린 아이들과 노는 것을 좋아하는 아동들 중에는 동생들을 돌보아주는 것을 좋아하는 아동이 있는가 하면, 그 무리의 두목이 되어 뽐내고 싶은 아이도 있다. 이런 아동의 경우는 같은 또래들 속에는 대부분 대장이 되지 못하여 더 어린 동생들과 노는 것을 좋아할 수 있다. 특히 저학년일 경우 학교에 입학하기 전에 부모 등 주로 어른들과 많은 놀이를 하였다면 학교에 들어와서 같은 또래와 잘 어울리지 못할 수 있다.

교사는 같은 또래와 함께 노는 것이 어떤 점에서 좋은지를 아동과 이야기를 해보아야 한다. 교사는 수업 시간에 또래들과 소규모의 집단을 만들도록 하여 또래와의 상호작용을 촉진해야 한다.

3) 협동심이 부족한 아동

교실의 집단 생활 속에서 불협화음이 일어나기 때문에 또래 간에 미움을 받을 수 있다. 협력을 잘 하지 못하는 아동은 친구와 함께 노는 놀이에 익숙하지 않은 경우나 가정에서 참고 견디며 협력하는 교육을 제대로 받지 않는 경우에 흔히 나타날 수 있다.

교사는 아동에게 우선 상대방의 입장을 알게 하는 지도가 필요하다. 첫 번째 단계는 '조금 참아라', '친구들과의 약속을 지켜라', '친구가 슬퍼하고 있으니 양보해 줄 수 있니'하는 방식으로 대화를 통해서 아동에게 들려준다. 그러나 이야기를 한다고 해서 실천이 바로 되는 것이 아니므로 아동 스스로 생각해볼 수 있는 상황을 제시하는 것이 두 번째 단계이다.

예를 들어 공놀이 때 준비하는 공의 수를 아동들의 숫자보다 적게 해본다. 공의 수가 부족하므로 쟁탈전이 일어날 수 있다. 이때 교사는 '그럼 모두 같이 사용하게 하려면 어떻게 해야 할까'라고 이야기 한다. 아동들은 '가위 바위 보로 차례를 정하면 된다', '공을 차서 실패하면 다음 친구에게 주면 된다'와 같은 답이 나올 것이다. 이런 구체적 상황에 있어서의 문제해결 학습은 교사가 일방적으로 '이렇게 해라', '저렇게 해라'라고 지도하기 보다 훨씬 깊이 아동들의 실생활 속으로 침투할 수 있다.

의도적으로 협동심이 부족한 아동끼리 짝을 지어 과제를 수행하도록 하는 것도 좋다. '저 친구 하는 행동이 너무 심하다'라고 생각하는 것이 반성으로 이어질 수 있다. 그런 다음 협력을 잘하는 친구와 짝을 지어 과제를 수행하도록 하는 것도 괜찮은 방법일 수 있다. 협동심이 부족하기 때문에 생긴 상황을 재현하도록 할 수 있다. 협동심이 없다는 것은 즉 개성적인 것이라는 의견도 있으나 상대방의 입장을 생각한다는 것은 중요한 예의의 하나이며 학업 수행과 사회적 기술로서도 반드시 필요한 것이다.

4) 지기 싫어하는 아동

다른 친구는 칭찬을 받고 자신을 칭찬받지 못하면 화를 내고, 불쾌해하거나 분해서 울기까지 한다. 경쟁이나 게임에서 만일 지게 되면 게임을 내던지고, '나 안해' 하고 토라지며 놀이 기구를 독점하고 '내가 첫 번째'여야 한다고 생각한다. 이러한 특성이 긍정적인 방향으로 가면 적극적이고 어떤 일을 시작하면 몰입하여 다른 사람보다 잘 해내고자 하는 에너지를 가질 수 있다. 부정적인 방향으로 가면, 자기중심성이 강하고 경쟁적이며 욕심이 많을 수 있다. 지기 싫어하는 경향이 형성되는 원인은 가정에 있는 경우가 많은데, 가정에서 언제나 대장 노릇을 하거나 칭찬을 받고 게임에서는 언제나 어른이 져주는 가정일수록 많이 나타난다.

집단을 지도하는 교사의 입장에서는 어렵고, 까다로울 수 있으나 그냥 내버려 두어서는 안된다. 이 지기 싫어하는 경향을 활용하여 리더십을 갖게 하는 것이 좋다. '너는 오늘 선생님의 피아노의 악보를 넘기는 역할을 해주면 좋겠어', '그림 잘 그렸구나. 그럼 저 친구의 그림과 함께 게시판에 붙여라' 등 교사의 보조역할을 하게 하거나 어떤 역할을 수행하도록 한다. 어떤 일에서나 첫 번째가 되려고 긴장하고 있다. 다른 사람에게 지고 분해서 멍해 있거나, 울거나 하면 잠시 가만히 둔다. 감정이 일단 가라앉은 다음에 아동의 감정을 수용하면서 '지금까지 다섯 차례 네가 우승을 하였고 이번에는 다른 친구가 우승을 하였구나' 하고 사실을 받아들일 수 있도록 한다.

5) 열등감이 강한 아동

철봉을 시키려고 하면 '못한다'고 꽁무니를 뺀다. 그림을 그리라고 하면 '못그린다'고 자신을 비하한다. 하면 할 수 있을 텐데도 처음부터 자신은 못한다고 생각하며 또 그렇게 말을 한다. 아동이 말로써 직접 표현을 하지 않더라도 활동할 때의 태도를 살펴보면 파악이 가능하다. 열등감이 강해지면 평소에도 표정이 어둡고 행동은 소극적이 된다.

열등감은 자신이 남보다 못하다고 느끼기 때문에 자신의 능력으로 할 수 있는 일도 하지 않으며 향상하려는 노력을 잘 하지 않는다. 더욱 열등감이 강해지면, 자신은 어떤 일이나 행동을 하지 않으면서 다른 사람의 행동을 비판만 하거나 흉을 본다. 열등감이 생기는 원인으로는 부모가 항상 다른 아동이나 형제들과 비교를 하는 까닭에 열등감이 생기게 된 것이며, 아동의 그림이나 운동을 놀리거나 흉보는 것도 아동의 마음을 크게 상하게 하는 원인이 될 수 있다.

이러한 아동의 경우는 경쟁 장면에 두어서는 곤란하다. 다른 사람을 끌어 들여가며 어떤 행동을 하도록 부추기는 것은 매우 효과적이지 않은 방법이다. 오히려 열등감을 가지고 있는 아동에게 서서히 자신감을 심어 주는 방법이 바람직하다. 그러기 위해서 교사는 아동에 대한 기대 수준을 낮추고 어떤 과제나 행동을 완료했을 때는 많은 칭찬을 해주도록 해야 한다. 그리고 차츰 어려운 일을 시도할 수 있도록 하는 것이 가장 이상적인 방법일 것이다. 아동의 장점을 부모와 학급의 또래들에게 이야기 하는 것도 한 가지 방법이다.

청소년의 생활지도

학습목표

청소년의 생활지도 방법을 이해할 수 있다.

주요 핵심어

- 인성교육진흥법
- 학업문제
- 가출문제
- 대인관계문제
- 자기주장훈련

학교는 1995년 5.31교육개혁 '새 학교 문화 창조'를 시작으로 열린 교육, 시·도 교육청 평가, 학교평가, 교원평가, 지식·정보화 사회를 위한 21세기 새교육 패러다임으로 전환 그리고 교육정보화사업 추진, 교수학습방법 개선, 나아가 스마트 교육까지 세계화, 정보화, 개방화를 실천하는 데 집중해 왔다. 이 과정에서 학교는 사이버 중독, 학교폭력, 집단따돌림, 청소년 비행 등 심화되는 생활지도 문제에 적절하게 대처하지 못하였고 대처할 여력이 부족했던 것이 사실이다. 이러한 때에 교육부는 교육 현장에 대한 진단과 함께 인성교육진흥법(부록 3 참고)을 제정하였고, 국가 수준의 교육과정에서는 학생들의 인성교육 강화를 위한 생활지도 방안을 다음과 같이 제시하였다.

- 상담을 통한 인성, 학업 및 진로지도
- 인성지도: 올바른 가치관 정립, 사회성 발달 조력
- 학업문제상담: 자존감, 자신감 상실, 우울, 의욕상실 등
- 진로상담: 학생과 학부모의 진로 희망 관련 사항 등
- 학부모 상담: 학교방문 상담, 가정방문, 전화 상담
- 학생의 복장, 소지품 등 보건위생 및 안전생활 지도
- 학생의 출결상황 파악 및 생활태도 지도
- 학생의 교우관계 및 여가선용 지도
- 학교급식, 방과 후 귀가, 아침자습운영 등 지도

1) 학업 문제

청소년들은 그들의 목표를 이루기 위하여 학교와 집에서 많은 시간을 들여서 공부를 하지만, 사실상 노력한 만큼 성과를 내기가 힘들 수 있다. 학년이 올라갈수록 공부하는 양도 많아지고 내용도 어려워지기 때문에 자신에게 맞는 효과적인 학습방법을 익힐 필요가 있다.

유능한 학습자의 특징은 주도적으로 목표를 세워 효과적으로 학습전략을 사용할 줄 알며, 공부의 진행을 보다 정확하게 평가하고 조

절할 줄 알며, 학습이 부족한 부분에 대해서는 즉시 그것을 보충하는 행동을 취하는데 있다. 그리고 이러한 학습전략은 수영이나 운전 기능처럼 끊임없는 연습과 훈련을 통해 효과적으로 활용될 수 있는 능력이다.

학습전략이란 공부를 보다 효과적으로 하기 위하여 학습자 자신이 취하는 모든 방법적 사고 또는 행동이라고 정의할 수 있다. 여기에는 지식과 정보의 처리와 활용은 물론 동기부여, 시간관리, 집중력 향상, 노트정리, 기억방략, 시험전략 등이 포함된다.

지속적으로 공부하는 습관을 지니기 위해서는 먼저 왜 공부해야 하는지 목표가 뚜렷해야 한다. 즉 학습에 대한 동기가 있어야 한다. 교사는 학생의 내적 욕구와 외적 환경을 잘 관리하여 학생의 자발적인 학습이 일어나도록 해야 한다. 학교 현장에서 동기를 유발하는 데 활용될 수 있는 구체적인 기법은 유인의 적절한 활용, 성취감의 자극, 성공과 실패 경험의 이용, 기초적인 학습기능과 지식의 숙달, 수업환경의 조성 등이 있다.

학습에 사용된 시간의 총량보다는 효과적인 시간 사용이 더욱 중요하다. 우선순위를 정할 때는 시간관리 매트릭스를 활용하면 효과적이다. 시간관리란 효율적인 학습이 가능하도록 시간사용 계획을 세우고 실행하며 평가하는 기술을 의미한다. 효율적으로 시간관리를 하기 위해서는 다음과 같은 순서로 적용하면 도움이 된다.

① 시간 사용 실태 평가하기

② 시간 사용 계획하기

- 합리적인 목표와 시간 설정하기
- 우선순위 설정하기

- 과제의 세분화와 과제별 계획 세우기
- 과제 완성 후 스스로에게 보상하기
- 계획 지키기와 유연성 가지기

③ 시간 사용 반성하기

공부에 집중하기 위해서는 먼저 환경적, 개인적 및 과제 관련적인 측면에서 준비를 잘해야 한다.

① 환경적인 계획과 준비
- 조용하고 조명 상태가 좋은 장소
- 일정한 장소, 낯익은 장소, 공부할 태세가 갖추어진 장소

② 개인적인 계획과 준비
- 피로하거나 배고프지 않게 하기
- 공부가 잘되는 시간 선택하기

③ 과제 관련 계획과 준비
- 학습 과제를 분명히 인식하기
- 공부할 시간과 범위를 미리 결정해 두기

2) 가출 문제

청소년들의 가출 상담은 예방개입단계, 위기관리단계, 안정적 변화단계의 세 단계로 구분하여 이루어진다. 청소년의 가출을 예방하는 역할과 가출 청소년을 보호하는 역할 그리고 가출 청소년들의 귀가를 비롯한 삶의 적응능력을 키워주는 역할 등으로 구분된다. 여기서는 교사의 생활지도와 관련하여 가출의 예방개입단계에 초점을 맞추어서

구체적으로 알아보고자 한다.

예방개입단계는 가출 위험성이 높은 청소년과 부모를 대상으로 한다. 가출 위험은 일반적으로 학생이 다른 호소 문제를 이야기하는 과정에서 나타난다.

① 적극적 공감과 수용

가출 위기의 청소년들은 심리적으로 불안한 상태에 있기 때문에 교사의 정서적인 지지를 받는 것만으로 문제의 합리적 해결에 큰 도움을 줄 수 있다. 가족들에 대한 분노나 외로움, 갈등 등이 교사와의 대화를 통해서 충분히 수용되고 이해될 필요가 있다. 이때 교사의 공감과 수용은 학생에게 커다란 용기와 격려가 될 수 있다. 이 단계에서 가출 가능성을 평가할 수 있으며, 평가 과정에서 학생의 가출에 대한 동기와 목적을 이해할 수 있다. 만일 학생이 시위형이나 도피형인 경우에는 가정에서 처하고 있는 현실적인 어려움을 충분히 공감하고 가출의 의도를 분석하여야 한다. 자아상실형, 유의추구형 가출일 경우는 학생의 가능성 찾아주기와 친구 찾아보기가 주된 과제이며, 탐구형 가출의 경우는 직업세계 탐색을 중심으로 생활지도를 진행한다.

② 가출 후 어려움과 관련된 정보제공

첫째, 가출에 대한 청소년들의 기대 및 예상되는 생활 분석

둘째, 가출 후 예상되는 어려움과 관련된 정보 제공

셋째, 가출 후 예상되는 문제행동에 대한 정보 제공

③ 새로운 대안을 탐색하기

현재의 어려움을 해결할 수 있는 대안 탐색과 현재 원하는 것을 얻을 수 있는 방안 중심으로 대안을 탐색한다. 이 과정에서 교사는 의

도하는 대안으로 유도하려고 애쓰지 말아야 하며, 학생이 원하는 것을 얻을 수 있도록 교사가 최대한 노력하고 있다는 의미에서 문제해결의 대안을 탐색하는 것이 중요하다.

3) 대인관계 문제

청소년들의 대인관계 형성 자체를 어렵게 하는 것은 불안과 두려움과 같은 정서적 요소, 부적절한 사회적 자아개념, 부적절한 귀인양식과 같은 인지적 요소, 인간 관계를 맺는데 필요한 사회적 기술의 부족과 같은 행동적 요인들이다.

대인관계 형성에 어려움이 있는 학생들의 특성은 자신의 수행에 대한 비현실적인 기준을 설정하며, 자신의 사회적 기술에 대해 과소평가하고, 지나치게 부정적으로 자신을 평가하며, 자신을 충분히 강화하지 못하며, 부정적 피드백을 더 잘 회상한다. 동일한 피드백이더라도 더 부정적으로 해석하고 타인으로부터 부정적인 평가를 기대한다. 이들은 지나치게 의존적인 성격, 비주장적인 성격 등을 가지며 불안, 공포, 무기력, 상황에 압도당하는 경향성이 높게 나타났다. 청소년 대인관계 문제에 대한 지도는 촉진적 인간관계기술 훈련, 대인관계 주장훈련, 대인관계 갈등해결훈련 등이 있다.

① 촉진적 인간관계 기술 및 태도 훈련

이는 Rogers의 인본주의 철학의 영향을 받은 것으로 인간관계를 촉진하는 태도와 기술과 인간관계에 도움이 되지 않는 기술과 태도가 있다고 가정하고 인간관계를 촉진하는 태도와 기술을 확인하여 이를 체계적으로 교육시키는 것이다. 대인관계가 어려운 사람들은 자신의 감정 자각과 타인의 공감능력 등 대인관계 기술이 부족한 경향이 있으므로 이를 향상시키기 위한 인과관계 촉진 기술들은 진실성, 존중, 공감, 구체성, 직면 등이 있다.

② **자기주장훈련**

자기주장훈련은 대인관계에서 타인을 존중하되 자신의 권리, 감정, 이익 등을 정당하게 주장하는 훈련이다. 대인관계에서 한 개인이 가지는 표현방식은 비주장적, 공격적, 주장적인 세 가지가 있다. 비주장적 표현은 대인관계문제 상황에서 비주체적으로 행동하는 것이다. 타인의 이익과 권리만 생각하고 자신의 권리와 이익은 무시하는 방향으로 행동한다. 공격적 표현은 대인관계문제가 발생할 때 자신의 이익을 중심으로 움직이는 것이다. 타인의 권리를 무시하고 타인을 공격하는 것이다. 이에 반해서 주장적 훈련은 타인의 권리, 이익, 감정을 존중하되 자신의 권리, 이익, 감정을 분명하게 표현하는 것이다.

18 생활지도를 위한 부모 상담

학습목표

생활지도를 위한 부모상담 방법을 이해할 수 있다.

주요 핵심어

- 연계 • 상호이해 • 부모특성 • 부모상담과정 • WDEP

일반적으로 부모들은 자녀의 문제를 곧바로 자신의 문제로 동일시하는 경향이 있어서 자녀의 문제로 상담에 임하는 부모는 무엇인가 잘못했다고 느끼며 불안해하고 걱정을 하며 비난받을까 봐 두려워하는 경향이 있다. 부모 노릇을 잘못했다는 죄책감과 자녀의 문제가 곧 자신들의 책임이라고 느끼는 등 불편한 심리적 상태에 놓이는 경우가 많은 것이다. 부모와의 상담을 할 때 교사는 이러한 부모의 마음을 충분히 이해하고 배려하며 존중하는 태도를 가지는 것이 중요하다. 효과적인 생활지도를 위해서는 가정에서의 생활과 교육기관에서의 생활 간의 연계 및 상호 이해가 필요하기 때문이다.

이를 위해 부모와 교사는 아이의 생활에 대한 정보를 공유하고 문제점을 의논하여 함께 아이를 지도해야 한다. 교사는 부모를 상담하여 가정에서의 문제 상황을 파악해야 할 뿐 아니라 부모에게 올바른 지도 방법과 지식을 제공하는 역할도 수행해야 한다. 특히 아이의 부적응 행동의 대다수는 가정의 분위기나 부모의 양육태도, 혹은 가족 간의 심리적인 갈등에서 비롯된 경우가 많기 때문에 부모 상담은 생활지도에 도움이 된다. 교사는 단정적이고 평가적인 태도로 부모를 대하지 않는 것이 협력적 관계를 구축하는데 도움이 될 것이다.

대부분의 부모들은 양육에 대한 어려움과 자녀의 행동에 대한 고민을 가지고 있다. 특히, 현대의 부모들은 과거에 비해 자녀양육에 더 많은 어려움을 경험하면서 어떻게 자녀를 지도해야 하는지 어렵고 혼란스러워 한다. 따라서 교사들은 부모들의 이러한 일반적인 특성을 부모 상담에 앞서 이해하는 것이 필요하다. 현대 부모들의 특성을 살펴보면 다음과 같다(가족스트레스연구회, 1994).

- 부모역할을 준비할 기회가 부족하다.
- 부모는 자신에게 문제가 있는 것은 아닌지, 부모역할을 제대로 하고 있는지, 자녀의 문제를 바로잡을 수 있을지 등 걱정이 많다.
- 대부분의 가정에서는 한 두 자녀만을 양육하기 때문에 부모에

게 자녀들은 가장 소중한 존재이다.

- 내 아이가 다른 아이보다 뛰어나기를 원한다.
- 학교 들어가기 전에 기초적인 학습지도를 시켜야 좋은 대학에 진학할 수 있다고 생각한다.
- 자녀수가 줄고, 경제적 수준이 나아지면서 사교육을 시켜야 한다고 생각한다.
- 맞벌이를 하는 부모가 증가하면서 자녀 양육에 대해 누군가의 도움을 원하며, 유아교육기관과 학교에서 교육뿐 아니라 보호까지도 책임져 주기를 원한다.

부모 상담은 교사와 부모가 정해진 상담 시간에 만나서 진행하는 경우도 있고, 전화를 활용하여 상담하는 경우도 있다. 또는 부모가 아동의 등·하원을 도와주는 경우 이 시간에도 이루어질 수 있다. 교사가 아이에게 관심을 가지고 있고, 부모와 긍정적인 관계가 형성되어 있을 때 부모와 의논하고 상담하는 것이 더 쉬워진다. 특히 아이가 가진 문제에 대한 논의는 신뢰와 상호 존중이 있을 때 더욱 용이하다. 부모를 상담할 때는 부모의 특성을 고려하여 그에 따른 적절한 상담 전략을 활용하는 것이 필요하다(박정옥·김태인, 2013).

① 불친절하고 적대적인 부모일 경우

- 부모-교사 상담 및 모임에 참여하도록 격려한다.
- 교사가 확신을 가지고 견해를 말한다.
- 자녀의 발전에 대한 구체적인 증거를 보여 준다.
- 부모의 긍정적인 행동을 칭찬한다.
- 부모가 화를 내면 감정을 가라앉힐 시간을 제공한다.
- 부모를 공격하지 않고 친절함을 유지한다.

- 부모가 적대적이면 상담의 목적을 상기시킨다.

② 모든 것을 아는 것처럼 행동하는 부모일 경우

- 교사는 부모에게 유용한 정보 제공자라는 것을 인식시킨다.
- 부모와의 모임을 철저하게 준비한다.
- 부모가 말하는 것을 경청한다.
- 방어적으로 대처하지 말고 융통성을 가지면서 가능한 부모의 아이디어를 수용한다.
- 부모가 참여하고 도울 수 있는 기회를 제공한다.
- 관련된 정보를 공유한다.

③ 불평이 잦은 부모일 경우

- 부모가 실제적인 문제를 지적할 수 있으므로 귀를 기울이는 것이 필요하다.
- 방어적으로 반응하지 말고, 부모의 불평을 주의 깊게 들어준다.
- 불평을 들어 주되, 불평에 동의하거나 사과하지 않는다.
- 사실만을 설명하고 인식시킨다.
- 실행이 가능한 것이면 제안을 수용한다.
- 문제나 불평과 관련된 세부적인 질문을 한다.

④ 반응이 없고 부끄러워하는 부모일 경우

- 부모－교사 모임에 적극적으로 참여하도록 격려한다.
- 상담의 목적을 진술한다.
- 개방적인 질문을 통해 부모의 생각을 끌어낸다.

- 교사가 대화를 독점하지 않는다.
- 부모를 격려한다.
- 부모가 의사표현을 할 수 있는 시간을 준다.
- 부모의 장점에 대해서 이야기하고 긍정적인 피드백을 제공한다.

⑤ 확신이 부족한 부모일 경우

- 자녀의 교육에 부모를 참여시킬 수 있는 방법을 생각해야 한다.
- 부모-교사 모임에 참여하도록 격려한다.
- 부모의 장점에 확신을 준다.
- 자녀와 활동할 수 있는 방법 및 자료를 알려 준다.

정기적인 부모 상담을 위해서 교사는 사전에 충분한 상담준비를 하고, 상담의 진행 절차에 따라서 체계적으로 진행해야 한다. 상담 후에는 상담 내용을 기록해 두어 아동지도에 활용한다. 부모와의 상담 진행 과정을 살펴보면, 첫째 상담준비로서 아이에 대한 자료를 정리하고, 상담할 내용을 미리 적고, 부모에게 보여줄 자료를 준비한다. 부모와의 상담 시간과 장소를 정한다. 둘째, 실제 부모를 만나서 상담을 진행하는 것이다. 상담을 실제 진행할 때는 다음의 절차를 고려한다(조운주·최일선, 2019).

- 상담 장소를 정돈한다.
- 인사를 나누고 부모를 따뜻하게 맞이한다.
- 부모 상담의 취지를 설명한다.

- 비밀은 보장된다는 것을 알려 주어 부모와의 신뢰감을 형성한다.
- 아이의 문제에 대해서 이야기하기 전에 좋은 점에 대해서 먼저 말한다.
- 부모와 교사가 역점을 두고 지도할 사항에 대해서 논의한다.
- 직접적인 충고보다는 해결책 중에서 부모가 의사결정을 하게 한다.
- 언급된 사항, 필요한 사항을 기록하고 교사에게 부탁하고 싶은 말을 할 기회를 준다.

이외에 아이가 부적응 행동을 보이는 경우는 부모와 비정기적인 상담의 시간을 갖도록 한다. 부모와 교사가 함께 해결책을 찾고 실행하는 것이 부적응 행동이나 부적절한 문제 행동을 감소하는데 가장 효과적인 방법인 것이다.

부모 상담에 있어서도 상담의 목표가 있어야 긍정적인 방향으로 상담이 진행되도록 계획할 수 있다. 부모 상담의 목표를 설정하는 방법도 일반적인 상담목표 설정 방법과 크게 다르진 않지만, 자녀에게 문제가 있어서 상담이 진행될 때는 부모 입장에서는 '어떤 문제 행동이 줄어드는 것'을 목표로 삼기 쉽다. '게임하지 않기', '친구들과 싸우지 않기' 등의 부정적 목표 보다는 '무엇을 더하면 좋을지'를 기준으로 목표를 정하는 것이 바람직하다. '~않기'보다는 '~하기'라는 바람직한 방향을 제시하는 목표를 긍정적 목표라고 하는데, 긍정적 목표는 아이의 바람직한 부분에 관심을 갖게 함으로써 부모-자녀 관계에 더욱 긍정적인 방향으로 발전할 가능성을 높일 수 있다.

유아, 아동 및 청소년은 부모의 영향을 많이 받는 존재이기 때문에 부모 상담은 아이의 변화뿐만 아니라 부모의 변화를 촉진하기 위한 개입에도 관심을 두어야 한다. 변화를 위한 것이지만 개입은 부모, 학생 및 가족에 대해 교사가 이해하고 평가한 결과 및 상담목표를 설정한 바에 근거하여 이루어져야 한다. 이때 적용할 수 있는 개입 기법은 다양하게 있을 수 있지만 글래서(William Glasser)의 현실상담이론(reality therapy)에서 사용하는 WDEP는 도움이 될 수 있다.

이론의 기본 입장을 살펴보면, 인간은 '사랑과 소속의 욕구', '힘과 성취의 욕구', '즐거움의 욕구', '자유의 욕구', '생존의 욕구'라는 5가지 욕구를 타고났으며, 이러한 욕구를 충족시키기 위해 행동하는 존재라는 것이다. 글래서는 문제행동의 발생 원인 또한, 욕구충족을 위해 자신이 선택한 결과라고 보았다. 욕구충족을 위해 자신이 선택한 행동이 다른 사람의 권리를 침해하지 않는 범위 내에서 자신의 욕구를 효율적으로 충족시킬 수 있게 되면 성공적인 자아정체감이 형성된다. 반면, 자신이 선택한 해결책이 주위 사람과 문제를 일으켜서 욕구를 효율적으로 충족시키지 못하게 되면 부정적 자아정체감이 형성되어, 문제행동이 반복된다는 것이다.

WDEP는 현재 내담자의 욕구, 바람을 파악하는 W(Want), 내담자가 욕구 충족을 위해 현재 어떤 행동을 하고 있는지를 파악하는 D(Doing), 내담자의 행동이 욕구 충족에 도움이 되는지, 혹은 방해가 되는지를 판단하는 평가의 E(Evaluation), 평가의 결과로서 지금 하는 행동이 욕구와 바람을 이루지 못한다면 행동의 변화를 위한 계획을 세우는 계획 단계인 P(Planning)의 네 가지 단계로 이루어진다. 이에 따라, 효율적인 계획 세우기의 특징은 다음의 7가지이다.

(1) 단순해야 한다(Simple).

(2) 달성할 수 있는 것이어야 한다(Attainable).

(3) 측정할 수 있어야 한다(Measurable).

(4) 즉각적이어야 한다(Immediate).

(5) 계획자에 의해 통제될 수 있어야 한다(Controlled).

(6) 일관성이 있어야 한다(Consistent).

(7) 실천하겠다는 약속이 있어야 한다(Committed).

“쉽게 풀어 쓴 상담과 생활지도”

부 록

부록 1 상담사례 예시

부록 2 임상에서의 의사소통

부록 3 인성교육진흥법

부록 4 학교상담 관련 주요 서식

[부록 1] 상담사례 예시

친구 사귀기가 어려워요

1) 인적사항: 대학 1학년 20살 여

2) 주 호소 문제: 학기 초 친구와의 관계 형성과정 중 가벼운 다툼으로 인해 갈등 상황이 생김. 그 후 주변 관계형성에서 자주 실패를 경험하며 주변에 아무도 없다는 생각으로 우울감과 불면을 호소함.

3) 내담자의 행동관찰: 키는 보통이며 가름한 얼굴형에 왜소한 체형이다. 깔끔한 셔츠차림으로 눈 마주침이 적고 수줍은 느낌으로 상담자를 가끔 주시하는 모습을 보임.

4) 가족관계

초등 5학년 시절 부모의 이혼으로 아버지와 함께 할머니집에 살게 되었지만 할머니의 양육과정에서 아버지는 한 달에 한 번 정도 찾아오며 용돈을 주는 정도이다. 어머니와는 어린시절부터 연락이 잘 되지 않아 현재 교류가 없음.

할머니는 직접 공부부터 양육까지 모든 자기 생활에 필요한 것을 잘 지원해 주는 편이나 잦은 소외감과 외로움을 느끼는 편임.

5) 내담자가 진술한 문제 상황

사소한 다툼으로 인해 감정이 상한 이후 친구의 감정을 풀기가 어려웠고 마음이 조급해져서 사과를 시도했으나 거부하며 집단을 움직이는 친구 때문에 다시 그 집단에 소속되기 어려워 전전긍긍하는 자신의 모습이 바보같고 우울감을 가진다고 말함.

초등학교 시절 부모 이혼 이후 친구들에게 놀림받은 일이 잦으며 왕따 경험으로 인해 사춘기 시절에 방황하며 우울했던 감정이 많았다고 표현했다. 친구와의 관계 형성이 조금만 어려워도 불안하고 초조해 잠 못이루는 경우가 많음.

6) 상담자가 본 내담자 문제(사례 개념화)

- 부모의 부재로 인한 주 양육자가 자주 바뀌는 상황으로 돌봄에 대한 환경적 방임으로써 내담자에게 주 양육자와의 따뜻한 관계를 맺는 경험이 부족하다고 보여짐.
- 우울과 무력감을 보임, 자아기능 약화, 부정적 자기평가로 인한 자존감 저하 초래.
- 현재 상황이 심리적 사회적 손상으로 자기 자신을 향한 비난과 자기를 낮게 평가함.

7) 상담 개입방법

- 다양한 감정탐색과 자기표현으로 자율성 증진과 우울감 감소시키기.
- 자기에 대한 긍정적 인식 및 사회적 지지자원 발견하여 무력감을 감소시키기.
- 긍정적 상호작용으로 정서적 안정감과 신뢰감을 경험하여 사회성과 자존감을 향상시키기.

학과 동기들과 제 성적이 너무 비교돼요

1) 인적사항: 대학 2학년 22살 남

2) 주 호소 문제: 군 제대 후 복학함. 학교 수업에 자주 불참하며 집중력도 떨어지며 학업에 집중할 수 없고 자꾸 학과 동기들과 자신을 비교하며 잦은 불안, 짜증, 강박적 행동들이 반복된다고 호소함.

3) 내담자의 행동관찰: 키 180cm정도 되는 큰 키에 어깨가 넓으며 다소 몸집이 큰 편이며 불안한지 눈 마주침이 어렵고 위축적이며 자주 반복적으로 좌우를 살피거나 고개를 흔드는 등 산만한 모습을 보임.

4) 가족관계

군인인 50세 아버지와 가정주부인 48세 어머니, 20세 남동생 1명, 18세 여동생 1명 군인인 아버지 밑에서 항상 강하고 남자다움을 강요 받았다. 아버지의 보수적이고 강압적 훈계와 양육으로 인해 항상 주눅 들었던 어린시절에 대해 기억함. 항상 예의 바르고 반듯한 행동을 강요당하고 학업적으로 타인과 비교하는 아버지로 인해 국영수 학원을 계속 다니며 성적관리를 해왔으며 아버지의 잦은 폭언과 행동으로 가족 모두가 아버지의 눈치를 보며 기분을 맞추어주며 생활함.

아버지의 훈계와 강압적 양육태도를 보이는 반면 왜소하고 작은 어머니는 3형제가 보기에는 나약한 존재로 자식들에게 의지하며 항상 지켜주어야 할 상황이 많았다고 표현함.

5) 내담자가 진술한 문제 상황

대학 1학년 때는 교양과목이 많았고 학업성적이 우수하여 고득점을 유지하였으나 2학기 복학 후 적응력이 높아진 동기들과 달리 전공과목이 많아지고 세부적인 전문적 지식적 학문 요구, 많은 발표 과제들이 반복되면서 타인과 자꾸 자신을 비교하며 자꾸 뒤쳐질 수 있을 것 같은 느낌을 받음. 아버지의 질타 등이 반복적으로 떠오르며 손톱을 뜯거나 탈모가 이어지고 강박적 생각들로 잦은 소화불량, 두통, 불안감으로 휴학을 고민 중 고민을 털어놓았지만 믿었던 어머니께서 반대하자 스트레스가 높아져 짜증과 갑작스럽게 공격적이고 충동적 욕구가 많이 일어남.

6) 상담자가 본 내담자 문제(사례개념화)

- 아버지의 강압적 양육태도와 환경이 내담자의 정서적 욕구나 신체적 욕구가 지속적으로 무시당해 왔다고 보여짐.
- 불안, 완벽주의적 사고, 열등감, 반추사고, 주의집중곤란과 자기비판적 사고가 높으며 분노경향성이 높음.

7) 상담 개입방법

- 역기능적 부정적 정서 개방 및 분노를 조절하여 긍정적 사고 전환하기.
- 자기에 대한 긍정적 인식 개선 및 자존감 향상시키기.

감정을 표현하기 힘들어요[1)]

내담자: 저-저는 항상 말하기가 두려워요. 저-제가, 어떻게 제가 느꼈는지를 표현하는 것을 말이죠(상담자: 음…). 그리고 저는 제 생각에는….

상담자: (말을 중단시키면서) 감정을 드러내는 것이 '약하다'는 것을 보이

1) 문선모(2000). 학생상담 이론과 실제. 양서원. pp. 79~80 재인용함.

는 것 같아서 그런가 보군요(부드럽게, 거의 들리지 않을 정도의 목소리가 되면서). [명료화]

내담자: 네－저한테는 그런 것 같아요. (오랜 침묵) 저는 TV가 있는 방에 있었는데요. 갑자기 울 것만 같은 느낌이 들었어요(거의 울 것 같은 목소리).

상담자: 음. [수용적 경청]

내담자: … 그리고－저－저는 그때 방을 나와서 어디론가 가야 한다고 생각했어요.

상담자: 음. [수용적 경청]

내담자: … 아무도 없는 곳 말이에요. 제가 울어도 아무도 저를 볼 수 없는 곳 말이에요(부끄러워하면서).

상담자: 음. 만일에 당신이 그런 힘든 감정을 그대로 드러내고자 할 때는 참아내기가 정말 힘들 거예요(슬픔을 띠면서 오랜 침묵). [내면 감정의 반영]

내담자: 그 점이 바로 제가 두려워하는 거예요. 감정을 드러낸 후에는 어쩔 줄 모르겠고 당황했어요(부끄러워하면서).

상담자: 남자는 울지 않는다는 생각, 성인은 울어서는 안된다는 그런 심정은 정말 고통스러운것이지요(거의 눈물을 머금은 목소리로). [내면 감정의 반영]

내담자: 맞아요.

상담자: … 또는 적어도 … (잠시 침묵)

내담자: (상담자가 중지한 말을 채우며) 적어도 분명한 이유 없이 말이죠.

상담자: 음. [수용적 경청]

내담자: (긴 침묵) 저－어－저－저는, 분명한 이유가 없어요(단호하게).

상담자: 분명한 이유 없이 우는 것이 약하다는 걸 드러낼 뿐 아니라, '저 사람 이상하다'라는 식의 인상을 주게 될 수 있지요.(매우 부드

럽게) [명료화]

내담자: (맞장구 치면서) 그런 것 같아요.

다이어트 효과가 없어요[2)]

내담자: 저는 체중감량에 계속 실패해 왔어요. 저는 체중이 많이 나간다는 것을 자주 느끼는 데 그게 너무 싫어요. 선생님께서 아시다시피 저는 다이어트를 열심히 했는데 충실하지 못했나봐요. 친구 B와 같이 시작했는데 그 친구는 7kg가 빠졌어요. 그런데 저는 조금 빠졌던 것이 도로 제자리가 됐어요. 소용 없어요. 다이어트는 저에게는 안되는 일인가봐요.

상담자: 마지막 말을 다시 한번 해볼까요. 이번에는 '나는'이라는 말을 사용해서.

내담자: 무슨 말씀이세요?

상담자: 자, 학생은 친구 B가 다이어트를 해서 7kg이 빠졌다고 했어요. 그리고 다이어트는 안되는 일이라고 했어요.

내담자: 제가 다이어트를 할 수 없다는 뜻이었어요.

상담자: 그걸 다시 말해 봐요.

내담자: 저는 다이어트를 할 수 없어요.

상담자: 다시, 하지만 '할 수 없어요'를 '하지 않아요'로 바꾸어서 말해 보세요.

내담자: (주저하며) 나는 다이어트를 하지 않아요.

---

2) 문선모(2000). 학생상담 이론과 실제. 양서원. pp. 101~103 재인용함.

상담자: 이제 금방 네가 말한 것을 어떻게 느끼지요?

내담자: 좌절이 돼요. 뭐가 문제인지 알아요. 저는 단지 다이어트에 충실하지 않았을 뿐이에요. 언제나 결과를 보면, 내 스스로 어쨌든 게으름을 피운다는 느낌이 들어요.

상담자: 어떻게 스스로 게으름을 피우나요?

내담자: 주도하는 방식은 그저 이렇게 말하고 있는 것 같아요. "나는 그렇게 뚱뚱하진 않아. 실제로 그렇게 많이 체중을 줄일 필요는 없어. 그리고 확실히 그렇게 절식할 필요도 없어". 그러고는 다이어트를 그만 둬요. 그래서 되돌아보면 매번 같은 모습이지요. 정말 좌절감을 느껴요.

상담자: 그건 마치 너의 어느 부분은 체중을 줄이기를 원하지만, 다른 부분은 정말 원하고 있지 않은 것처럼 들리는데요.

내담자: 아 … 그런 것 같아요.

상담자: 이런 걸 시도해 보자구요. 즉, 다이어트를 원하는 부분이 원하지 않는 부분에게 말을 하는 거예요.

내담자: 네.

상담자: 그 부분에서 시작해요. 다이어트를 원하는 부분이 다른 부분에게 말을 하는 거예요.

내담자: 너는 너무 뚱뚱해. 너를 봐라. 너처럼 뚱뚱한 사람은 없어. 그리고 또 나쁜 점은 네가 너무 게을러서 아무것도 할 수 없다는 거야. 너는 어떻게 된 애니?

상담자: 이제 자신의 다른 부분에서 대답해 보세요.

내담자: 음－내가 나쁜 건 어느 정도 너 때문이지. 너는 언제나 다이어트를 하고 체중을 줄이도록 괴롭히고 있어. 내 생각엔 내가 가끔은 괜찮아 보이는데. 네가 날 그냥 내버려둔다면 아마 그처럼 커다란 노력을 하지 않고도 몸무게가 좀 줄어들 거야.

상담자: 좋습니다. 대화를 계속하세요.

내담자: 어리석군. 너는 네가 몸무게가 많이 나간다는 것을 알고 있지. 그리고 네가 다이어트에 충실하지 않는다면 어떻게 체중이 줄겠니? 그리고 내가 네게 상기시켜 주지 않는다면 네가 어떻게 다이어트에 충실할 수 있니?

내담자: 네게 상기시켜 주는 것은 엄마뿐이야.

내담자: 그래도 엄마는 네가 어떻게 보이고 어떤 인상을 주느냐에 관심이 있는걸.

내담자: 맞는 말이야. 내가 어떻게 보이느냐가 엄마에겐 아주 중요했지. 그것 때문에 아주 미칠 지경이야. 때로는 단지 엄마에게 앙갚음하려고 어떤 옷을 입곤 하지. 너도 알지만 그게 바로 또 내가 네게 느끼는 거야. 나는 너를 괴롭히기 위해 살을 더 많이 찌우고 싶은 걸.

내담자: 아니, 설마 그럴 리가. 너는 자신을 좀더 위하고 보살펴야 해.

내담자: 그것도 엄마가 하는 말투군.

상담자: 이제 바꾸어서 엄마에게 말을 해 보세요.

내담자: 엄마, 날 좀 그냥 둘 수 없어요? 엄마 말고는 아무도 내 체중에 대해 말하지 않아요.

상담자: (엄마 역할을 하여) 얘야, 나는 단지 네게서 최고를 바란 거야. 그것 뿐이다.

내담자: (울먹이며) 엄마, 그렇지만 나도 노력해요. 정말이에요. 다만 여유를 좀 주세요.

상담자: 그게 정말 네가 엄마에게 말하고 싶은 건가요?

내담자: 아니, 아니예요. 그렇지 않아요.

상담자: 네가 말하고 싶은 것을 엄마에게 이야기 해보세요.

내담자: 엄마, 나를 놓아주세요. 나는 체중이 많이 나가지 않아요. 나는

더 이상 엄마의 잔소리를 듣고 싶지 않아요. 엄마가 어떻게 생각하든 상관없어요. 나는 엄마 마음에 들기 위해 내 인생을 살지는 않겠어요.

상담자: 마지막 말을 다시 해봐요. 크게.

내담자: 나는 엄마 마음에 들기 위해 내 인생을 살지 않겠어요. 엄마, 이제부터는요. 내 맘대로 하겠어요. 이건 다이어트를 하지 않겠다는 말이에요.

상담자: 그러면 네게 다이어트를 바란 사람은 누구인가요?

내담자: 엄마예요. 이전에는 정말 그렇게 생각하지 않았어요.

상담자: 엄마에게 더 말하고 싶은게 있나요?

내담자: 아니요.

상담자: 지금 느낌이 어떤가요?

내담자: 좋아요. 좀 홀가분하고 … 조금 죄책감이 드는 것 같아요 … 좀 편안해요. 마치 내 자신과 싸운 것 같지 않게 느껴져요. 저는 제 자신에 만족해요. 나중에 다이어트를 원할지도 모르지만, 지금 당장은 그렇지 않은 것 같아요.

[부록 2] 임상에서의 의사소통

1. 임상의 특성

질병이라는 위기상황에 처하게 된 환자와 가족은 질병 발생 자체로부터 스트레스를 받을 뿐만 아니라 자신 외에 타인을 배려하거나 관심을 둘 여유가 없다.

또한 임상은 다양한 의료진이 있는 다양한 직종의 집합소라고 할 수 있는데, 특히 병원 내에서 이루어지는 일은 인간의 생사와 관계된 일이기 때문에 의료요원 스스로 겪는 긴장도 심하며, 각기 다른 기능을 담당하고 있는 직종 간에도 극도의 스트레스를 경험하기 쉽다.

다양한 의료요원 중에서 간호사는 환자 및 가족들과 가장 가까이 접하게 되는 직종이다. 각종 검사나 치료에 연결시켜 주는 역할, 환자나 가족의 대변자 또는 옹호자로서의 역할이 크다. 때로는 병원조직이나 다른 직종과 환자 및 가족 사이에서 어려움을 경험하기도 하고, 다른 의료요원에 대한 분노가 간호사에게 표출되는 경우도 많다. 또한 직무의 관리체계의 특성상 환자간호에 대한 책임은 간호사가 지는 반면, 권한은 대부분 의사에게 있다. 이렇듯 업무에 대한 책임과 권한의 분리로 인해 간호사는 무력감, 애매모호함, 긴장을 경험하기 쉽고, 환자간호에 대한 간호사의 권리를 제한받기 십상이다.

이러한 임상현장에서 이루어지는 의사소통은 일상생활에서 이루어지는 의사소통과 질적, 양적으로 다를 수밖에 없다. 따라서 앞에서 습득한 의사소통 여러 기술과 태도를 바탕으로 임상에서 발생하기 쉬운 실제상황에서의 의사소통에 대해 배우고 실습해 보자.

2. 임상에서의 의사소통의 중요성

여러 연구결과에 의하면 환자와 의료인, 의료요원 간의 의사소통이 잘 되면 환자의 건강회복 정도가 빠르며, 의료요원의 직무만족과 삶의 질도 달라진다고 한다. 뿐만 아니라 부서 간 또는 구성원 간의 직무상의 상호관계가 병원경영에도 영향을 미친다고 한다.

이와 같이 환자의 건강회복이라는 공동 목표를 중심으로 구성된 다양한 전문 인력 사이에서 인간관계에 입각한 원활한 의사소통은 매우 중요하다. 의사소통을 통해 의료요원들이 감정을 표현함으로써 스트레스를 줄일 수 있으며, 원활한 의사소통을 구성원 간의 간격을 해소하고 그들의 활동을 조정 내지 통합하여 집단의 응집력을 강화시킴으로써 결과적으로 근무의식, 사기, 협동심과 조직의 효율성을 향상시킨다. 또한 의사소통을 통하여 조직 활동에 필요한 정보가 교환되므로 문제해결과 합리적인 의사결정이 이루어진다.

3. 임상에서의 인간관계와 의사소통

1) 간호사와 대상자

흔히 환자는 자신이 약자라고 느끼며 왜소한 느낌을 가지기 쉽다. 입원한 환자에게 제공되는 의료서비스에 대해 대부분 간호사가 최일선에서 책임을 지고 구체적인 간호를 수행하게 된다. 따라서 병원 당국이나 다른 의료요원에 대한 환자나 가족의 분노가 간호사에게 표출될 가능성이 높다. 간호사가 환자와 의사소통을 잘 하기 위해서는 자신의 감정을 말로 잘 표현할 수 있어야 한다. 이를 위해 자기이해, 자신의 의사소통 기법을 잘 알고 꾸준한 훈련이 필요하다. 또한 환자와 보호자의 입장에 서 보려는 자세, 수용하고 이해하려는 태도가 필요하다.

예) 백혈병 진단을 받은 환아의 활력증후를 체크하러 들어간 간호사가 조심스럽게 환아의 보호자에게 "백혈구 수치가 조금 안 좋아졌어요"라고 얘기하자, 보호자가 화를 벌컥 내며 조금 전에 주치의는 수치가 많이 안 좋아졌다고 얘기하고 나갔는데 무슨 근거로 조금 안 좋아졌다고 얘기하느냐며 수간호사에게까지 항의하는 상황이 벌어졌다.

이런 경우 보호자의 분노는 의사와 다르게 얘기한 간호사(특정인)를 향한 것이 아니라 자신의 아이가 백혈병이라는 치명적인 병에 걸렸고, 게다가 상태가 나빠지고 있는 것에 대한 두려움과 분노일 수 있음을 이해한다.

2) 간호사와 의사

상호 호혜적이어야 한다. 즉 개방적이면서도 동등하고 서로 비난하지 않으며 서로의 정보와 관점을 존중하고 공동의 목표인 환자의 회복을 위해 같이 노력해야 한다.

예) 시술 및 수술 전에 보호자로부터 받는 서약서는 의사 고유의 권한이며 업무이다. 그런데 하루는 의사가 전화로 수술실에서 수술이 늦어져 병실에 갈 수 없다며 간호사에게 보호자로부터 서약서를 대신 받아 달라고 부탁을 한다. 이 의사와는 평소에 비교적 잘 지내 왔기 때문에 거절하기가 난감하다.

이럴 때 부탁 받은 간호사는 업무 권한에 대한 분명한 한계를 명확히 하되 부탁을 들어줄 수 없음에 대해 유감스럽게 생각함을 정중한 어투로 전달한다.

3) 간호사와 타 직종

병원에는 의사, 간호사 외에도 수많은 직종이 환자를 위해 존재한다.

간호사는 다른 직종의 의료요원이 그 방면의 전문가인 것을 인정한다, 갈등이 발생했을 때는 누가 옳고 그른지를 밝히는 것이 목적이 아니라 일을 해결하는 것이 목적임을 잊지 않도록 한다. 의사소통 시 자기주장(assertiveness)이 필수적이다.

예) 환자가 회복될 기미가 없어 집에서 운명하시도록 하겠다며 갑자기 퇴원을 결정한 보호자가, 퇴원수속을 빨리 끝내서 차가 많이 밀리는 퇴근 시간 전에 출발하게 해달라고 요청한다. 간호사가 원무과에 전화하여 특별히 퇴원수속을 서둘러 달라고 부탁을 하자 그런 부탁은 하루에도 수십 번씩 받는다며 기다리라고 전화를 끊어 버린다.

이러한 경우 병원에서 일하는 직원들은 자신의 근무 현장 경험이 전부이다. 따라서 상대방 직원의 어려움에 대해 충분히 공감해준 후 환자와 보호자의 요청을 다시 한번 설명하고 입퇴원 수속에 있어서 전문가인 상대방 직원이 환자와 보호자의 어려움 해결에 최선을 다해 줄 것을 정중하게 요청한다.

4) 간호사와 간호사

간호사는 전문적 역할 정체성과 관련되는 직종으로서 자신의 자아개념, 자아인식 과정이 우선적으로 이루어져야 하며 간호사로서의 정체성이 확립되어야 한다. 동료로부터 스트레스와 갈등을 경험할 때 이를 다루는 방법 중 하나로 자기주장 훈련이 필요하다. 좋은 병동 분위기를 만들기 위해 모두 노력하고 서로 존중하는 자세가 필요하다.

예) 신규 간호사가 한 명 배치되었다. 3월이 되어 의사도 모두 바뀌고 병동 전체가 어수선한데 신규 간호사가 계속 실수를 하는 바람에 그 팀에 속한 환자와 보호자들이 간호사실로 몰려와 불평을 쏟아놓는다. 그러자 신규 간호사는 어쩔 줄 몰라 하며 처치실에 들어가서 울고 있다.

이런 상황을 해결하기 위해서 신규 간호사는 병동업무에 좀 더 적극적으로 적응하도록 노력하는 동시에 자신의 미숙함에 대해 수간호사 및 선배 간호사들에게 양해를 구하고 빠른 적응을 위해 노력할 것이라는 본인의 의지를 표현할 필요가 있다. 또한 수간호사와 선배 간호사들은 지적할 것이 있으면 다른 사람들의 시선이 없는 곳에서 불충분한 업무수행 및 해결방안에 대해 자세하게 제시해 주어야 한다. 동시에 신규 간호사가 겪고 있을 어려움을 수용하고 공감해 주며 충분히 격려하여 신규 간호사가 하루 빨리 병동업무에 적응할 수 있도록 돕는 것이 바람직하다.

4. 임상에서의 의사소통의 실제

6~8명이 한 조가 되어 다음과 같은 상황에서 어떻게 대처하면 효과적일지에 대해 10분 내에서 역할극을 한다. 역할극이 끝나면 잘한 점과 부족한 점 및 더 효과적인 대처방법 등에 대해 다른 팀의 피드백을 받는다.

1) 역할극 상황

상황1. 방사선 치료를 위해 간호사가 환자에게 금식을 지시했는데 30분 이상이 지나도 방사선실에서 환자를 호출하지 않아 방사선실에 확인해 보니 예약이 되어 있지 않았다. 학회에 가 있는 주치의와 간신히 연락이 되었으나 예약하는 걸 깜빡 잊었다며 대신 예약해 달라고 부탁하며 급히 전화를 끊는다. 배고픈 환자와 그 보호자는 간호사실에 와서 화를 내는 상황.

상황2. 낮번 간호사가 환자와 보호자에게 수분 섭취 배설량에 대해 설명한 후 기록을 하도록 요청하였다. 인계받은 초번 간호사가 수분 섭취 배설량을 계산하기 위해 수분 섭취 배설량 기록지를 가지러 가보니 제대로 적혀 있지 않은 상황.

상황3. 병원 요직에 동창이 여럿 있고 평소에도 거드름을 피우며 간호사를 대하던 대기업의 중역인 환자 모 씨가 간호사는 못 믿겠다며 의대 교수에게 전화를 걸어 달라고 요청하는 상황.

상황4. 어제 심장질환으로 입원한 60대 환자 모 씨가 아침에 활력증후 측정을 위해 들어간 김 간호사에게 다른 한자와 보호자가 다 있는 다인용 병실에서 "내 혈압 어때? 고마워" 등의 반말을 하는 상황.

상황5. 중환자실의 한낮, 여러 날 전부터 상태가 나빠진 채 유지되던 모 씨가 더욱 상태가 나빠져서 CPR이 시작되고 보호자들도 들어와 있는데, 윤 간호사가 김 간호사에게 점심식사로 무엇을 주문할 것이냐고 외쳐 묻는 상황.

상황6. 응급실에서 올라온 환자를 보러 간 정 간호사는 아직 환자의 상태에 대해 충분히 파악하지 못한 상태였다. 얼핏 보기에 환자에게 행해진 처치 중 이해가 안 가는 게 있어 자기도 모르게 혼잣말처럼 "이거 어떻게 된 거야? 왜 이렇게 했지?"라고 말했는데, 곁에 있던 보호자의 얼굴이 더욱 불안해지는 상황.

상황7. 소아병동에서 근무하는 안 간호사는 상태가 심하게 나빠진 환아의 병실에 들어가 혈압을 재며 보호자에게 너무 걱정하지 말라며 환아 상태가 조금 나빠졌다고 얘기했다. 간호사의 말을 들은 환아의 엄마가 화를 벌컥 내며 조금 전에 주치의가 다녀가면서 아들의 상태가 많이 안 좋아졌다고 얘기했는데 무슨 근거로 환아 상태가 조금 나빠졌다고 얘기하냐며 간호사실로 쫓아가 수간호사에게 따지는 상황.

상황8. 송 간호사는 오전 7시에 권 씨에게 가서 혈당검사를 해야 하니 식사를 하지 말아야 하며, 밥을 먹고 2시간 후에 다시 피검사를 할 거라고 설명했다. 그러나 오전 8시에 피검사를 하러 갔더니 권씨는 보호자와 함께 아침식사를 하고 있었다. 당황한 송 간호사가 7시에 밥 먹지 말라는 얘기를 하지 않았냐고 하자 권씨와 보호자 모두 분명히 밥을 먹고 2시간 후에 피검사를 할 거라는 얘기만 들었다고 우기는 상황.

상황9. 신규 간호사가 한 명 배치되었다. 3월이 되어 의사도 모두 바뀌고 병동 전체가 어수선한데 신규 간호사가 계속 실수를 하는 바람에 그 팀에 속한 환자와 보호자들이 간호사실로 몰려와 불평을 쏟아놓는다. 그러자 신규간호사는 어쩔 줄 몰라 하며 처치실에 들어가서 울고 있는 상황.

종합: 언어학자 웹스터(Noah Webster)에 의하면 간호사는 "병들고, 상처 받고, 나이든 사람이나 다른 사람의 어린아이를 돌보도록 훈련 받은 사람"이다. 대부분의 경우 환자들은 문제가 원만하게 해결되지 않아도 자신의 요청이 진지하게 경청되고 있다는 사실만으로 불편하거나 섭섭한 감정을 극복하게 됨을 잊지 말자.

[부록 3]

인성교육진흥법

[시행 2016.12.20.] [법률 제14396호, 2016.12.20., 일부개정]

제1조(목적) 이 법은 「대한민국헌법」에 따른 인간으로서의 존엄과 가치를 보장하고 「교육기본법」에 따른 교육이념을 바탕으로 건전하고 올바른 인성(人性)을 갖춘 국민을 육성하여 국가사회의 발전에 이바지함을 목적으로 한다.

제2조(정의) 이 법에서 사용하는 용어의 뜻은 다음과 같다.

1. "인성교육"이란 자신의 내면을 바르고 건전하게 가꾸고 타인공동체 자연과 더불어 살아가는 데 필요한 인간다운 성품과 역량을 기르는 것을 목적으로 하는 교육을 말한다.
2. "핵심 가치덕목"이란 인성교육의 목표가 되는 것으로 예(禮), 효(孝), 정직, 책임, 존중, 배려, 소통, 협동 등의 마음가짐이나 사람됨과 관련되는 핵심적인 가치 또는 덕목을 말한다.
3. "핵심 역량"이란 핵심 가치덕목을 적극적이고 능동적으로 실천 또는 실행하는 데 필요한 지식과 공감소통하는 의사소통능력이나 갈등해결능력 등이 통합된 능력을 말한다.

4. “학교”란 「유아교육법」 제2조 제2호에 따른 유치원 및 「초중등교육법」 제2조에 따른 학교를 말한다.

제2조(정의) 이 법에서 사용하는 용어의 뜻은 다음과 같다. <개정 2017.12.19.>

1. “인성교육”이란 자신의 내면을 바르고 건전하게 가꾸고 타인공동체 자연과 더불어 살아가는 데 필요한 인간다운 성품과 역량을 기르는 것을 목적으로 하는 교육을 말한다.
2. “핵심 가치덕목”이란 인성교육의 목표가 되는 것으로 예(禮), 효(孝), 정직, 책임, 존중, 배려, 소통, 협동 등의 마음가짐이나 사람됨과 관련되는 핵심적인 가치 또는 덕목을 말한다.
3. “핵심 역량”이란 핵심 가치덕목을 적극적이고 능동적으로 실천 또는 실행하는 데 필요한 지식과 공감 소통하는 의사소통능력이나 갈등해결능력 등이 통합된 능력을 말한다.
4. “학교”란 다음 각 목의 어느 하나에 해당하는 기관을 말한다.

가. 「유아교육법」 제2조 제2호에 따른 유치원

나. 「초중등교육법」 제2조에 따른 학교

다. 「재외국민의 교육지원 등에 관한 법률」 제2조 제3호에 따른 한국학교

[시행일: 2018.6.20.] 제2조

제3조(다른 법률과의 관계) 인성교육에 관하여 다른 법률에 특별한 규정이 있는 경우를 제외하고는 이 법에서 정하는 바에 따른다.

제4조(국가 등의 책무) ① 국가와 지방자치단체는 인성을 갖춘 국민을 육성하기 위하여 인성교육에 관한 장기적이고 체계적인 정책을 수립하여 시행하여야 한다.

② 국가와 지방자치단체는 학생의 발달 단계 및 단위 학교의 상황과 여건에 적합한 인성교육 진흥에 필요한 시책을 마련하여야 한다.

③ 국가와 지방자치단체는 학교를 중심으로 인성교육 활동을 전개하고, 인성 친화적인 교육환경을 조성할 수 있도록 가정과 지역사회의 유기적인 연계망을 구축하도록 노력하여야 한다.

④ 국가와 지방자치단체는 학교 인성교육의 진흥을 위하여 범국민적 참여의 필요성을 홍보하도록 노력하여야 한다.

⑤ 국민은 국가 및 지방자치단체가 추진하는 인성교육에 관한 정책에 적극적으로 협력하여야 한다.

제5조(인성교육의 기본방향) ① 인성교육은 가정 및 학교와 사회에서 모두 장려되어야 한다.

② 인성교육은 인간의 전인적 발달을 고려하면서 장기적 차원에서 계획되고 실시되어야 한다.

③ 인성교육은 학교와 가정, 지역사회의 참여와 연대 하에 다양한 사회적 기반을 활용하여 전국적으로 실시되어야 한다.

제6조(인성교육종합계획의 수립 등) ① 교육부장관은 인성교육의 효율적인 추진을 위하여 대통령령으로 정하는 관계 중앙행정기관의 장과의 협의와 제9조에 따른 인성교육진흥위원회의 심의를 거쳐 인성교육 종합계획(이하 "종합계획"이라 한다)을 5년마다 수립하여야 한다.

② 종합계획에는 다음 각 호의 사항이 포함되어야 한다.

1. 인성교육의 추진 목표 및 계획
2. 인성교육의 홍보
3. 인성교육을 위한 재원조달 및 관리방안
4. 인성교육 핵심 가치덕목 및 핵심 역량 선정에 관한 사항
5. 그 밖에 인성교육에 관하여 필요한 사항으로 대통령령으로 정하는 사항

③ 교육부장관은 종합계획의 중요사항을 변경하는 경우 제1항에 따른 관계 중앙행정기관의 장과의 협의와 제9조에 따른 인성교육진흥위원회

의 심의를 거쳐야 한다. 다만, 법령의 개정이나 관계 중앙행정기관의 관련 사업계획 변경 등 경미한 사항을 변경하는 경우에는 그러하지 아니하다.

④ 교육부장관은 제1항 또는 제3항에 따라 종합계획을 수립하거나 변경하였을 때에는 지체 없이 이를 관계 중앙행정기관의 장에게 통보하여야 한다.

⑤ 특별시광역시특별자치시도 및 특별자치도 교육감(이하 “교육감”이라 한다)은 종합계획에 따라 해당 지방자치단체의 연도별 인성교육시행계획(이하 “시행계획”이라 한다)을 수립시행하여야 한다.

⑥ 교육감은 제5항에 따라 시행계획을 수립하거나 변경하였을 때에는 이를 지체 없이 교육부장관에게 통보하여야 한다.

⑦ 종합계획 및 시행계획의 수립시행 등에 필요한 사항은 대통령령으로 정한다.

제7조(계획수립 등의 협조) ① 교육부장관과 교육감은 종합계획 또는 시행계획의 수립시행 및 평가를 위하여 필요한 경우 관계 중앙행정기관의 장, 지방자치단체의 장 및 교육감 등에게 협조를 요청할 수 있다.

② 제1항에 따른 협조를 요청받은 자는 특별한 사유가 없으면 이에 따라야 한다.

제8조(공청회의 개최) ① 교육부장관과 교육감은 종합계획 및 시행계획을 수립하려는 때에는 공청회를 열어 국민 및 관계 전문가 등으로부터 의견을 청취하여야 하며, 공청회에서 제시된 의견이 타당하다고 인정되는 때에는 이를 종합계획 및 시행계획 수립에 반영하여야 한다.

② 제1항에 따른 공청회 개최에 필요한 사항은 대통령령으로 정한다.

제9조(인성교육진흥위원회) ① 인성교육에 관한 다음 각 호의 사항을 심의하기 위하여 교육부장관 소속으로 인성교육진흥위원회(이하 “위원회”라 한다)를 둔다.

1. 인성교육정책의 목표와 추진방향에 관한 사항
2. 종합계획 수립에 관한 사항
3. 인성교육 추진실적 점검 및 평가에 관한 사항
4. 인성교육 지원의 협력 및 조정에 관한 사항
5. 그 밖에 인성교육 지원을 위하여 대통령령으로 정하는 사항

② 위원회는 위원장을 포함한 20명 이내의 위원으로 구성한다.

③ 위원회의 위원장은 위원 중에서 호선하되, 공무원이 아닌 사람으로 한다.

④ 위원회의 위원은 다음 각 호의 어느 하나에 해당하는 사람 중에서 대통령령으로 정하는 바에 따라 교육부장관이 임명 또는 위촉한다. 이 경우 위원은 공무원이 아닌 사람이 과반수가 되도록 한다.

1. 교육부차관, 문화체육관광부차관(문화체육관광부장관이 지명하는 차관), 보건복지부차관 및 여성가족부 차관
2. 국회의장이 추천하는 사람 3명
3. 인성교육에 관한 학식과 경험이 풍부한 사람 중에서 대통령령으로 정하는 사람

⑤ 위원회가 심의한 사항을 집행하기 위하여 인성교육 진흥과 관련된 조직인력업무 등에 필요한 사항은 교육부령으로 정한다.

⑥ 그 밖에 위원회의 구성운영에 필요한 사항은 대통령령으로 정한다.

제10조(학교의 인성교육 기준과 운영) ① 교육부장관은 대통령령으로 정하는 바에 따라 학교에 대한 인성교육 목표와 성취 기준을 정한다.

② 학교의 장은 제1항에 따른 인성교육의 목표 및 성취 기준과 교육대상의 연령 등을 고려하여 대통령령으로 정하는 바에 따라 매년 인성에 관한 교육계획을 수립하여 교육을 실시하여야 한다.

③ 학교의 장은 인성교육의 핵심 가치덕목을 중심으로 학생의 인성 핵심 역량을 함양하는 학교 교육과정을 편성운영하여야 한다.

④ 학교의 장은 인성교육 진흥을 위하여 학교·가정·지역사회와의 연계 방안을 강구하여야 한다.

제11조(인성교육 지원 등) ① 국가 및 지방자치단체는 가정, 학교 및 지역사회에서의 인성교육을 지원하기 위한 교육 프로그램(이하 "인성교육프로그램"이라 한다)을 개발하여 보급하여야 한다.

② 국가와 지방자치단체는 인성교육프로그램의 구성 및 운용 등을 전문단체 또는 전문가에게 위탁할 수 있다.

③ 교육감은 인성교육프로그램의 구성 및 운용 계획을 해당 학교 인터넷 홈페이지에 게시하는 등의 방법으로 학부모에게 알릴 수 있도록 하여야 한다.

④ 학부모는 국가, 지방자치단체 및 학교의 인성교육 진흥 시책에 협조하여야 하고, 인성교육을 위하여 필요한 사항을 해당 기관의 장에게 건의할 수 있다.

⑤ 그 밖에 가정, 학교 및 지역사회에서의 인성교육 진흥 등에 필요한 사항은 대통령령으로 정한다.

제11조(인성교육 지원 등) ① 국가 및 지방자치단체는 가정, 학교 및 지역사회에서의 인성교육을 지원하기 위한 교육 프로그램(이하 "인성교육프로그램"이라 한다)을 개발하여 보급하여야 한다.

② 국가와 지방자치단체는 인성교육프로그램의 구성 및 운용 등을 전문단체 또는 전문가에게 위탁할 수 있다.

③ 교육부장관과 교육감은 인성교육프로그램의 구성 및 운용 계획을 해당 학교 인터넷 홈페이지에 게시하는 등의 방법으로 학부모에게 알릴 수 있도록 하여야 한다. <개정 2017.12.19.>

④ 학부모는 국가, 지방자치단체 및 학교의 인성교육 진흥 시책에 협조하여야 하고, 인성교육을 위하여 필요한 사항을 해당 기관의 장에게 건의할 수 있다.

⑤ 그 밖에 가정, 학교 및 지역사회에서의 인성교육 진흥 등에 필요한 사항은 대통령령으로 정한다. [시행일: 2018.6.20.] 제11조

제12조(인성교육프로그램의 인증) ① 교육부장관은 인성교육 진흥을 위하여 인성교육프로그램을 개발 보급하거나 인성교육과정을 개설(開設)운영하려는 자(이하 "인성교육프로그램개발자등"이라 한다)에 대하여 인성교육프로그램과 인성교육과정의 인증(이하 "인증"이라 한다)을 할 수 있다.

② 인증을 받고자 하는 인성교육프로그램개발자등은 교육부장관에게 신청하여야 한다.

③ 교육부장관은 제2항에 따라 인증을 신청한 인성교육프로그램 또는 인성교육과정이 교육내 용·교육시간·교육과목·교육시설 등 교육부령으로 정하는 인증기준에 적합한 경우에는 이를 인증할 수 있다.

④ 제3항에 따른 인증을 받은 자는 해당 인성교육프로그램 또는 인성교육과정에 대하여 교육부령으로 정하는 바에 따라 인증표시를 할 수 있다.

⑤ 제3항에 따른 인증을 받지 아니한 인성교육프로그램 또는 인성교육과정에 대하여 제4항의 인증표시를 하거나 이와 유사한 표시를 하여서는 아니 된다.

⑥ 제1항부터 제3항까지에 따른 인증의 절차 및 방법 등에 필요한 사항은 교육부령으로 정한다.

⑦ 교육부장관은 제1항부터 제3항까지에 따른 인증 업무를 교육부령으로 정하는 바에 따라 전문기관 또는 단체 등에 위탁할 수 있다.

제13조(인증의 유효기간) ① 제12조 제3항에 따른 인증의 유효기간은 인증을 받은 날부터 3년으로 한다.

② 제1항에 따른 유효기간은 1회에 한하여 2년 이내에서 연장할 수 있다.

③ 제2항에 따른 인증의 연장신청, 그 밖에 필요한 사항은 교육부령으로 정한다.

제14조(인증의 취소) 교육부장관은 제12조 제3항에 따라 인증한 인성교육프로그램 또는 인성교육과정이 다음 각 호의 어느 하나에 해당하는 경우에는 그 인증을 취소할 수 있다. 다만, 제1호에 해당하는 경우에는 취소하여야 한다.

1. 거짓, 그 밖의 부정한 방법으로 인증받은 경우
2. 제12조 제3항에 따른 인증기준에 적합하지 아니하게 된 경우

제15조(인성교육 예산 지원) 국가 및 지방자치단체는 인성교육 지원, 인성교육프로그램 개발보급 등 인성교육 진흥에 필요한 비용을 예산의 범위에서 지원하여야 한다.

제16조(인성교육의 추진성과 및 활동 평가) ① 교육부장관 및 교육감은 종합계획 및 시행계획에 따른 인성교육의 추진성과 및 활동에 관한 평가를 1년마다 실시하여야 한다.

② 교육부장관과 교육감은 제1항에 따른 평가 결과를 종합계획 및 시행계획에 반영할 수 있다. <개정 2016.12.20.>

③ 그 밖에 인성교육의 추진성과 및 활동 평가에 필요한 사항은 대통령령으로 정한다. [제목개정 2016.12.20.]

제17조(교원의 연수 등) ① 교육감은 학교의 교원(이하 "교원"이라 한다)이 대통령령으로 정하는 바에 따라 일정 시간 이상 인성교육 관련 연수를 이수하도록 하여야 한다.

② 「고등교육법」 제41조에 따른 교육대학사범대학(교육과 및 교직과정을 포함한다) 등 이에 준하는 기관으로서 교육부령으로 정하는 교원 양성기관은 예비교원의 인성교육 지도 역량을 강화하기 위하여 관련 과목을 필수로 개설하여 운영하여야 한다.

제17조(교원의 연수 등) ① 교육부 장관과 교육감은 학교의 교원(이하 "교

원"이라 한다)이 대통령령으로 정하는 바에 따라 일정 시간 이상 인성교육 관련 연수를 이수하도록 하여야 한다. <개정 2017.12.19.>

② 「고등교육법」 제41조에 따른 교육대학사범대학(교육과 및 교직과정을 포함한다) 등 이에 준하는 기관으로서 교육부령으로 정하는 교원 양성기관은 예비교원의 인성교육 지도 역량을 강화하기 위하여 관련 과목을 필수로 개설하여 운영하여야 한다. [시행일: 2018.6.20.] 제17조

제18조(학교의 인성교육 참여 장려) 학교의 장은 학생의 제11조 제1항에 따른 지역사회 등의 인성교육 참여를 권장하고 지도관리하기 위하여 노력하여야 한다.

제19조(언론의 인성교육 지원) 국가 및 지방자치단체는 범국민적 차원에서 인성교육의 중요성에 대한 인식을 공유하고 이들의 참여의지를 촉진시키기 위하여 필요한 경우 언론(「언론중재 및 피해구제 등에 관한 법률」 제2조에 따른 방송, 신문, 잡지 등 정기간행물, 뉴스통신 및 인터넷신문 등을 포함한다)을 이용하여 캠페인 활동을 전개하도록 노력하여야 한다.

제20조(전문인력의 양성) ① 국가 및 지방자치단체는 인성교육의 확대를 위하여 필요한 분야의 전문인력을 양성하여야 한다.

② 교육부 장관 및 교육감은 제1항에 따른 전문인력을 양성하기 위하여 교육 관련 기관 또는 단체 등을 인성교육 전문인력 양성기관으로 지정하고, 해당 전문인력 양성기관에 대하여 필요한 경비의 전부 또는 일부를 지원할 수 있다.

③ 제2항에 따른 인성교육 전문인력 양성기관의 지정기준은 대통령령으로 정한다.

제21조(권한의 위임) 교육부장관은 이 법에 따른 권한의 일부를 대통령령으로 정하는 바에 따라 교육감에게 위임할 수 있다.

제22조(과태료) ① 다음 각 호의 어느 하나에 해당하는 자에게는 500만원

이하의 과태료를 부과한다.

1. 거짓이나 그 밖의 부정한 방법으로 제12조에 따른 인증을 받은 자
2. 제12조 제5항을 위반하여 인증표시를 한 자

② 제1항에 따른 과태료는 대통령령으로 정하는 바에 따라 교육부 장관이 부과징수한다.

부칙 <제14396호, 2016.12.20.>

이 법은 공포한 날부터 시행한다.

인성교육진흥법 시행령

[시행 2017.7.26.] [대통령령 제28211호, 2017.7.26., 타법개정]

제1조(목적) 이 영은 「인성교육진흥법」에서 위임된 사항과 그 시행에 필요한 사항을 규정함을 목적으로 한다.

제2조(인성교육종합계획의 수립 등) ① 「인성교육진흥법」(이하 "법"이라 한다) 제6조 제1항에서 "대통령령으로 정하는 관계 중앙행정기관의 장"이란 다음 각 호의 사람을 말한다. <개정 2017.7.26.>

1. 기획재정부장관
2. 행정안전부장관
3. 문화체육관광부장관
4. 보건복지부장관
5. 여성가족부장관
6. 그 밖에 교육부장관이 법 제6조 제1항에 따른 인성교육의 효율적인 추진 및 인성교육종합계획(이하 "종합계획"이라 한다)의 수립을 위하여 협의가 필요하다고 인정하는 중앙행정기관의 장

② 법 제6조 제2항 제5호에서 "대통령령으로 정하는 사항"이란 다음 각 호의 사항을 말한다.

1. 인성교육을 위한 인프라 구축에 관한 사항
2. 학교 인성교육 실천에 필요한 사항
3. 가정 인성교육 실천에 필요한 사항
4. 범사회적 인성교육 실천 및 확산에 필요한 사항

③ 교육부장관은 종합계획을 계획 개시 연도의 전년도 9월 30일까지

수립하여야 한다.

④ 교육부장관은 종합계획을 수립하거나 변경한 경우에는 특별시광역시 특별자치시도 및 특별자치도(이하 "시도"라 한다)의 교육감(이하 "교육감"이라 한다)에게 통보하여야 한다.

제3조(인성교육시행계획의 수립 등) ① 교육감은 법 제6조 제5항에 따른 해당 지방자치단체의 연도별 인성교육시행계획(이하 "시행계획"이라 한다)을 매 학년도 시작 3개월 전까지 수립하여야 한다.

② 교육감은 시행계획을 수립하거나 시행계획을 변경한 경우에는 소속 학교 및 기관에 통보하여야 한다.

③ 시행계획에는 다음 각 호의 사항이 포함되어야 한다.

1. 인성교육 진흥을 위한 학교 교육과정 편성운영에 관한 사항
2. 지역 인성교육 우수 사례 발굴 및 확산에 관한 사항
3. 학교가정 및 지역사회에서의 인성교육 실천 및 확산을 위하여 필요한 지원에 관한 사항
4. 지역의 인성교육을 위한 재원조달 및 관리방안
5. 그 밖에 인성교육 진흥 및 지원에 관한 사항

제4조(공청회의 개최 등) ① 교육부 장관 및 교육감은 법 제8조 제1항에 따라 공청회를 개최하는 경우 공청회 개최 14일 전까지 다음 각 호의 사항을 관보, 공보, 교육부교육청의 인터넷 홈페이지 또는 일간신문에 1회 이상 공고하여야 한다.

1. 공청회의 개최 목적
2. 공청회의 개최 일시 및 장소
3. 종합계획안 또는 시행계획안의 개요
4. 그 밖에 공청회 개최에 필요한 사항

② 제1항에 따라 공고한 종합계획안 또는 시행계획안의 내용에 대하여 의견이 있는 사람은 공청회에 참석하여 직접 의견을 진술하거나, 교육

부장관 또는 교육감에게 서면 또는 전자우편 등으로 의견을 제출할 수 있다.

제5조(인성교육진흥위원회의 심의사항) 법 제9조 제1항제5호에서 "대통령령으로 정하는 사항"이란 다음 각 호의 사항을 말한다.

1. 법 제9조 제5항에 따른 인성교육 진흥과 관련된 조직인력업무 등에 관하여 필요한 사항
2. 법 제10조에 따른 학교에 대한 인성교육 목표와 성취 기준에 관한 사항
3. 법 제12조에 따른 인성교육프로그램과 인성교육과정 인증 기준에 관한 사항
4. 학교가정 및 지역사회 등의 인성교육을 지원하기 위하여 교육부장관이 인성교육진흥위원회(이하 "위원회"라 한다)에 심의를 요청하는 사항

제6조(위원회의 구성 및 운영 등) ① 법 제9조 제4항 제3호에서 "대통령령으로 정하는 사람"이란 다음 각 호의 어느 하나에 해당하는 사람을 말한다.

1. 다음 각 목의 어느 하나에 해당하는 경력이 15년 이상인 사람으로서 학교교육행정기관 또는 「교육기본법」 제15조에 따른 교원단체의 추천을 받은 사람. 다만, 다음 각 목 중 둘 이상의 경력이 있는 사람의 경력은 합산한다.

가. 교육경력

나. 교육행정경력

다. 교육연구경력

2. 학부모를 대표하는 사람으로서 학부모단체 등이 추천한 사람
3. 인성교육 분야의 전문지식과 연구경험이 풍부한 사람으로서 관련 단체 및 학회의 추천을 받은 사람

4. 법조계·종교계·언론계·문화계 또는 「비영리민간단체 지원법」 제2조에 따른 비영리민간단체에 해당하는 시민단체의 추천을 받은 사람

② 위원회의 위촉된 위원의 임기는 2년으로 하며, 한 차례만 연임할 수 있다.

③ 위원회의 위원장(이하 "위원장"이라 한다)은 위원회를 대표하며, 위원회의 업무를 총괄한다.

④ 위원장이 부득이한 사유로 그 직무를 수행할 수 없을 때에는 위원장이 미리 지명한 위원이 그 직무를 대행한다.

제7조(위원회의 회의 등) ① 위원장은 회의를 소집하고, 그 의장이 된다.

② 위원장은 다음 각 호의 어느 하나의 경우에 위원회의 회의를 소집한다.

1. 법 제9조 제1항 및 이 영 제5조에 따른 심의사항을 심의하기 위하여 필요한 경우
2. 교육부장관이 위원회 개최를 요구하는 경우
3. 재적위원 3분의 1 이상이 위원회 개최를 요구하는 경우
4. 그 밖에 위원장이 위원회를 개최할 필요가 있다고 인정하는 경우

③ 위원장이 회의를 소집하려면 회의의 일시·장소 및 안건 등을 회의 개최 7일 전까지 서면으로 위원회의 위원(이하 "위원"이라 한다)에게 알려야 한다. 다만, 긴급한 심의사항이 있는 등 부득이한 사유가 있는 경우에는 회의 개최 1일 전까지 서면, 전화 또는 휴대전화 문자메시지 등의 방법으로 위원에게 알릴 수 있다.

④ 위원회의 회의는 재적위원 과반수의 출석으로 개의(開議)하고, 출석위원 과반수의 찬성으로 의결한다.

⑤ 위원장은 안건과 관련하여 필요하다고 인정하는 경우에는 전문가 및 관계 공무원 등을 회의에 참석하게 하여 의견을 들을 수 있다.

⑥ 위원회에 출석한 위원과 전문가 등에게는 예산의 범위에서 수당과

여비를 지급할 수 있다. 다만, 공무원인 위원이 그 소관 업무와 직접적으로 관련되어 위원회에 출석하는 경우에는 그러하지 아니하다.

제8조(위원의 제척 등) ① 위원이 다음 각 호의 어느 하나에 해당하는 경우에는 위원회의 심의의결에서 제척(除斥)된다.

1. 위원이나 그 배우자 또는 배우자였던 사람이 해당 안건의 당사자(당사자가 법인단체 등인 경우에는 그 임원을 포함한다. 이하 이 호 및 제2호에서 같다)이거나 그 안건의 당사자와 공동권리자 또는 공동의무자인 경우
2. 위원이 해당 안건의 당사자와 친족인 경우
3. 위원이 해당 안건에 관하여 증언, 진술, 자문, 연구, 용역 또는 감정을 한 경우
4. 위원이나 위원이 속한 법인단체 등이 해당 안건 당사자의 대리인이거나 대리인이었던 경우

② 해당 안건의 당사자는 위원에게 공정한 심의의결을 기대하기 어려운 사정이 있는 경우에는 위원회에 기피(忌避) 신청을 할 수 있고, 위원회는 의결로 해당 위원의 기피 여부를 결정한다. 이 경우 기피 신청의 대상인 위원은 그 의결에 참여하지 못한다.

③ 위원이 제1항 각 호에 따른 제척 사유에 해당하는 경우에는 스스로 해당 안건의 심의의결에서 회피(回避)하여야 한다.

제9조(위원의 해촉) 교육부장관은 위원이 다음 각 호의 어느 하나에 해당하는 경우에는 해당 위원을 해촉할 수 있다.

1. 심신장애로 인하여 직무를 수행할 수 없게 된 경우
2. 직무태만, 품위손상이나 그 밖의 사유로 위원으로 적합하지 아니한 경우
3. 제8조 제1항 각 호의 어느 하나에 해당함에도 불구하고 회피하지 아니한 경우

제10조(위원회 운영 세칙) 이 영에서 규정한 사항 외에 위원회의 운영에 필요한 사항은 위원회의 의결을 거쳐 위원장이 정한다.

제11조(학교의 인성교육 기준과 운영) ① 법 제10조 제1항에 따른 학교에 대한 인성교육 목표와 성취기준은 교육부장관이 위원회의 심의를 거쳐 학교 급별로 정한다.

② 법 제10조 제2항에 따른 인성에 관한 교육계획은 학교의 장이 교원, 학생 및 학부모의 의견 수렴과 학교운영위원회의 심의를 거쳐 수립한다.

제12조(인성교육 지원 등) ① 국가와 지방자치단체는 법 제11조 제1항에 따른 인성교육프로그램에 대한 주기적인 수요조사를 하여야 한다.

② 국가와 지방자치단체는 보유하는 시설이나 자료에 대하여 인성교육을 위한 이용 요청을 받은 경우 본래의 용도에 지장이 없는 범위에서 적극 협조하여야 한다.

③ 특별시장광역시장특별자치시장도지사 및 특별자치도지사와 교육감은 가정, 학교 및 지역사회에서의 인성교육 진흥을 위하여 시도인성교육진흥협의회를 구성운영할 수 있다.

④ 제3항에 따른 시도인성교육진흥협의회의 구성운영에 필요한 사항은 해당 지방자치단체의 조례로 정한다.

제13조(인성교육의 평가 등) ① 법 제16조에 따른 인성교육 추진성과 및 활동에 관한 평가는 다음 각 호의 내용을 포함하여 시행하여야 한다.

1. 종합계획 또는 시행계획의 달성 정도
2. 인성교육 지원 사업 및 교육 프로그램에 대한 만족도
3. 그 밖에 인성교육을 평가하기 위하여 위원회의 심의를 거쳐 교육부장관이 정하는 사항

② 교육부장관 또는 교육감은 개인정보 보호를 위하여 불가피한 경우 등 특별한 사유가 있는 경우를 제외하고는 제1항에 따른 평가 결과를

교육부 또는 교육청의 인터넷 홈페이지 등을 통하여 공개하여야 한다.

제14조(교원의 연수 등) ① 법 제17조 제1항에 따른 교원의 인성교육 관련 연수(이하 "교원연수"라 한다) 과정은 다음 각 호의 사람이 제2항에 따른 교원연수 계획을 반영하여 개설운영한다.

1. 「교원 등의 연수에 관한 규정」 제2조 제2항에 따른 연수기관 중 교육감이 설치한 연수기관의 장
2. 연수 대상 교원이 재직하는 학교의 장

② 교육감은 다음 각 호의 내용을 포함하는 교원연수 계획을 수립하여야 한다.

1. 인성 및 인성교육의 개념
2. 인성교육의 목표와 내용
3. 교과 영역 및 교과 외 영역에서의 인성교육 지도방법
4. 국내외 인성교육 우수 사례
5. 인성교육 프로그램 개발 및 활용
6. 인성교육 관련 평가 방법 및 결과 활용
7. 인성교육 관련 학교 교육과정 편성운영 방법 및 절차
8. 그 밖에 인성교육 실천에 필요한 사항

③ 교원연수 이수기준은 연간 4시간 이상으로 한다.

④ 제1항부터 제3항까지에서 규정한 사항 외에 교원연수의 운영 및 연수비의 지급 등에 관하여는 「교원 등의 연수에 관한 규정」에 따른다.

제15조(인성교육 전문인력 양성기관의 지정 및 지정기준 등) ① 교육부장관 및 교육감이 법 제20조 제2항에 따라 교육 관련 기관 또는 단체(이하 "교육관련기관등"이라 한다)를 인성교육 전문인력 양성기관(이하 "전문인력양성기관"이라 한다)으로 지정하는 경우 그 지정기준은 다음 각 호와 같다.

1. 교육관련기관등이 다음 각 목의 어느 하나에 해당할 것

가. 「고등교육법」 제2조 제1호에 따른 대학 중 교육관련 학과 또는 전공이 설치된 대학

나. 「정부출연연구기관 등의 설립운영 및 육성에 관한 법률」 제8조 제1항에 따른 연구기관

다. 인성교육을 포함한 교육 관련 사업을 목적으로 하는 법인으로서, 「공익법인의 설립운영에 관한법률」 제2조에 따른 공익법인 또는 「민법」 제32조에 따른 비영리법인에 해당하는 법인

2. 인성교육 전문인력의 양성과 관련한 다음 각 목의 요건을 갖출 것

가. 적절한 교육과정 및 교육내용

나. 구체적이고 실천 가능한 교육과정 운영계획

다. 교육과정 운영에 필요한 시설설비 및 교수요원

② 교육부 장관은 제1항 제1호 가목 또는 나목에 해당하는 교육관련기관등을, 교육감은 제1항제1호 다목에 해당하는 교육 관련 기관 등을 각각 전문인력양성기관으로 지정할 수 있다.

③ 전문인력양성기관으로 지정을 받으려는 교육관련기관등은 교육부령으로 정하는 지정신청서에 교육부령으로 정하는 서류를 첨부하여 제2항의 구분에 따른 지정권자에게 신청하여야 한다.

④ 교육부장관 및 교육감은 제3항에 따른 신청을 받은 경우 신청일부터 6개월 내에 전문인력양성기관 지정 여부를 결정하고 그 결과를 해당 교육관련기관등에 통보하여야 한다.

⑤ 교육부장관 및 교육감은 전문인력양성기관을 지정한 경우 지정된 전문인력양성기관에 교육부령으로 정하는 지정서를 발급하여야 하며, 그 지정의 유효기간은 지정일부터 3년으로 한다.

제16조(전문인력양성기관의 재지정 등) ① 교육부장관 및 교육감은 전문인력양성기관으로부터 신청을 받아 전문인력양성기관의 재지정을 할 수 있다.

② 제1항에 따른 재지정을 받으려는 전문인력양성기관은 지정 유효 기간 만료일 1년 전부터 6개월 전까지의 기간에 재지정을 위한 신청을 하여야 한다.

③ 제1항에 따른 재지정의 기준, 절차 및 유효기간 등에 관하여는 제15조를 준용한다.

제17조(전문인력양성기관에 대한 보고 요구 등) 교육부장관 및 교육감은 법 제20조 제2항에 따라 경비를 지원한 경우 해당 전문인력양성기관에 다음 각 호의 조치를 할 수 있다.

1. 업무 및 회계의 상황에 관한 보고 요구
2. 지원받은 경비의 사용에 관한 지도권고

제18조(전문인력양성기관 지정 등의 공개) 교육부장관 및 교육감은 전문인력양성기관을 제15조에 따라 지정하거나 제16조에 따라 재지정한 경우에는 다음 각 호의 사항을 교육부교육청의 인터넷 홈페이지 등을 통하여 공개하여야 한다.

1. 전문인력양성기관의 지정 현황(명칭대표자 및 소재자 등)
2. 지정일 및 지정 유효기간

[부록 4] 학교 상담관련 주요 서식

상담 및 심리검사 신청서

No

<table>
<tr><td>상담구분</td><td colspan="4">개인상담( ) 개인심리검사( )</td><td>신청일</td><td colspan="2">년 월 일</td></tr>
<tr><td>상담경로</td><td colspan="7">스스로( ) 교사권유( ) 가족권유( ) 친구권유( ) 기타( )</td></tr>
<tr><td>성 명</td><td colspan="4"></td><td rowspan="3">연락처</td><td>집</td><td></td></tr>
<tr><td>소 속</td><td colspan="4">학년</td><td>핸드폰</td><td></td></tr>
<tr><td>성 별</td><td colspan="2">남 ( )
여 ( )</td><td>학번</td><td></td><td>E-mail</td><td></td></tr>
<tr><td>생년월일</td><td colspan="4">년 월 일 (만 세)</td><td>종 교</td><td colspan="2"></td></tr>
<tr><td>주 소</td><td colspan="7"></td></tr>
<tr><td>거주형태</td><td colspan="7">집( ) 기숙사( ) 자취( ) 하숙( ) 친척집( ) 기타( )</td></tr>
<tr><td rowspan="5">가족관계</td><td>관계</td><td>나이</td><td>동거 여부</td><td>친밀도
나쁨 좋음</td><td colspan="3">비고</td></tr>
<tr><td></td><td></td><td></td><td>1 2 3 4 5</td><td colspan="3"></td></tr>
<tr><td></td><td></td><td></td><td>1 2 3 4 5</td><td colspan="3"></td></tr>
<tr><td></td><td></td><td></td><td>1 2 3 4 5</td><td colspan="3"></td></tr>
<tr><td></td><td></td><td></td><td>1 2 3 4 5</td><td colspan="3"></td></tr>
<tr><td>현재 건강상태</td><td colspan="7">매우건강( ) 대체로 건강( ) 허약( ) 매우허약( )
현재 질병이 있는 상태( )구체적인 질병( )
현재 복용중인 약( )</td></tr>
<tr><td>최근 1년 이내 상담 받은 경험</td><td colspan="3">없다( ) 있다( )
( )</td><td colspan="2">최근 1년 이내 심리검사 받은 경험</td><td colspan="2">없다( ) 있다( )
( )</td></tr>
</table>

상담 받고 싶은 문제에 V표를 하십시오	구분	항목	V	구분	항목	V	구분	항목	V
	학업	학습태도		정서 및 정신건강	우울, 무기력		대인관계	친구관계	
		학습흥미			불안, 초조			부모형제 관계	
		학습능력 부족			특이한 생각과 행동			선·후배 문제	
		성적부진·하락			걱정, 근심			이성문제	
		시험불안			자살·자해 충동			따돌림	
	성격행동	우유부단			분노감		기타	경제적 문제	
		강박적 행동			스트레스, 압박감			죽음, 이별	
		음주, 약물, 인터넷 등			공포감			체중문제	
		규칙 위반, 일탈 행동		가치. 진로	진로결정·갈등			임신, 낙태	
		폭행, 성폭행			진로정보 부족			종교, 신앙	
		낮은 자존감, 무가치감			가치관 문제			성문제	
		불면			학교적응문제			휴학, 자퇴	

상담받고 싶은 내용 (또는 심리검사를 받고 싶은 이유)을 간략하게 기록해 주십시오.

원하는 심리검사를 선택하세요.
성격(　　　) 학습(　　　) 정신건강·스트레스(　　　)
대인관계검사(　　　) 강점검사(　　　) 진로관련(　　　)

상담가능시간

구분	월	화	수	목	금
오전					
오후					

상담 동의서

아래에는 상담에 관한 몇 가지 중요한 정보가 소개되어 있습니다. 이러한 정보를 읽으신 후 이를 확인했다는 서명을 해주시기 바랍니다.

1. 상담시간 및 횟수

상담은 보통 규칙적인 회기로 구성되며, 매 회기마다 대개 40~50분의 시간이 소요됩니다. 기간과 횟수는 여러분이 지닌 문제와 개인적 바람에 따라 달라질 수 있습니다.

2. 비밀 보장

귀하가 저에게 말씀해주시는 정보들은 엄격하게 비밀이 지켜질 것이며 귀하의 서면동의 없이는 공개되지 않을 것입니다. 하지만 법적으로 귀하 자신이나 타인에게 생명의 위협이 가해지는 상황이거나 위험에 처해질 수 있는 상황(성적, 신체적 학대나 방치)인 경우에는 비밀이 보장되지 않습니다. 만일 귀하의 상담에 관해서 제가 동료들과 논의할 필요가 있다면 익명 사용을 비롯해서 귀하의 신분이 밝혀지지 않도록 최선의 노력을 할 것입니다.

3. 의사진찰 및 생명존중에 대한 도움촉구

신체적 증상과 심리적 증상은 흔히 서로 영향을 미칩니다. 필요하다면 의료진찰을 받아볼 것을 권유합니다. 아울러, 약물치료가 때로는 심리적인 문제에 도움이 되기도 합니다. 적절한 경우에는 약물치료를 위한 진료를 주선해드릴 수 있습니다. 또한 자신의 생명을 소중히 여기고 힘들고 어려울 때 혼자 고민하지 않고 반드시 상담자와 가족 및 다른 사람에게 도움을 요청할 것을 간곡히 부탁드립니다.

4. 종결의 자유

귀하는 언제든지 종결할 권리가 있습니다. 원하신다면 유능한 다른 상담자를 소개해줄 수 있습니다.

5. 학회발표 및 녹음동의

한국상담학회 및 한국심리학회 산하의 사례발표나 사례모임에서 귀하의 상담내용을 녹음, 발표하거나 지도감독자 아래 감독(supervision)받는 것에 동의합니다. 단, 이름을 비롯한 개인정보가 노출되지 않는 것을 전제로 합니다.

▶ 정보에 근거한 동의

나는 앞에서 기술된 내용을 읽고 이를 이해하였습니다. 이에 대해 질문할 수 있는 기회가 있었으며, 상담자로부터 전문적인 상담을 받는 것에 동의합니다.

내담자 : ______________ (서명)

비상연락처 :

상담자 : ______________ (서명)

날 짜 : 20____년______월______일

개인정보 수집·이용 동의서

[개인정보 수집·이용에 대한 동의]

수집·이용하는 개인정보 항목	-성명/생년월일/성별/학사정보/주소/이메일/핸드폰번호
개인정보의 수집 및 이용목적	- 심리검사 및 심리상담을 제공하는데 있어 본인 확인 및 연락 등의 절차에 이용 - 상담센터 주최의 행사 또는 프로그램 등의 안내 - 상담센터 이용 현황 파악을 위한 통계 분석
개인정보의 보유 및 이용기간	- 보유 이유: 향후 내방시 효과적 심리상담 진행 및 편의 제공 위함 - 동의일로부터 졸업시까지 보관 후 폐기
귀하는 이에 대한 동의를 거부할 수 있으며 다만, 동의가 없을 경우 원활한 심리검사 및 심리상담의 진행이 불가능할 수 있음을 알려드립니다.	

개인정보 수집·이용에 동의하십니까?

□ 예　□ 아니오

[민감정보 처리에 대한 동의]

수집·이용하는 민감정보 항목	휴학여부/휴학사유/주거지/병력/종교/입학경위/상담 및 검사경험/현재의 어려움/가족관계 및 친밀도/심리검사 결과
민감정보의 수집 및 이용목적	- 심리검사 및 심리상담을 제공하는 데 있어 본인을 이해하는 데 이용 - 상담센터 주최의 행사 또는 프로그램 등의 안내 - 상담센터 이용 현황 파악을 위한 통계 분석
민감정보의 보유 및 이용기간	- 보유 이유: 향후 내방시 효과적 심리상담 진행 및 편의 제공 위함 - 동의일로부터 졸업시까지 보관 후 폐기
귀하는 이에 대한 동의를 거부할 수 있으며 다만, 동의가 없을 경우 원활한 심리검사 및 심리상담의 진행이 불가능할 수 있음을 알려드립니다.	

민감정보 수집·이용에 동의하십니까?

□ 예　□ 아니오

※ 개인정보 제공자가 동의한 내용 외의 다른 목적으로 활용하지 않으며, 제공된 개인정보의 이용을 거부하고자 할 때에는 학생상담지원센터 전임상담원을 통해 정정·삭제를 요구할 수 있음.

「개인정보보호법」, 「동법 시행령」, 「동법 시행규칙」에 의거하여 상기 본인은 위와 같이 개인정보 수집 및 활용에 동의합니다.

20　　년　　월　　일

성　명:　　　　(인)

접수면접 기록지

내담자 성명 : 상담사례번호 :
접수면접일자 : 년 월 일 시 분 ~ 시 분(분)
접 수 자 :
호소문제유형 :

주호소문제	
호소문제의배경	
내담자 행동관찰	
상담의뢰 시 고려할 점	

상담이 가능한 시간대	시간	월	화	수	목	금
	9:00~10:00					
	10:00~11:00					
	11:00~12:00					
	14:00~15:00					
	15:00~16:00					
	16:00~17:00					

개인상담 회기 보고

사례번호		내담자 성명	
일시		회차	
장소		다음 상담일	
상담목표			
내담자가 진술한 문제와 상황			
내담자 관찰과 현재 내담자 문제의 평가			
이번 회기에 상담자가 실시한 개입 및 방법			
이번 회기의 평가와 계획			
상담자		동료상담자	

개인상담 종결 보고서

No ____________

내담자 성명 : 상담사례번호 : 상담자 :
상담기간 : (총 회기) 상담장소 :

주 호소 문제	
사례 개념화	
상담목표	
개입방법 및 기법	
주요 상담내용	
상담결과의 평가	
동료상담자 의견	

참고문헌

□ 가족스트레스연구회(1994). 엄마의 스트레스. 창지사

□ 강진령 · 유형근(2000). 집단 괴롭힘. 학지사

□ 권형자 · 정정애 · 김미란 · 정선영 · 김숙자(2018). 생활지도 및 상담. 태영출판사

□ 국제유아교육학회 역(1994). 유아교육자를 위한 유아문제사전. 국문사

□ 김계현(1995). 카운슬링의 실제. 학지사

□ 김선남(2001). 자기성장 집단상담 모형과 프로그램. 중앙적성출판사

□ 김성민(1998). 융의 심리학과 종교. 동명사

□ 김유미 역(2001). 아동의 심리발달. 양서원

□ 김봉환 · 정철영 · 김병석(2006). 학교진로상담. 학지사

□ 김종운(2013). 학교현장에 맞춘 학교폭력의 예방과 대책. 학지사

□ 김주환(2011). 회복탄력성. 위즈덤하우스

□ 문선모(2007). 학생상담: 이론과 실제. 양서원

□ 박경애(2014). 상담심리학. 공동체

□ 박방초(2018). 융 심리학으로 본 콤플렉스 이해: 착한 아이 콤플렉스를 중심으로. 협성대학교 대학원 석사학위논문

□ 박성희(2006). 초등학교현장 상담대화기법. 학지사

□ 박성희(2009). 담임이 이끌어 가는 학급상담. 학지사

□ 박아청 · 김혜숙 · 김창대(1996). 청소년발달상담. 서울: 청소년대화의 광장

□ 박정옥 · 김태인(2013). 아동생활지도. 양서원

□ 백지숙 · 김혜원 · 김영순 · 방은령 · 임형택 · 주영아(2009). 청소년 상담. 신정출판사

□ 서울대학교 교육연구소(2011). 교육학용어사전. 하우동설
□ 여성을 위한 모임(1994). 일곱가지 남성콤플렉스. 현암사
□ 여성을 위한 모임(1994). 일곱가지 여성콤플렉스. 현암사
□ 오채환(2008). 융이 들려주는 콤플렉스 이야기. 자음과 모음
□ 유창근(1996). 이럴 땐 이런 얘기. 서원
□ 윤은영(2012). 대학생의 외모만족도에 따른 성취동기와 대인관계의 차이. 충남대학교 대학원 석사학위논문
□ 이경숙,정찬기오(2009), 생활지도와 상담, 동문사
□ 이창호(1986). 상담심리학 입문(제2판). 박영사
□ 이창호·금명자(1992). 상담연습교본. 법문사.
□ 이형득(1993). "본성실현상담의 이론적 배경". 발달상담연구, 창간호, 27－66, 대구: 한국발달상담학회
□ 이혜성·박경애·금명자·김진숙(2000). 청소년상담 과정 및 기법. 한국청소년상담원
□ 장석민(1988). "진로교육의 실천방향과 과제". 청소년 진로상담모형 기본구성, 29－62. 청소년대화의 광장
□ 정선화(2018). 간호 현장 안에 있는 태움의 발생과 지속에 관한 근거이론. 서울대학교 대학원 박사학위논문
□ 정용부·고영인·신경일(1999). 아동생활지도와 상담. 학지사
□ 정종진(2018). 교양으로 읽는 생활 속의 심리이야기. 공동체
□ 조운주·최일선(2019). 유아교육기관에서의 유아생활지도. 창지사
□ 천성문·박순득·배정우·박원모·김정남·이영순(2006). 상담심리학의 이론과 실제. 학지사
□ 한국교육심리학회(2000). 교육심리학용어사전. 학지사
□ 한국심성교육개발원(1996). 상담학개론
□ 한승호·한성열 역(1998). 칼 로저스의 카운슬링의 이론과 실제. 학지사
□ Beck, A.T.(1976). *Cognitive therapy and emotional disorders*. New York: International Universities Press.
□ Bandura, A.(1977). *Social learning theory*. Englewood Cliffs, NJ:

Prentice－Hall.

□ Corey, G.(1986). *Theory and practice of counseling and psycho－therapy*(3th ed.). Pacific Grove, CA: Books/Cole.

□ Corey, G.(2009). *Theory and practice of counseling and psycho－therapy*(8th ed.). Belmont, CA: Wadsworth. 조현춘·조현재·문지혜·이근배·홍영근 공역(2010). 심리상담과 치료의 이론과 실제. 서울: 시그마프레스.

□ Ellis, A.(1989). Rational emotive therapy. Chapter 6. In R. J. Corsini & D. Wedding(Eds.), *Group Psyche*(4th ed.). itasca, IL: F. E. Peacok.

□ Fine, R.(1982). *The healing of the mind: the technique of psy－choanalytic psychotherapy*. New York: The Free Press.

□ Glasser, W.(1992). Reality therapy. New York State. *Journal for counseling and development*, 7(1) 5－13.

□ Glasser, W.(1998). *Choice Theory: a new psychology of personal freedom*. New York: Haper Collins.

□ Mackinnon, R. & Michels, R.(1971). *The psychiatric interview in clinical practice*. Philadelphia: W.B. Saunders.

□ Patterson, C. H.(1973). *Humanistic education*. Englewood Cliffs, NJ: Prentice－Hall. 장상호 역.(1986). 인간주의 교육. 서울: 박영사.

□ Patterson, L. E. & Welfel, E. R.(1994). *The counseling process*. 4th ed. California: Thomson Brooks/Cole Publishing Company.

□ Piestrofesa, J. J., Bernstein, B., Minor, J., & Stanford, S.(1980). *Guidance: an introduction*. Chicago: Rand Mcnally.

□ Rogers, C. R.(1951). *Client－centerd therapy*. Boston. Houghton Miffilin.

□ Rogers, C. R.(1961). On becoming person. Boston. Houghton Miffilin.

저자 약력

김훈희
경상대학교 교육학 박사
세부영역: 교육과정, 교육방법, 상담, 교원교육
現 진주보건대학교 간호학부 교수

황영신
경상대학교 교육학 박사
세부영역: 교육심리, 상담, 교육프로그램 개발
現 한국국제대학교 교직과정부 교수

상담과 생활지도

초판발행	2020년 8월 31일
지은이	김훈희·황영신
펴낸이	노 현
편 집	최은혜
기획/마케팅	박세기
표지디자인	BENSTORY
제 작	우인도·고철민
펴낸곳	㈜ 피와이메이트 서울특별시 금천구 가산디지털2로 53 한라시그마밸리 210호(가산동) 등록 2014. 2. 12. 제2018-000080호
전 화	02)733-6771
f a x	02)736-4818
e-mail	pys@pybook.co.kr
homepage	www.pybook.co.kr
ISBN	979-11-6519-084-2 93180

정 가 15,000원